우산愚山 이수동李洙銅

1963 경북 백두대간 황악산 남쪽 산자락에서 출생
1991 한국기공연합회 기공사, 감사 역임
2005 『운명 바꿀 것인가 따를 것인가』에
       한국의 대표 역학인 10人에 소개
2006 『육임입문』1·2·3 출간
2009 『육임실전』1 출간
2010 『대육임필법부 평주』1 출간
2013 원광대학교 한국문화학과 졸업, 문학박사
2014 『육임실전』2(『육임지남주해』) 출간
2018 「육임의 혼인점단 이론체계 연구」, 실천민속학회, 2018
2019 『대육임직지』 1~6 완간
전직) 서라벌대학교 풍수명리학과 강사, 공주대학교 동양학과 강사
현재) 원광디지털대학교 동양학과 강사, 원광대학교 대학원 강사
       동국대학교 미래융합교육원 강사
       (학술단체) 고려육임학회 학회장
       네이버에서 고려육임학회 카페 http://cafe.naver.com/taotemple
       이메일 : gigong@naver.com

대유육임시리즈 13 육임을 알면 미래가 보인다
(한눈에 보는 미래, 육임 720과 래정)

* 2쇄 발행 2021년 12월 30일
* 저자   우산 이수동
* 편집   이연실   * 표지 윤여진
* 교정 교열 고점옥 김달수 이도겸 정승숙 최용오 홍원철
* 발행인 윤상철   * 발행처 대유학당 since1993
* 출판등록 2002년 4월 17일 제305-2002-000028호
* 주소 서울 성동구 아차산로17길 48 sk v1 센터 1동 814호
* 전화 (02)2249-5630~1
* ISBN 978-89-6369-110-7 03180
* 정가 25,000원

* 이 도서의 국립중앙도서관 출판예정도서목록(CIP)은
  서지정보유통지원시스템 홈페이지(http://seoji.nl.go.kr)와
  국가자료공동목록시스템(http://www.nl.go.kr/kolisnet)에서
  이용하실 수 있습니다. (CIP2019049097)

머 리 말

　육임은 육임식반(천지반도와 과전도)을 보고 인사(人事)를 해석하는 학문이다. 육임을 처음 공부할 때에 720개의 휴대용 육임식반이 있으면 좋겠다는 생각을 했다. 이것이 있다면 해당하는 육임식반(가령 갑자일 제1국의 천지반도와 과전도)을 보고 상담할 수 있기 때문이다. 이러한 필요성은 비단 혼자만의 생각은 아닐 것이다.

　육임식반은 천지반도와 과전도의 합칭이다. 육임은 60일진을 쓰는 학문이고 하루(1일)에는 열 두 점시가 있으니, 육임에는 720개(60×12=720)의 육임식반이 있다. 그리고 육임에는 10과체가 있다. 10과체는 중심과, 원수과, 지일과, 섭해과, 요극과, 묘성과, 별책과, 팔전과, 복음과, 반음과 등이다. 육임의 육임식반은 이 중의 어느 한 과체에 해당하고, 과체를 보면 인사(人事)에서의 대략의 길흉을 알 수 있다.

　육임의 점시로는 래정(來情), 간상으로는 신상(身上), 발용(초전)으로는 당면한 일(현안)을 알 수 있다. 이 책은 발용을 위주로 당면한 일을 파악할 수 있도록 꾸몄다. 아무쪼록 휴대하다가 필요시에 이 책을 활용하여 학습과 상담에 도움이 되기를 바란다.

2019년 겨울의 등명기(登明氣)에
이우산 적음

일 러 두 기

1. 섭해과, 반음과 원칙

섭해과(涉害課)에서의 섭(涉)은 건넌다는 뜻이고 해(害)는 극을 뜻한다. 섭해과의 원칙은 천반의 십이지가 그의 지반의 본가로 가면서[涉] 극[害]이 많은 과가 발용이 되는 것이다. 섭해과가 이와 같은 원리에 의해 발용이 되니 섭해과는 백사에서 해(害)가 많은 과이다. 또한 반음과에서 섭해법을 적용할 경우에도 섭해법의 원칙을 따라야 한다. 이 책에서는 이 원칙을 지켰다.

섭해과	각일 국수 / 정오	삼전
갑자순	정묘일 9국	亥卯未
	경오일 3국	寅子戌
	경오일 5국	子申辰
	계유일 6국	亥午丑
갑술순	기묘일 9국	亥卯未
	경진일 3국	寅子戌
	계미일 5국	卯亥未
갑신순	갑신일 5국	子申辰
	기축일 5국	卯亥未
	경인일 5국	子申辰
	신묘일 9국	亥卯未
갑오순	갑오일 3국	寅子戌
	기해일 9국	亥卯未
	계묘일 3국	亥酉未
갑진순	갑진일 3국	寅子戌
	갑진일 5국	子申辰
	갑진일 8국	子巳戌
	기유일 5국	卯亥未
갑인순	을묘일 9국	亥卯未

반음과	각일 국수 / 정오	삼전
갑자순	무진일 7국	亥巳亥
갑오순	무술일 7국	亥巳亥

2. 귀인접지

구분 주야 십간	현대	
	낮	밤
甲	未	丑
乙	申	子
丙	酉	亥
丁	亥	酉
戊	丑	未
己	子	申
庚	丑	未
辛	寅	午
壬	卯	巳
癸	巳	卯

귀인은 천을귀인의 준말이다. 귀인은 자미원 남방의 문 아래에 있는 별로서 12천장을 지휘·통솔한다. 현재의 북극성은 작은곰별자리이다. 그러나 지구의 세차운동으로 인해 자전축의 방향(천구의 북극)이 조금씩 이동한다. 이러한 이동으로 인해 지금부터 5,000년 전에는 '용자리'가 북극성이었고, 지금부터 1만 2000년 뒤에는 거문고자리인 '직녀성'이 북극성이 될 것이다.

이와 같이 천구상의 북극성이 이동함으로써 천을귀인 또한 자리를 이동하니 시간이 지나면 귀인접지법이 달라져야 한다. 이러한 이유로 인해 귀인접지법이 청나라 초기에 재정립되어 『협기변방서』에 수록되어 있다. 따라서 현대에서는 청나라 초기(1600년대)에 정한 귀인접지법을 쓰는 것이 맞다.

3. 12운성

12운성을 정하는 방법에는 두 가지가 있다. 첫째, 양간은 순행하고 음간은 역행하는 방법. 둘째, 양간과 음간이 모두 순행하는 방법이다. 육임에서는 후자의 방법을 쓰고 있고, 임상에서 이 방법을 적용해야 맞다. 다만 일록은 아래와 같이 정해야 한다.

〈표 1〉 12운성

10간	甲	乙	丙	丁	戊	己	庚	辛	壬	癸
12운성	寅	卯	巳	午	巳	午	申	酉	亥	子

4. 진태양시와 평균태양시(가태양시)

육임에서는 '진태양시'를 사용해야 한다. 그 이유는 **진태양시는 실제의 태양의 운행을 기준으로 정한 시간개념이기 때문이다.** '평균태양시'를 가태양시 또는 표준시라고도 한다. 이것은 편의상 매 일의 시간의 길이를 동일하게 나눈 시간개념으로서 이것을 사회약속시간이라고도 한다. 이 시간은 사회활동을 할 때에는 편리하지만 태양의 운행과는 무관하니 육임에서는 이 시간을 사용하면 안 된다.

4. 일출과 일몰

주야의 기준은 일출과 일몰이다. 따라서 일출과 일몰은 낮 귀인과 밤 귀인을 정하는 기준이다. 일출에서 일몰까지는 낮 귀인, 일몰에서 일출까지는 밤 귀인을 적용해야 한다. 일출과 일몰의 시간이 매일 달라지는 것을 유의해야 한다.

5. ( ) 안은 그 계절에만 해당한다.

가령 '·임신: 아들(여름)'은 여름에만 아들이라는 뜻이다.
가령 '·임신: 딸(春·夏)'은 봄과 여름에는 딸이라는 뜻이다.

6. 행년표

나이	1세	2세	3세	4세	5세	6세	7세	8세	9세	10세
남자	丙寅	丁卯	戊辰	己巳	庚午	辛未	壬申	癸酉	甲戌	乙亥
여자	壬申	辛未	庚午	己巳	戊辰	丁卯	丙寅	乙丑	甲子	癸亥

나이	11세	12세	13세	14세	15세	16세	17세	18세	19세	20세
남자	丙子	丁丑	戊寅	己卯	庚辰	辛巳	壬午	癸未	甲申	乙酉
여자	壬戌	辛酉	庚申	己未	戊午	丁巳	丙辰	乙卯	甲寅	癸丑

나이	21세	22세	23세	24세	25세	26세	27세	28세	29세	30세
남자	丙戌	丁亥	戊子	己丑	庚寅	辛卯	壬辰	癸巳	甲午	乙未
여자	壬子	辛亥	庚戌	己酉	戊申	丁未	丙午	乙巳	甲辰	癸卯

나이	31세	32세	33세	34세	35세	36세	37세	38세	39세	40세
남자	丙申	丁酉	戊戌	己亥	庚子	辛丑	壬寅	癸卯	甲辰	乙巳
여자	壬寅	辛丑	庚子	己亥	戊戌	丁酉	丙申	乙未	甲午	癸巳

나이	41세	42세	43세	44세	45세	46세	47세	48세	49세	50세
남자	丙午	丁未	戊申	己酉	庚戌	辛亥	壬子	癸丑	甲寅	乙卯
여자	壬辰	辛卯	庚寅	己丑	戊子	丁亥	丙戌	乙酉	甲申	癸未

나이	51세	52세	53세	54세	55세	56세	57세	58세	59세	60세
남자	丙辰	丁巳	戊午	己未	庚申	辛酉	壬戌	癸亥	甲子	乙丑
여자	壬午	辛巳	庚辰	己卯	戊寅	丁丑	丙子	乙亥	甲戌	癸酉

이 책의 사용방법

〈예시〉 2019년 12월 14일 낮 1시 30분~3시 30분에 상담할 경우, 아래의 乙酉일 제6국을 보면 된다.

乙酉일 　제 6 국	공망 : 午·未 ○
	낮 : 왼쪽 천장, 밤 : 오른쪽 천장

丁	○	己
合亥蛇 초전	陰午空 중전	青丑后 말전
辰	亥	午 ○

丁	○	壬	丁
合亥蛇	陰午空	常辰常	合亥蛇
乙辰 제1과	亥 제2과	酉 제3과	辰 제4과

천지반도:
戊勾子貴 己青丑后 庚空寅陰 辛白卯玄
巳   午○   未   申
丁合亥蛇 辰   壬常辰常 酉
丙朱戌朱 卯   癸白巳玄 戌
乙蛇酉合 寅 甲貴申勾 丑 ○后未青 子 ○陰午空 亥

□ 과체 : 지일과
• 기로에서 가까운 사람·장소를 선택
• 소송 : 화해가 유리
• 가출인·유실물 : 근처
□ 래정 : 매매
• 매매 : 성사

1. 13쪽에 있는 조견표를 보니 '을유일 제6국'은 99쪽에 있다.
2. 우측 상단의 '공망 : 午·未 ○' : 午와 未가 공망이 되었다는 뜻이다.
   만약 질병을 정단하면 중전에 보이는 의약신 午가 공망되어 질병을 고칠 약과 의사가 없으니 매우 나쁘다.
3. 우측 상단의 '낮 : 왼쪽 천장, 밤 : 오른쪽 천장' : 낮에 정단하면 왼쪽의 천장을 보면 되고, 밤에 정단하면 오른쪽의 천장을 보면 된다. 지금은 낮 시간 미시에 정단하니 낮 천장을 보면 된다.
4. 우측의 그림은 '천지반도', 좌측의 그림은 '과전도'이다. 상담을 할 때에는 과전도를 보고 길흉을 정단한다. 만약 50세 남자(庚戌生)가 상담을 받을 경우의 본명은 戌이고 행년은 卯이다.

   * 8쪽의 행년표 참조. 乙酉일에 상담할 경우, 제1과 지반의 乙은 일간 제3과 지반의 酉는 일지이다. 홍길동이 상담을 받을 경우 제1과의 乙은 홍길동이다. 乙은 5효 및 길신과 흉살을 정하는 기준이다. 그리고 乙 옆의 辰은 일간에 붙어 있는 기궁이다. 기궁은 주로 점시·일지·지상·초전과의 형·충·파·해 유무를 파악하는 데에 쓰인다.

▫ 과체로는 길흉을 알 수 있다. 을유일 6국은 지일과이다.
  • 배우자감을 선택할 경우에는 오래 교제한 사람을 선택하고, 여행과 이사를 선택할 경우에는 가까운 지역을 선택한다.
  • 소송정단에서는 화해하는 것이 유리하다. 가출인과 유실물은 가까운 장소에 있다.
▫ 래정은 주요하게 묻는 사항이다. 을유일 6국은 매매가 시급한 현안이라는 뜻이다.
  • 매매: 성사된다는 뜻이다.

〈예시〉 길신과 흉살의 작용

● 길신(구보)의 작용

을유일	
길신(구보)	
일덕	申
일록	卯
역마	亥
장생	亥
제왕	卯
순기	子
육의	甲申
귀인	주 申 / 야 子
합(合)	
태(胎)	酉

1. 일덕 ‖ 간상, 연명상, 초전에 일덕이 있을 경우에는 관재가 해소된다. 고시는 합격하고 직장에서 승진한다.
   → 간상과 초전의 亥가 일덕이다.
2. 일록 ‖ 간상, 연명상, 초전에 일록이 있을 경우에는 공무원·직장시험: 합격, 승진가부: 승진하고 급여가 오른다.
   → 행년상의 卯가 일록이다.
3. 역마 ‖ 간상, 연명상, 초전에 역마가 있을 경우에는 이동수가 있다. 직장인은 승진한다. 직장인은 전근·지방파견·부서이동을 하게 된다.
   → 역마인 亥가 간상과 초전에 보인다. 따라서 승진하거나 전근·지방파견·부서이동을 하게 된다.
4. 장생 ‖ 육처에 장생이 있을 경우에 부모사, 개업사가 있다.

※ 육처는 과전도와 행년·본명을 가리킨다.

   → 장생인 亥가 간상과 초전에 보인다. 따라서 부모님의 근황을 묻거나 개업을 묻는다.
5. 제왕 ‖ 간상, 지상, 발용에 제왕이 임하면 원하는 일이 왕성하게 발전한다.
   → 제왕인 酉가 행년상에 보이니 왕성하게 발전한다.
6. 순기 ‖ 간상, 연명상, 초전에 순기가 있을 경우에 시험에는 합격하고 직장인은 승진한다.
   → 순기인 子가 육처에 없다. 합격·승진과 무관하다.
7. 육의 ‖ 간상, 연명상, 초전에 순기가 있을 경우에는 시험에는 합격하고 직장인은 승진

한다.
→ 육의인 甲申이 육처에 없다. 합격·승진과 무관하다.

8. 귀인 ‖ 육처에 귀인이 있을 경우에 관청의 공무원 면접, 높은 이를 면접한다.
→ 천을귀인 申이 육처에 없다. 공무원이나 귀인을 면접하는 일이 없다.

9. 합(合) ‖ 기궁과 일지, 간상과 지상이 상합(육합·삼합)하면 결혼·매매·동업·회담이 성사된다.
→ 기궁 辰과 일지 酉가 상합하지만 간상의 亥와 지상의 辰은 상합하지 않는다. 따라서 가능성은 50퍼센트이다.

10. 태(胎) ‖ 육처에 태신이 있을 경우에 임신의 기쁨이 있다.
→ 태신인 酉가 육처에 없다. 따라서 임신의 기쁨이 없다.

■ 흉신(팔살)의 작용

흉신(팔살)	
형	
충	
파	
해	
귀살	申酉
묘신	未
敗 / 桃	子 / 午
공망	午未
탈(脫)	巳午
사(死)	午
절(絶)	申

1. 기궁과 일지, 간상과 지상, 초전과 간상이 형·충·파·해 ‖ 결혼·매매·동업·회담이 불성한다.
→ 기궁인 辰과 일지 酉가 형충파해를 하지 않고, 간상의 亥와 지상의 辰이 형충파해를 하지 않는다. 그러나 초전의 亥와 간상의 亥가 자형을 한다.

2. 귀살 ‖ 시험·승진에서는 길, 나머지 정단에서는 흉하다.
→ 귀살인 申·酉가 육처에 없으니 무방하다.

3. 묘신 ‖ 시험·승진: 불합격, 관재: 패소, 질병: 위독(사망), 연애: 실패, 가상: 어둡다.
→ 묘신인 未가 육처에 없으니 나쁘지 않다.

4. 敗 / 桃 ‖ 이성 편력, 주색잡기로 인해 패가망신을 한다.
→ 패신인 子와 도화인 午가 육처에 없으니 이러한 일이 없다.

5. 공망 ‖ 길신 공망은 흉, 흉살 공망은 길하다.
→ 질병정단을 하면 의약신 午가 공망되었으니 고칠 약과 의사가 없다.

6. 탈(脫) ‖ 사업정단에서는 투자, 기타 정단에서는 손실을 뜻한다.
→ 질병정단에서는 탈기인 午가 공망된 재성 丑을 생하니 사업에서 실패한다.

7. 사(死) ‖ 백사에서 사망·장례의 상이다.
→ 질병정단을 하면 사(死)인 午가 공망되었으니 나쁘지 않다.

8. 절(絶) ‖ 길사정단에서는 흉, 흉사정단에서는 길하다. 간상이나 연명상이 일간의 절신

이면 질병정단에서 절명한다.

→ 질병정단을 하면 절신인 申이 육처에 보이지 않으니 절명하지 않는다. 만약 연명이 丑이면 그 위의 글자가 절신인 申이니 절명한다.

이 책의 특징

1. 육임을 모르더라도 활용할 수 있다.
2. 토정비결처럼 쉽게 활용할 수 있다.
3. □ 과체를 보고 대략의 길흉을 알 수 있다.
4. □ 래정을 보면 시급한 현안과 현안의 길흉을 알 수 있다.
5. 육임식반 좌측에 기록되어 있는 구보와 팔살이 임상에 도움을 준다.

목 차

머리말 5 / 일러두기 6 / 이 책의 사용방법 9 / 이 책의 특징 12

갑자 14	갑술 54	갑신 94	갑오 134	갑진 174	갑인 214
을축 18	을해 58	을유 98	을미 138	을사 178	을묘 218
병인 22	병자 62	병술 102	병신 142	병오 182	병진 222
정묘 26	정축 66	정해 106	정유 146	정미 186	정사 226
무진 30	무인 70	무자 110	무술 150	무신 190	무오 230
기사 34	기묘 74	기축 114	기해 154	기유 194	기미 234
경오 38	경진 78	경인 118	경자 158	경술 198	경신 238
신미 42	신사 82	신묘 122	신축 162	신해 202	신유 242
임신 46	임오 86	임진 126	임인 166	임자 206	임술 246
계유 50	계미 90	계사 130	계묘 170	계축 210	계해 250

갑자일

갑자일	
길신(구보)	
일덕	寅
일록	寅
역마	寅
장생	亥
제왕	卯
순기	丑
육의	甲子
귀인	주 未 / 야 丑
합(合)	
태(胎)	酉

흉신(팔살)	
형	
충	
파	
해	
귀살	申酉
묘신	未
敗/桃	子/酉
공망	戌亥
탈(脫)	巳午
사(死)	午
절(絶)	申

甲子일 제1국

공망 : 戌·亥 ○
낮 : 왼쪽 신장, 밤 : 오른쪽 신장

- 과체 : 복음과
  - 수구대신의 상
  - 시험·승진 : 대길
  - 질병·관재·소송 : 대흉
  - 가출인·유실물 : 근처
- 래정 : 직장
  - 시험·승진 : 대길

甲子일 제2국

공망 : 戌·亥 ○
낮 : 왼쪽 신장, 밤 : 오른쪽 신장

- 과체 : 지일과
  - 기로에서 가까운 사람·장소를 선택
  - 소송 : 화해가 유리
  - 가출인·유실물 : 근처
- 래정 : 부모
  - 부모 : 건강검진

甲子일 제3국

공망 戌·亥 ○
낮 : 왼쪽 신장, 밤 : 오른쪽 신장

- 과체 : 원수과
  - 만사형통의 상
  - 임신 : 아들(여름)
  - 소송 : 원고가 유리
- 래정 : 사업, 여자
  - 사업 : 매우 나쁨
  - 결혼 : 여자와 이별

갑자일	
길신(구보)	
일덕	寅
일록	寅
역마	寅
장생	亥
제왕	卯
순기	丑
육의	甲子
귀인	주 未 / 야 丑
합(合)	
태(胎)	酉

흉신(팔살)	
형	
충	
파	
해	
귀살	申酉
묘신	未
敗/桃/子/酉	
공망	戌亥
탈(脫)	巳午
사(死)	午
절(絶)	申

甲子일 제 4 국

공망 戌·亥 ○
낮 : 왼쪽 천장, 밤 : 오른쪽 천장

□ 과체 : 원수과
- 만사형통의 상
- 승진 : 유리
- 소송 : 원고가 유리
□ 래정 : 직장
- 시험 : 유리
- 승진 : 유리

甲子일 제 5 국

공망 戌·亥 ○
낮 : 왼쪽 천장, 밤 : 오른쪽 천장

□ 과체 : 중심과
- 매사 심사숙고의 상
- 매사 : 탈기국, 손실
- 소송 : 재심이 유리
□ 래정 : 사업
- 사업·교섭 : 실패

甲子일 제 6 국

공망 戌·亥 ○
낮 : 왼쪽 천장, 밤 : 오른족 천장

□ 과체 : 지일과
- 기로에서 가까운 사람·장소를 선택
- 소송 : 화해가 유리
- 가출인·유실물 : 근처
□ 래정 : 직업
- 직업 : 대흉

甲子일

길신(구보)

갑자일	
길신(구보)	
일덕	寅
일록	寅
역마	寅
장생	亥
제왕	卯
순기	丑
육의	甲子
귀인	주 未 / 야 丑
합(合)	
태(胎)	酉

흉신(팔살)

흉신(팔살)	
형	
충	
파	
해	
귀살	申酉
묘신	未
敗/桃	子/酉
공망	戌亥
탈(脫)	巳午
사(死)	午
절(絶)	申

甲子日 第7국

공망 : 戌·亥 ○
낮 : 왼쪽천장, 밤 : 오른쪽 천장

- 과체 : 반음과
- 매사 유시무종의 상
- 결혼 : 불성
- 래정 : 직업
- 사업 : 실패
- 시험 : 불합격
- 취업 : 불가

甲子日 第8국

공망 : 戌·亥 ○
낮 : 왼쪽천장, 밤 : 오른쪽 천장

- 과체 : 지일과
- 기로에서 가까운 사람·장소를 선택
- 소송 : 화해가 유리
- 가출인·유실물 : 근처
- 래정 : 사업
- 사업·취업 : 실패

甲子日 第9국

공망 : 戌·亥 ○
낮 : 왼쪽 천장, 밤 : 오른쪽 천장

- 과체 : 원수과
- 만사형통의 상
- 선길후흉의 상
- 소송 : 원고가 유리
- 래정 : 사업
- 사업 : 실패

갑자일	
길신(구보)	
일덕	寅
일록	寅
역마	寅
장생	亥
제왕	卯
순기	丑
육의	甲子
귀인	주 未 / 야 丑
합(合)	
태(胎)	酉

흉신(팔살)	
형	
충	
파	
해	
귀살	申酉
묘신	未
敗/桃	子/酉
공망	戌亥
탈(脫)	巳午
사(死)	午
절(絶)	申

甲子일 제 10 국

공망 戌·亥 ○
낮: 왼쪽 천장, 밤: 오른쪽 천장

- □ 과체: 중심과
- 매사 심사숙고의 상
- 임신: 딸(春·夏)
- 소송: 재심이 유리
- □ 래정: 시험, 승진
- 시험: 유리(낮)
    불리(밤)

甲子일 제 11 국

공망 戌·亥 ○
낮: 왼쪽 천장, 밤: 오른쪽 천장

- □ 과체: 중심과
- 매사 심사숙고의 상
- 임신: 딸(冬·春)
- 소송: 재심이 유리
- □ 래정: 사업
- 사업: 초길후흉
- 교섭: 실패

甲子일 제 12 국

공망 戌·亥 ○
낮: 왼쪽 천장, 밤: 오른쪽 천장

- □ 과체: 중심과
- 매사 심사숙고의 상
- 임신: 딸(冬·春)
- 소송: 재심이 유리
- □ 래정: 사업
- 사업: 초길후흉
- 교섭: 실패

을축일	
길신(구보)	
일덕	申
일록	卯
역마	亥
장생	亥
제왕	卯
순기	丑
육의	甲子
귀인	주 申 / 야 子
합(合)	
태(胎)	酉

흉신(팔살)	
형	
충	
파	
해	
귀살	申酉
묘신	未
敗/桃	子/午
공망	戌亥
탈(脫)	巳午
사(死)	午
절(絶)	申

乙丑일 제1국

공망 : 戌·亥 ○
낮 : 왼쪽 천장, 밤 : 오른쪽 천장

□ 과체 : 복음과
- 수구대신의 상
- 시험·승진 : 대길
- 질병·관재·소송 : 대흉
- 가출인·유실물 : 근처

□ 래정 : 부동산
- 부동산 : 매매 불가

乙丑일 제2국

공망 : 戌·亥 ○
낮 : 왼쪽 천장, 밤 : 오른쪽 천장

□ 과체 : 중심과
- 매사 심사숙고의 상
- 임신 : 딸(여름)
- 소송 : 재심이 유리

□ 래정 : 사업, 부모
- 사업 : 초길후흉
- 부모 : 건강검진 요망

乙丑일 제3국

공망 : 戌·亥 ○
낮 : 왼쪽 천장, 밤 : 오른쪽 천장

□ 과체 : 중심과
- 매사 심사숙고의 상
- 임신 : 딸(여름)
- 소송 : 재심이 유리

□ 래정 : 사업, 부모
- 사업 : 대흉
- 부모 : 건강검진 요망

을축일	
길신(구보)	
일덕	申
일록	卯
역마	亥
장생	亥
제왕	卯
순기	丑
육의	甲子
귀인	주 申 / 야 子
합(合)	
태(胎)	酉

흉신(팔살)	
형	
충	
파	
해	
귀살	申酉
묘신	未
敗/桃	子/午
공망	戌亥
탈(脫)	巳午
사(死)	午
절(絶)	申

乙丑일 제4국

공망 : 戌·亥 ○
낮 : 왼쪽 천장, 밤 : 오른쪽 천장

□ 과체 : 중심과
- 매사 심사숙고의 상
- 임신 : 딸(여름)
- 소송 : 재심이 유리
□ 래정 : 사업, 여자
- 사업 : 초길후흉
- 교섭 : 실패

乙丑일 제5국

공망 : 戌·亥 ○
낮 : 왼쪽 천장, 밤 : 오른쪽 천장

□ 과체 : 원수과
- 만사형통의 상
- 임신 : 아들(春·夏)
- 소송 : 원고가 유리
□ 래정 : 사업
- 사업 : 초길후흉
- 시험 : 대길(가을)

乙丑일 제6국

공망 : 戌·亥 ○
낮 : 왼쪽 천장, 밤 : 오른쪽 천장

□ 과체 : 지일과
- 기로에서 가까운 사람·장소를 선택
- 소송 : 화해가 유리
- 가출인·유실물 : 근처
□ 래정 : 사업, 시험
- 사업 : 실패
- 시험 : 불합격

乙丑일

길신(구보)

일덕	申
일록	卯
역마	亥
장생	亥
제왕	卯
순기	丑
육의	甲子
귀인	주 申 / 야 子
합(合)	
태(胎)	酉

흉신(팔살)

형	
충	
파	
해	
귀살	申酉
묘신	未
敗/桃	子/午
공망	戌亥
탈(脫)	巳午
사(死)	午
절(絶)	申

乙丑일 제7국

공망 : 戌·亥 ○
낮 : 왼쪽 천장, 밤 : 오른쪽 천장

○	戌	○
朱戌朱	常辰常	朱戌朱
辰	戌○	辰
○	戌	辛	乙
朱戌朱	常辰常	后未青	青丑后
乙辰	戌○	丑	未

○合亥巳蛇	甲勾子午貴	乙青丑未后	丙空寅申陰
朱戌辰癸蛇酉卯合			丁白卯酉玄 戌常辰戌常○
壬貴申寅	辛后未丑	庚陰午子空	己玄巳亥白

□ 과체 : 반음과
· 매사 유시무종의 상
· 결혼 : 불성
□ 래정 : 사업
· 사업 : 실패
· 교섭 : 실패
· 시험 : 실패

乙丑일 제8국

공망 : 戌·亥 ○
낮 : 왼쪽 천장, 밤 : 오른쪽 천장

丙	辛	甲
空寅陰	后未青	勾子貴
酉	寅	未
癸	丙	庚	○
蛇酉合	空寅陰	陰午空	合亥蛇
乙辰	酉	丑	午

○朱戌巳	合亥午蛇	甲勾子未貴	乙青丑申后
蛇癸酉辰合			空丙寅酉陰
貴壬申卯勾			玄丁卯戌白
后辛未寅青	陰庚午丑空	玄己巳子白	戌常辰亥常○

□ 과체 : 중심과
· 매사 심사숙고의 상
· 임신 : 딸(가을)
· 소송 : 재심이 유리
□ 래정 : 사업
· 사업 : 성공
· 시험 : 불합격

乙丑일 제9국

공망 : 戌·亥 ○
낮 : 왼쪽 천장, 밤 : 오른쪽 천장

癸	乙	己
蛇酉合	青丑后	玄巳白
巳	酉	丑
壬	甲	己	癸
貴申勾	勾子貴	玄巳白	蛇酉合
乙辰	申	丑	巳

癸蛇酉巳	○朱戌午	合亥未蛇	甲勾子申貴
貴壬申辰勾			青乙丑酉后
后辛未卯青			空丙寅戌陰
陰庚午寅空	玄己巳丑白	戌常辰子常○	丁白卯亥玄

□ 과체 : 중심과
· 매사 심사숙고의 상
· 임신 : 딸(春·夏)
· 소송 : 재심이 유리
□ 래정 : 시험, 음란
· 시험 : 합격(가을)
· 남녀 : 음란(밤)

을축일	
길신(구보)	
일덕	申
일록	卯
역마	亥
장생	亥
제왕	卯
순기	丑
육의	甲子
귀인	주 申 / 야 子
합(合)	
태(胎)	酉

흉신(팔살)	
형	
충	
파	
해	
귀살	申酉
묘신	未
敗/桃	子/午
공망	戌亥
탈(脫)	巳午
사(死)	午
절(絶)	申

乙丑일 제 10 국

공망: 戌·亥 ○
낮: 왼쪽 천장, 밤: 오른쪽 천장

- 과체: 중심과
- 매사 심사숙고의 상
- 임신: 딸(여름)
- 소송: 재심이 유리
- 래정: 부동산, 매매
- 매매: 가능(봄)
- 사업: 실패

乙丑일 제 11 국

공망: 戌·亥 ○
낮: 왼쪽 천장, 밤: 오른쪽 천장

- 과체: 중심과
- 매사 심사숙고의 상
- 임신: 딸(春·夏)
- 소송: 재심이 유리
- 래정: 승진, 시험
- 승진: 불리
- 시험: 불합격

乙丑일 제 12 국

공망: 戌·亥 ○
낮: 왼쪽 천장, 밤: 오른쪽 천장

- 과체: 원수과
- 만사형통의 상
- 임신: 아들(冬·春)
- 소송: 원고가 유리
- 래정: 사업
- 사업: 불리
- 소송: 불리

육임을 알면 미래가 보인다

병인일

길신(구보)	
일덕	巳
일록	巳
역마	申
장생	寅
제왕	午
순기	丑
육의	甲子
귀인	주 酉 / 야 亥
합(合)	
태(胎)	子

흉신(팔살)	
형	
충	
파	
해	
귀살	亥子
묘신	戌
敗/桃	卯/卯
공망	戌亥
탈(脫)	辰戌丑未
사(死)	酉
절(絶)	亥

丙寅일 제 1 국

공망 : 戌·亥 ○
낮 : 왼쪽 천장, 밤 : 오른쪽 천장

□ 과체 : 복음과
• 수구대신의 상
• 시험·승진 : 대길
• 질병·관재·소송 : 대흉
• 가출인·유실물 : 근처
□ 래정 : 직장
• 시험 : 유리
• 승진 : 유리

丙寅일 제 2 국

공망 : 戌·亥 ○
낮 : 왼쪽 천장, 밤 : 오른쪽 천장

□ 과체 : 지일과
• 기로에서 가까운 사람·장소를 선택
• 소송 : 화해가 유리
• 가출인·유실물 : 근처
□ 래정 : 도난·사고
• 도난·사고 : 대흉

丙寅일 제 3 국

공망 : 戌·亥 ○
낮 : 왼쪽 천장, 밤 : 오른쪽 천장

□ 과체 : 중심과
• 매사 심사숙고의 상
• 임신 : 딸(冬·春)
• 소송 : 재심이 유리
□ 래정 : 관재, 구설
• 관재·구설 : 해소

병인일	
길신(구보)	
일덕	巳
일록	巳
역마	申
장생	寅
제왕	午
순기	丑
육의	甲子
귀인	주 酉 / 야 亥
합(合)	
태(胎)	子

흉신(팔살)	
형	
충	
파	
해	
귀살	亥子
묘신	戌
敗/桃	卯/卯
공망	戌亥
탈(脫)	辰戌丑未
사(死)	酉
절(絶)	亥

丙寅일 제 4 국

공망 : 戌·亥 ○
낮 : 왼쪽 천장, 밤 : 오른쪽 천장

- 과체 : 요극과
  - 희망 : 점차 사라진다.
  - 우환 : 점차 사라진다.
- 래정 : 관재·구설
  - 관재·구설 : 해소
  - 시험·취업 : 불가

丙寅일 제 5 국

공망 : 戌·亥 ○
낮 : 왼쪽 천장, 밤 : 오른쪽 천장

- 과체 : 중심과
  - 유순이정의 상
  - 매사 심사숙고의 상
  - 소송 : 재심이 유리
- 래정 : 사업, 시험
  - 사업 : 실패
  - 시험 : 실패

丙寅일 제 6 국

공망 : 戌·亥 ○
낮 : 왼쪽 천장, 밤 : 오른쪽 천장

- 과체 : 지일과
  - 소송 : 화해가 유리
  - 가출인·유실물 : 근처
- 래정 : 교재, 우환
  - 매매·결혼 : 불성(낮)
  - 관재·질병 : 대흉(밤)

병인일

길신(구보)	
일덕	巳
일록	巳
역마	申
장생	寅
제왕	午
순기	丑
육의	甲子
귀인	주 酉 / 야 亥
합(合)	
태(胎)	子

흉신(팔살)	
형	
충	
파	
해	
귀살	亥子
묘신	戌
敗/桃	卯/卯
공망	戌亥
탈(脫)	辰戌丑未
사(死)	酉
절(絶)	亥

丙寅일 제 7 국

공망: 戌·亥 ○
낮: 왼쪽 천장, 밤: 오른쪽 천장

□ 과체: 반음과
• 매사 유시무종의 상
• 결혼: 불성
• 임신: 불길
□ 래정: 창업, 관재
• 창업: 실패
• 관재·구설(낮): 해소

丙寅일 제 8 국

공망: 戌·亥 ○
낮: 왼쪽 천장, 밤: 오른쪽 천장

□ 과체: 지일과
• 기로에서 가까운 사람·장소를 선택
• 소송: 화해가 유리
• 가출인·유실물: 근처
□ 래정: 매매, 결혼
• 매매·결혼: 불성

丙寅일 제 9 국

공망: 戌·亥 ○
낮: 왼쪽 천장, 밤: 오른쪽 천장

□ 과체: 중심과
• 매사 심사숙고의 상
• 임신: 딸(春·夏)
• 소송: 재심이 유리
□ 래정: 사업, 결혼
• 사업: 성공(봄·여름)
• 시험: 불합격

丙寅일

병인일 길신(구보)

길신(구보)	
일덕	巳
일록	巳
역마	申
장생	寅
제왕	午
순기	丑
육의	甲子
귀인	주 酉 / 야 亥
합(合)	
태(胎)	子

흉신(팔살)

흉신(팔살)	
형	
충	
파	
해	
귀살	亥子
묘신	戌
敗/桃	卯/卯
공망	戌亥
탈(脫)	辰戌丑未
사(死)	酉
절(絶)	亥

丙寅일 제 10 국

공망 : 戌·亥 ○
낮 : 왼쪽 천장, 밤 : 오른쪽 천장

□ 과체 : 중심과
- 매사 심사숙고의 상
- 임신 : 딸(春·夏)
- 소송 : 재심이 유리

□ 래정 : 창업, 임신
- 창업 : 실패
- 임신 : 실패

丙寅일 제 11 국

공망 : 戌·亥 ○
낮 : 왼쪽 천장, 밤 : 오른쪽 천장

□ 과체 : 중심과
- 매사 심사숙고의 상
- 임신 : 딸(冬·春)
- 소송 : 재심이 유리

□ 래정 : 사업, 질병
- 사업 : 나중에 성공
- 질병 : 점차 위독

丙寅일 제 12 국

공망 : 戌·亥 ○
낮 : 왼쪽 천장, 밤 : 오른쪽 천장

□ 과체 : 중심과
- 매사 심사숙고의 상
- 임신 : 딸(冬·春)
- 소송 : 재심이 유리

□ 래정 : 사업, 질병
- 사업 : 실패(낮)
- 질병 : 점차 위독(밤)

정묘일	
길신(구보)	
일덕	亥
일록	午
역마	巳
장생	寅
제왕	午
순기	丑
육의	甲子
귀인	주 亥 / 야 酉
합(合)	
태(胎)	子

흉신(팔살)	
형	
충	
파	
해	
귀살	亥子
묘신	戌
敗/桃	卯/子
공망	戌亥
탈(脫)	辰戌丑未
사(死)	酉
절(絕)	亥

丁卯일 제 1국

공망 : 戌·亥 ○
낮 : 왼쪽 천장, 밤 : 오른쪽 천장

丁	甲	庚
勾 卯 空	蛇 子 玄	白 午 合
卯	子	午
辛	辛	丁	丁
常 未 朱	常 未 朱	勾 卯 空	卯 空
丁 未	未	卯	卯

己 空 巳	庚 勾 白 午 合	辛 常 未 朱	壬 玄 申 蛇
戊 青 辰 青 辰			癸 陰 酉 貴 酉
丁 勾 卯 空 卯			○ 后 戊 后 戌
丙 合 寅 白 寅	乙 朱 丑 常 丑	甲 蛇 子 玄 子	癸 貴 亥 陰 亥

□ 과체 : 복음과
• 수구대신의 상
• 시험·승진 : 대길
• 질병·관재·소송 : 대흉
• 가출인·유실물 : 근처
□ 래정 : 관재, 구설
• 관재·구설 : 점차 흉

丁卯일 제 2국

공망 : 戌·亥 ○
낮 : 왼쪽 천장, 밤 : 오른쪽 천장

乙	甲	○
朱 丑 常	蛇 子 玄	貴 亥 陰
寅	丑	子
庚	己	丙	乙
白 午 合	空 巳 勾	合 寅 白	朱 丑 常
丁 未	午	卯	寅

戊 青 辰 青 辰 巳	己 空 巳 勾 白 午	庚 白 午 合 常 未	辛 常 未 朱
丁 勾 卯 空 辰			壬 玄 申 蛇 酉
丙 合 寅 白 卯			癸 陰 酉 貴 戌 ○
乙 朱 丑 常 寅	甲 蛇 子 玄 貴 亥 陰 丑	○ 后 戊 后 亥 ○

□ 과체 : 중심과
• 매사 심사숙고의 상
• 임신 : 딸(冬·春)
• 소송 : 재심이 유리
□ 래정 : 직장
• 직장 : 실직 우려(낮)
• 직장 : 전직 불리(밤)

丁卯일 제 3국

공망 : 戌·亥 ○
낮 : 왼쪽 천장, 밤 : 오른쪽 천장

○	癸	辛
貴 亥 朱	陰 酉 貴	常 未 陰
丑	亥 ○	酉
己	丁	乙	○
空 巳 常	勾 卯 空	朱 丑 勾	貴 亥 朱
丁 未	巳	卯	丑

丁 勾 卯 空 巳	戊 青 辰 白 空 巳 午	己 空 巳 常 未	庚 白 午 玄
丙 合 寅 青 辰			辛 常 未 陰 酉
乙 朱 丑 勾 卯			壬 玄 申 后 戌
甲 蛇 子 合 貴 亥 朱 丑	○ 后 戌 蛇 陰 酉 貴 亥 ○

□ 과체 : 섭해과
• 희망사 : 지체
• 결혼 : 장애
• 출산 : 난산
□ 래정 : 시험, 관재
• 시험 : 불합격
• 관재 : 해소

정묘일

길신(구보)	
일덕	亥
일록	午
역마	巳
장생	寅
제왕	午
순기	丑
육의	甲子
귀인	주 亥 / 야 酉
합(合)	
태(胎)	子

흉신(팔살)	
형	
충	
파	
해	
귀살	亥子
묘신	戌
敗/桃	卯/子
공망	戌亥
탈(脫)	辰戌丑未
사(死)	酉
절(絶)	亥

丁卯일 제 4 국

공망 : 戌·亥 ○
낮 : 왼쪽 천장, 밤 : 오른쪽 천장

甲	癸	庚
蛇子合	陰酉貴	白午玄
卯	子	酉

戌	乙	甲	癸
青辰白	朱丑勾	蛇子合	陰酉貴
丁未	辰	卯	子

丙合巳	丁勾午	戊空未	己常申
朱丑辰			庚白酉
甲蛇卯			辛常戌
貴亥寅	后戌丑	蛇酉子	玄申亥

□ 과체 : 요극과
• 희망 : 점차 사라진다.
• 우환 : 점차 사라진다.
□ 래정 : 사고, 교제
• 사고 : 해소(낮)
• 매매·결혼 : 불성(밤)

丁卯일 제 5 국

공망 : 戌·亥 ○
낮 : 왼쪽 천장, 밤 : 오른쪽 천장

辛	丁	○
常未陰	勾卯空	貴亥朱
亥	未	卯

丁	○	○	辛
勾卯空	貴亥朱	貴亥朱	常未陰
丁未	卯	卯	亥

乙朱丑巳	丙合寅午	丁空卯未	戊白辰申
甲蛇子辰			己常巳酉
貴亥卯			庚白午戌
后戌寅	陰酉丑	玄申子	常未亥

□ 과체 : 원수과
• 만사형통의 상
• 임신 : 아들(여름)
• 소송 : 원고가 유리
□ 래정 : 사업, 매매
• 사업·매매 : 실패
• 결혼 : 불성

丁卯일 제 6 국

공망 : 戌·亥 ○
낮 : 왼쪽 천장, 밤 : 오른쪽 천장

○	己	甲
后戌蛇	空巳常	蛇子合
卯	戌	巳

丙	癸	○	己
合寅青	陰酉貴	后戌蛇	空巳常
丁未	寅	卯	戌

甲蛇子巳	乙朱丑午	丙合寅未	丁勾卯申
貴亥辰			戊空辰酉
后戌卯			己常巳戌
陰酉寅	玄申丑	常未子	勾午亥

□ 과체 : 중심과
• 매사 심사숙고의 상
• 임신 : 딸(冬·春)
• 소송 : 재심이 유리
□ 래정 : 직장
• 시험 : 불합격
• 취업 : 불가

丁卯일

길신(구보)

일덕	亥
일록	午
역마	巳
장생	寅
제왕	午
순기	丑
육의	甲子
귀인	주 亥 / 야 酉
합(合)	
태(胎)	子

흉신(팔살)

형	
충	
파	
해	
귀살	亥子
묘신	戌
敗/桃	卯/子
공망	戌亥
탈(脫)	辰戌丑未
사(死)	酉
절(絶)	亥

丁卯일 제7국

공망 : 戌·亥 ○
낮 : 왼쪽 천장, 밤 : 오른쪽 천장

丁	癸	丁
常 卯 空	朱 酉 貴	常 卯 空
酉	卯	酉

乙	辛	癸	丁
陰 丑 勾	勾 未 陰	朱 酉 貴	常 卯 空
丁未	丑	卯	酉

○貴亥巳	甲后子午	乙陰丑未	丙玄寅申
蛇戌辰			丁常卯酉
朱酉卯			白辰戌
壬合申寅	辛勾未丑	庚青午子	己空巳亥

□ 과체 : 반음과
• 매사 유시무종의 상
• 결혼 : 불성
• 임신 : 불길
□ 래정 : 사업, 관재
• 사업 : 실패
• 관재 : 해소

丁卯일 제8국

공망 : 戌·亥 ○
낮 : 왼쪽 천장, 밤 : 오른쪽 천장

己	○	丁
空 巳 常	蛇 戌 蛇	常 卯 空
子	巳	戌○

甲	己	壬	乙
后 子 合	空 巳 常	合 申 后	陰 丑 勾
丁未	子	卯	申

○蛇戌巳	○貴亥午	甲后子未	乙陰丑申
癸朱酉辰			丙玄寅酉
壬合申卯			丁常卯戌
辛勾未寅	庚青午丑	己空巳子	戊白辰亥

□ 과체 : 중심과
• 매사 심사숙고의 상
• 임신 : 딸(秋·冬)
• 소송 : 재심이 유리
□ 래정 : 직장, 취직
• 시험 : 불합격
• 취직 : 불가

丁卯일 제9국

공망 : 戌·亥 ○
낮 : 왼쪽 천장, 밤 : 오른쪽 천장

○	丁	辛
貴 亥 陰	常 卯 空	勾 未 朱
未	亥○	卯

○	丁	辛	○
貴 亥 陰	常 卯 空	勾 未 朱	貴 亥 陰
丁未	亥○	卯	未

癸朱酉巳	○蛇戌午	○貴亥未	甲玄子申
壬合申辰			乙陰丑酉
辛勾未卯			丙玄寅戌
庚青午寅	己空巳丑	戊白辰子	丁常卯亥

□ 과체 : 섭해과
• 희망사 : 지체
• 결혼 : 장애
• 출산 : 난산
□ 래정 : 직장
• 시험 : 불합격
• 승진 : 불가

정묘일

길신(구보)	
일덕	亥
일록	午
역마	巳
장생	寅
제왕	午
순기	丑
육의	甲子
귀인	주 亥 / 야 酉
합(合)	
태(胎)	子

흉신(팔살)	
형	
충	
파	
해	
귀살	亥子
묘신	戌
敗/桃	卯/子
공망	戌亥
탈(脫)	辰戌丑未
사(死)	酉
절(絶)	亥

丁卯일 제 10 국

공망 : 戌·亥 ○
낮 : 왼쪽 천장, 밤 : 오른쪽 천장

- 과체 : 중심과
- 매사 심사숙고의 상
- 임신 : 딸(春·夏)
- 소송 : 재심이 유리
- 래정 : 사업, 관재
- 사업 : 실패
- 관재 : 불리

丁卯일 제 11 국

공망 : 戌·亥 ○
낮 : 왼쪽 천장, 밤 : 오른쪽 천장

- 과체 : 중심과
- 매사 심사숙고의 상
- 임신 : 딸(春·夏)
- 소송 : 재심이 유리
- 래정 : 사업, 관재
- 사업 : 실패
- 관재 : 불리

丁卯일 제 12 국

공망 : 戌·亥 ○
낮 : 왼쪽 천장, 밤 : 오른쪽 천장

- 과체 : 섭해과
- 희망사 : 지체
- 결혼 : 장애
- 출산 : 난산
- 래정 : 질병, 사업
- 질병 : 점차 개선
- 사업 : 실패

무진일

길신(구보)	
일덕	巳
일록	巳
역마	寅
장생	寅
제왕	午
순기	丑
육의	甲子
귀인	주 丑 / 야 未
합(合)	
태(胎)	子

흉신(팔살)	
형	
충	
파	
해	
귀살	寅卯
묘신	戌
敗/桃	卯/酉
공망	戌亥
탈(脫)	申酉
사(死)	酉
절(絶)	亥

戊辰일 제1국

공망: 戌·亥 ○
낮: 왼쪽 천장, 밤: 오른쪽 천장

己	壬	丙
勾巳朱	白申后	蛇寅青
巳	申	寅

己	己	戊	戊
勾巳朱	勾巳朱	合辰合	合辰合
戊巳	巳	辰	辰

己勾巳朱 巳辰 合辰 辰	庚青午蛇 午	辛空未貴 未	壬白申后 申癸常酉陰酉
丁朱卯勾 卯			○玄戌玄戌
丙蛇寅青 寅	乙貴丑空 丑	甲后子白 子	○陰亥常亥

□ 과체: 복음과
· 수구대신의 상
· 시험·승진: 대길
· 질병·관재·소송: 대흉
· 가출인·유실물: 근처
□ 래정: 직업
· 직장·사업: 실패

戊辰일 제2국

공망: 戌·亥 ○
낮: 왼쪽 천장, 밤: 오른쪽 천장

丁	丙	乙
朱卯勾	蛇寅青	貴丑空
辰	卯	寅

戊	丁	丁	丙
合辰合	朱卯勾	朱卯勾	蛇寅青
戊巳	辰	辰	卯

戊合辰合巳	己勾巳朱午	庚青午蛇未	辛空未貴申
丁朱卯勾辰			壬白申后酉
丙蛇寅青卯			癸常酉陰戌
乙貴丑空寅	甲后子白丑	○陰亥常子	○玄戌玄亥

□ 과체: 원수과
· 만사형통의 상
· 임신: 아들(冬·春)
· 소송: 원고가 유리
□ 래정: 관재, 탄핵
· 관재: 대흉
· 탄핵: 대흉

戊辰일 제3국

공망: 戌·亥 ○
낮: 왼쪽 천장, 밤: 오른쪽 천장

乙	○	癸
貴丑空	陰亥常	常酉陰
卯	丑	亥 ○

丁	乙	丙	甲
朱卯勾	貴丑空	蛇寅青	后子白
戊巳	卯	辰	寅

丁朱卯勾巳	戊合辰合午	己勾巳朱未	庚青午蛇申
丙蛇寅青辰			辛空未貴酉
乙貴丑空卯			壬白申后戌
甲后子白寅	○陰亥常丑	○玄戌玄子	癸常酉陰亥

□ 과체: 중심과
· 매사 심사숙고의 상
· 임신: 딸(冬·春)
· 소송: 재심이 유리
□ 래정: 관재, 탄핵
· 관재: 대흉
· 탄핵: 대흉

무진일	
길신(구보)	
일덕	巳
일록	巳
역마	寅
장생	寅
제왕	午
순기	丑
육의	甲子
귀인	주 丑 / 야 未
합(合)	
태(胎)	子

흉신(팔살)	
형	
충	
파	
해	
귀살	寅卯
묘신	戌
敗/桃	卯/酉
공망	戌亥
탈(脫)	申酉
사(死)	酉
절(絶)	亥

戊辰일 제 4국

공망 : 戌·亥 ○
낮 : 왼쪽 천장, 밤 : 오른쪽 천장

- 과체 : 원수과
- 만사형통의 상
- 임신 : 아들(冬·春)
- 소송 : 원고가 유리
- 래정 : 창업, 임신
- 창업 : 실패
- 임신 : 불길

戊辰일 제 5국

공망 : 戌·亥 ○
낮 : 왼쪽 천장, 밤 : 오른쪽 천장

- 과체 : 중심과
- 매사 심사숙고의 상
- 임신 : 딸(여름)
- 소송 : 재심이 유리
- 래정 : 사업
- 사업 : 성공(여름)
- 결혼 : 길(밤)

戊辰일 제 6국

공망 : 戌·亥 ○
낮 : 왼쪽 천장, 밤 : 오른쪽 천장

- 과체 : 섭해과
- 희망사 : 지체
- 결혼 : 장애
- 출산 : 난산
- 래정 : 사업, 결혼
- 사업 : 실패
- 결혼 : 실패

무진일

길신(구보)	
일덕	巳
일록	巳
역마	寅
장생	寅
제왕	午
순기	丑
육의	甲子
귀인	주 丑 / 야 未
합(合)	
태(胎)	子

흉신(팔살)	
형	
충	
파	
해	
귀살	寅卯
묘신	戌
敗/桃	卯/酉
공망	戌亥
탈(脫)	申酉
사(死)	酉
절(絶)	亥

戊辰일 제7국

공망 : 戌·亥 ○
낮 : 왼쪽 천장, 밤 : 오른쪽 천장

□ 과체 : 반음과
• 매사 유시무종의 상
• 결혼 : 불성
• 임신 : 불길
□ 래정 : 사업, 관재
• 사업 : 실패
• 관재 : 해소

戊辰일 제8국

공망 : 戌·亥 ○
낮 : 왼쪽 천장, 밤 : 오른쪽 천장

□ 과체 : 중심과
• 매사 심사숙고의 상
• 임신 : 딸(가을)
• 소송 : 재심이 유리
□ 래정 : 매매, 질병
• 매매 : 불성
• 질병 : 낫는다.

戊辰일 제9국

공망 : 戌·亥 ○
낮 : 왼쪽 천장, 밤 : 오른쪽 천장

□ 과체 : 요극과(탄사)
• 희망 : 점차 사라진다.
• 우환 : 점차 사라진다.
• 쟁송 : 원고가 유리
□ 래정 : 사업, 관재
• 사업 : 성공(여름)
• 관재 : 불리

무진일

길신(구보)	
일덕	巳
일록	巳
역마	寅
장생	寅
제왕	午
순기	丑
육의	甲子
귀인	주 丑 / 야 未
합(合)	
태(胎)	子

흉신(팔살)	
형	
충	
파	
해	
귀살	寅卯
묘신	戌
敗/桃	卯/酉
공망	戌亥
탈(脫)	申酉
사(死)	酉
절(絶)	亥

戊辰일 제 10국

공망 : 戌·亥 ○
낮 : 왼쪽 천장, 밤 : 오른쪽 천장

- 과체 : 요극과(탄사)
- 희망 : 점차 사라진다.
- 우환 : 점차 사라진다.
- 쟁송 : 원고가 유리
- 래정 : 창업
- 창업 : 실패
- 임신 : 실패

戊辰일 제 11국

공망 : 戌·亥 ○
낮 : 왼쪽 천장, 밤 : 오른쪽 천장

- 과체 : 중심과
- 매사 심사숙고의 상
- 임신 : 딸(春·夏)
- 소송 : 재심이 유리
- 래정 : 질병, 사업
- 질병 : 해소(낮)
- 사업 : 실패(밤)

戊辰일 제 12국

공망 : 戌·亥 ○
낮 : 왼쪽 천장, 밤 : 오른쪽 천장

- 과체 : 별책과
- 매사 : 준비 부족
- 결혼 : 삼각관계
- 래정 : 사업
- 사업 : 성공(낮)
  실패(밤)
- 가정 : 음란

기사일

길신(구보)	
일덕	寅
일록	午
역마	亥
장생	寅
제왕	午
순기	丑
육의	甲子
귀인	주 子 / 야 申
합(合)	
태(胎)	子

흉신(팔살)	
형	
충	
파	
해	
귀살	寅卯
묘신	戌
敗/桃	卯/午
공망	戌亥
탈(脫)	申酉
사(死)	酉
절(絕)	亥

기사일 제1국

공망 : 戌·亥 ○
낮 : 왼쪽 천장, 밤 : 오른쪽 천장

己	壬	丙
青巳合	常申貴	朱寅空
巳	申	寅

辛	辛	己	己
白未蛇	白未蛇	青巳合	青巳合
己未	未	巳	巳

己 巳 巳 青 戊 辰 辰 勾 丁 卯 卯 合 丙 寅 寅 朱	庚 午 午 空	辛 未 未 白	壬 申 申 貴 癸 酉 酉 玄 ○ 戌 戌 陰 ○
	乙 丑 丑 白	甲 子 子 常	亥 亥 玄 ○

□ 과체 : 복음과
- 수구대신의 상
- 시험·승진 : 대길
- 질병·관재·소송 : 대흉
- 가출인·유실물 : 근처

□ 래정 : 직장
- 관직 : 탄핵 방지

기사일 제2국

공망 : 戌·亥 ○
낮 : 왼쪽 천장, 밤 : 오른쪽 천장

丁	丙	乙
合卯青	朱寅空	蛇丑白
辰	卯	寅

庚	己	戊	丁
空午朱	青巳合	勾辰勾	合卯青
己未	午	巳	辰

□ 과체 : 원수과
- 만사형통의 상
- 임신 : 아들(冬·春)
- 소송 : 원고가 유리

□ 래정 : 직장, 교제
- 실직 예방(낮)
- 결혼·매매 : 불성

기사일 제3국

공망 : 戌·亥 ○
낮 : 왼쪽 천장, 밤 : 오른쪽 천장

乙	○	癸
蛇丑白	后亥玄	玄酉后
卯	丑	亥 ○

己	丁	丁	乙
青巳合	合卯青	合卯青	蛇丑白
己未	巳	巳	卯

□ 과체 : 중심과
- 매사 심사숙고의 상
- 임신 : 딸(冬·春)
- 소송 : 재심이 유리

□ 래정 : 사업, 질병
- 사업 : 실패
- 질병 : 해소

기사일	
길신(구보)	
일덕	寅
일록	午
역마	亥
장생	寅
제왕	午
순기	丑
육의	甲子
귀인	주 子 / 야 申
합(合)	
태(胎)	子

흉신(팔살)	
형	
충	
파	
해	
귀살	寅卯
묘신	戌
敗/桃	卯/午
공망	戌亥
탈(脫)	申酉
사(死)	酉
절(絕)	亥

기사일 제4국

공망: 戌·亥 ○
낮: 왼쪽 천장, 밤: 오른쪽 천장

□ 과체: 요극과(호시)
- 희망: 점차 사라진다.
- 우환: 점차 사라진다.
- 쟁송: 피고가 유리
□ 래정: 시험, 승진
- 시험: 불합격(낮)
- 승진: 불가

기사일 제5국

공망: 戌·亥 ○
낮: 왼쪽 천장, 밤: 오른쪽 천장

□ 과체: 원수과
- 만사형통의 상
- 임신: 아들(冬·春)
- 소송: 원고가 유리
□ 래정: 가정, 질병
- 가정: 음란사
- 질병: 해소

기사일 제6국

공망: 戌·亥 ○
낮: 왼쪽 천장, 밤: 오른쪽 천장

□ 과체: 섭해과
- 희망사: 지체
- 결혼: 장애
- 출산: 난산
□ 래정: 교제, 사업
- 결혼·매매: 불성(낮)
- 사업: 실패(밤)

기사일	
길신(구보)	
일덕	寅
일록	午
역마	亥
장생	寅
제왕	午
순기	丑
육의	甲子
귀인	주 子 / 야 申
합(合)	
태(胎)	子

흉신(팔살)	
형	
충	
파	
해	
귀살	寅卯
묘신	戌
敗/桃	卯/午
공망	戌亥
탈(脫)	申酉
사(死)	酉
절(絶)	亥

己巳일 제 7 국

공망 : 戌·亥 ○
낮 : 왼쪽 천장, 밤 : 오른쪽 천장

己	○	己
白巳玄	蛇亥合	白巳玄
亥○	巳	亥○
乙	辛	○	己
后丑青	青未后	蛇亥合	白巳玄
己未	丑	巳	亥○

蛇亥合巳	甲貴子午	乙后丑未	丙陰寅申
朱戌朱辰			玄卯白酉
癸合酉蛇			戊常辰常戌
壬勾申貴寅	辛青未后丑	庚空午陰子	己白巳玄亥○

□ 과체 : 반음과
• 매사 유시무종의 상
• 결혼 : 불성
• 임신 : 불길
□ 래정 : 질병, 사업
• 질병 : 해소
• 사업 : 실패

己巳일 제 8 국

공망 : 戌·亥 ○
낮 : 왼쪽 천장, 밤 : 오른쪽 천장

己	○	丁
白巳玄	朱戌朱	玄卯白
子	巳	戌
甲	己	○	丁
貴子勾	白巳玄	朱戌朱	玄卯白
己未	子	巳	戌

朱戌朱巳	蛇亥合午	甲貴子未	乙后丑申
癸合酉辰			丙陰寅酉
壬勾申貴卯	辛青未后寅	庚空午陰丑	己白巳玄子
			丁玄卯戌
			戊常辰常亥

□ 과체 : 지일과
• 기로에서 가까운 사람·장소를 선택
• 소송 : 화해가 유리
• 가출인·유실물 : 근처
□ 래정 : 시험, 승진
• 시험·승진 : 불가

己巳일 제 9 국

공망 : 戌·亥 ○
낮 : 왼쪽 천장, 밤 : 오른쪽 천장

癸	乙	己
合酉蛇	后丑青	白巳玄
巳	酉	丑
○	丁	癸	乙
蛇亥合	玄卯白	合酉蛇	后丑青
己未	亥○	巳	酉

癸合酉巳	○蛇朱戌午	朱戌蛇亥合未	甲貴子申
壬勾申辰			乙后丑酉
辛青未卯			丙陰寅戌
庚空午寅	己陰巳丑	戊常辰子	丁玄卯亥○

□ 과체 : 섭해과
• 희망사 : 지체
• 결혼 : 장애
• 출산 : 난산
□ 래정 : 결혼, 사업
• 결혼 : 불성
• 사업 : 실패

기사일	
길신(구보)	
일덕	寅
일록	午
역마	亥
장생	寅
제왕	午
순기	丑
육의	甲子
귀인	주 子 / 야 申
합(合)	
태(胎)	子

흉신(팔살)	
형	
충	
파	
해	
귀살	寅卯
묘신	戌
敗/桃	卯/午
공망	戌亥
탈(脫)	申酉
사(死)	酉
절(絕)	亥

己巳일 제 10 국

공망 : 戌·亥 ○
낮 : 왼쪽 천장, 밤 : 오른쪽 천장

□ 과체 : 중심과
- 매사 심사숙고의 상
- 임신 : 딸(春·夏)
- 소송 : 재심이 유리

□ 래정 : 창업, 임신
- 창업 : 실패
- 임신 : 실패

己巳일 제 11 국

공망 : 戌·亥 ○
낮 : 왼쪽 천장, 밤 : 오른쪽 천장

□ 과체 : 요극과(호시)
- 희망 : 점차 사라진다.
- 우환 : 점차 사라진다.
- 쟁송 : 피고가 유리

□ 래정 : 사업, 교제
- 사업 : 실패
- 결혼·매매 : 실패

己巳일 제 12 국

공망 : 戌·亥 ○
낮 : 왼쪽 천장, 밤 : 오른쪽 천장

□ 과체 : 묘성과
- 모망사 : 불길
- 여행 : 위험
- 질병 : 위독
- 관재 : 최흉
- 시험 : 최길

□ 래정 : 직장

경오일

길신(구보)	
일덕	申
일록	申
역마	申
장생	巳
제왕	酉
순기	丑
육의	甲子
귀인	주 丑 / 야 未
합(合)	
태(胎)	卯

흉신(팔살)	
형	
충	
파	
해	
귀살	巳午
묘신	丑
敗/桃	午/卯
공망	戌亥
탈(脫)	亥子
사(死)	子
절(絶)	寅

庚午일 제1국

공망 : 戌·亥 ○
낮 : 왼쪽 천장, 밤 : 오른쪽 천장

- 과제 : 복음과
- 수구대신의 상
- 시험·승진 : 대길
- 질병·관재·소송 : 대흉
- 가출인·유실물 : 근처
- 래정 : 질병
- 질병 : 수술수

庚午일 제2국

공망 : 戌·亥 ○
낮 : 왼쪽 천장, 밤 : 오른쪽 천장

- 과제 : 요극과(호시)
- 희망 : 점차 사라진다.
- 우환 : 점차 사라진다.
- 쟁송 : 피고가 유리
- 래정 : 직장, 관재
- 취직시험 : 유리
- 관재 : 점차 해소

庚午일 제3국

공망 : 戌·亥 ○
낮 : 왼쪽 천장, 밤 : 오른쪽 천장

- 과제 : 섭해과
- 희망사 : 지체
- 결혼 : 장애
- 출산 : 난산
- 래정 : 사업, 관직
- 사업 : 반길
- 시험·승진 : 길(낮)

경오일

길신(구보)	
일덕	申
일록	申
역마	申
장생	巳
제왕	酉
순기	丑
육의	甲子
귀인	주 丑 / 야 未
합(合)	
태(胎)	卯

흉신(팔살)	
형	
충	
파	
해	
귀살	巳午
묘신	丑
敗/桃	午/卯
공망	戌亥
탈(脫)	亥子
사(死)	子
절(絶)	寅

庚午일 제4국

공망: 戌·亥 ○
낮: 왼쪽 천장, 밤: 오른쪽 천장

□ 과체: 원수과
• 만사형통의 상
• 임신: 아들(春·夏)
• 소송: 원고가 유리
□ 래정: 소송, 관직
• 소송: 대흉
• 관직: 대길

庚午일 제5국

공망: 戌·亥 ○
낮: 왼쪽 천장, 밤: 오른쪽 천장

□ 과체: 섭해과
• 희망사: 지체
• 결혼: 장애
• 출산: 난산
□ 래정: 사업, 시험
• 사업: 실패(낮)
• 시험: 불합격

庚午일 제6국

공망: 戌·亥 ○
낮: 왼쪽 천장, 밤: 오른쪽 천장

□ 과체: 지일과
• 기로에서 가까운 사람·장소를 선택
• 소송: 화해가 유리
• 가출인·유실물: 근처
□ 래정: 결혼, 매매
• 결혼: 불성

육임을 알면 미래가 보인다

경오일	
길신(구보)	
일덕	申
일록	申
역마	申
장생	巳
제왕	酉
순기	丑
육의	甲子
귀인	주 丑 / 야 未
합(合)	
태(胎)	卯

흉신(팔살)	
형	
충	
파	
해	
귀살	巳午
묘신	丑
敗/桃	午/卯
공망	戌亥
탈(脫)	亥子
사(死)	子
절(絶)	寅

庚午일 제7국

공망: 戌·亥 ○
낮: 왼쪽 천장, 밤: 오른쪽 천장

□ 과체: 반음과
• 매사 유시무종의 상
• 결혼: 불성
• 임신: 불길
□ 래정: 결혼, 사업
• 결혼: 실패
• 사업: 실패

庚午일 제8국

공망: 戌·亥 ○
낮: 왼쪽 천장, 밤: 오른쪽 천장

□ 과체: 지일과
• 기로에서 가까운 사람·장소를 선택
• 소송: 화해가 유리
• 가출인·유실물: 근처
□ 래정: 사기, 도난
• 사기·도난: 손재수

庚午일 제9국

공망: 戌·亥 ○
낮: 왼쪽 천장, 밤: 오른쪽 천장

□ 과체: 섭해과
• 희망사: 지체
• 결혼: 장애
• 출산: 난산
□ 래정: 손재수, 매매
• 사기·도난: 손재수
• 매매: 실패

경오일

길신(구보)	
일덕	申
일록	申
역마	申
장생	巳
제왕	酉
순기	丑
육의	甲子
귀인	주 丑 / 야 未
합(合)	
태(胎)	卯

흉신(팔살)	
형	
충	
파	
해	
귀살	巳午
묘신	丑
敗 / 桃	午 / 卯
공망	戌亥
탈(脫)	亥子
사(死)	子
절(絶)	寅

庚午일 제 10 국

공망 : 戌・亥 ○
낮 : 왼쪽 천장, 밤 : 오른쪽 천장

癸	甲	丁
勾酉 朱蛇子 青陰卯 常		
午	酉	子
○	丙	癸	甲
朱亥勾后寅白	勾酉朱	蛇子青
庚申	亥○	午	酉

壬青申巳	癸蛇酉午	○合戌未	○朱亥申
辛空未辰			甲蛇子酉
庚白午卯			乙貴丑戌
己常巳寅	戊陰辰丑	丁陰卯子	丙后寅亥

□ 과체 : 중심과
・매사 심사숙고의 상
・임신 : 딸(春・夏)
・소송 : 재심이 유리
□ 래정 : 관재, 구설
・관재 : 해소
・구설 : 해소

庚午일 제 11 국

공망 : 戌・亥 ○
낮 : 왼쪽 천장, 밤 : 오른쪽 천장

壬	○	甲
白申后 玄戌玄 后子白		
午	申	戌 ○
○	甲	壬	○
玄戌玄后子白	白申后	玄戌玄
庚申	戌○	午	申

辛空未巳	壬白申午	癸常酉未	○陰戌申
庚青午辰			○陰亥酉
己勾巳卯			甲后子戌
戊合辰寅	丁朱卯丑	丙蛇寅子	乙貴丑亥

□ 과체 : 섭해과
・희망사 : 지체
・결혼 : 장애
・출산 : 난산
□ 래정 : 직장, 결혼
・직장 : 불리
・결혼 : 불성

庚午일 제 12 국

공망 : 戌・亥 ○
낮 : 왼쪽 천장, 밤 : 오른쪽 천장

○	辛	癸
玄戌玄 空未貴 常酉陰		
酉	午	申
癸	○	辛	壬
常酉陰玄戌玄	空未貴	白申后
庚申	酉	午	未

庚青午巳	辛空未午	壬白申未	癸陰酉申
己勾巳辰			○玄戌酉
戊合辰卯			○常亥戌
丁朱卯寅	丙蛇寅丑	乙貴丑子	甲后子亥

□ 과체 : 묘성과
・모망사 : 불길
・여행 : 위험
・질병 : 위독
・관재 : 최흉
・시험 : 최길
□ 래정 : 손재수

신미일	
길신(구보)	
일덕	巳
일록	酉
역마	巳
장생	巳
제왕	酉
순기	丑
육의	甲子
귀인	주 寅 / 야 午
합(合)	
태(胎)	卯

흉신(팔살)	
형	
충	
파	
해	
귀살	巳午
묘신	丑
敗/桃	午/子
공망	戌亥
탈(脫)	亥子
사(死)	子
절(絶)	寅

辛未일 제1국

공망 : 戌·亥 ○
낮 : 왼쪽 천장, 밤 : 오른쪽 천장

- 과체 : 복음과
- 수구대신의 상
- 질병·관재·소송 : 대흉
- 가출인·유실물 : 근처
- 래정 : 관재, 부동산
- 관재 : 해소
- 부동산 : 매입운

辛未일 제2국

공망 : 戌·亥 ○
낮 : 왼쪽 천장, 밤 : 오른쪽 천장

- 과체 : 요극과(호시)
- 희망 : 점차 사라진다.
- 우환 : 점차 사라진다.
- 쟁송 : 피고가 유리
- 래정 : 교제, 직장
- 결혼·매매 : 불성
- 직장 : 불리

辛未일 제3국

공망 : 戌·亥 ○
낮 : 왼쪽 천장, 밤 : 오른쪽 천장

- 과체 : 원수과
- 만사형통의 상
- 임신 : 아들(春·夏)
- 소송 : 원고가 유리
- 래정 : 관재, 직장운
- 관재 : 점차 해소
- 직장운 : 어둡다.

신미일	
길신(구보)	
일덕	巳
일록	酉
역마	巳
장생	巳
제왕	酉
순기	丑
육의	甲子
귀인	주 寅 / 야 午
합(合)	
태(胎)	卯

흉신(팔살)	
형	
충	
파	
해	
귀살	巳午
묘신	丑
敗/桃	午/子
공망	戌亥
탈(脫)	亥子
사(死)	子
절(絶)	寅

辛未일 제 4 국

공망 : 戌·亥 ○
낮 : 왼쪽 천장, 밤 : 오른쪽 천장

□ 과체 : 별책과
· 매사 : 준비 부족
· 결혼 : 삼각관계
□ 래정 : 연애, 질병
· 연애 : 실패(낮)
· 매매 : 불성(낮)
· 질병 : 해소(밤)

辛未일 제 5 국

공망 : 戌·亥 ○
낮 : 왼쪽 천장, 밤 : 오른쪽 천장

□ 과체 : 지일과
· 기로에서 가까운
사람·장소를 선택
· 소송 : 화해가 유리
· 가출인·유실물 : 근처
□ 래정 : 음란
· 결혼·가정 : 부정

辛未일 제 6 국

공망 : 戌·亥 ○
낮 : 왼쪽 천장, 밤 : 오른쪽 천장

□ 과체 : 섭해과
· 희망사 : 지체
· 결혼 : 장애
· 출산 : 난산
□ 래정 : 직업
· 직업 : 실패

신미일

길신(구보)	
일덕	巳
일록	酉
역마	巳
장생	巳
제왕	酉
순기	丑
육의	甲子
귀인	주 寅 / 야 午
합(合)	
태(胎)	卯

흉신(팔살)	
형	
충	
파	
해	
귀살	巳午
묘신	丑
敗/桃	午/子
공망	戌亥
탈(脫)	亥子
사(死)	子
절(絶)	寅

辛未일 제7국

공망 : 戌·亥 ○
낮 : 왼쪽 천장, 밤 : 오른쪽 천장

□ 과체 : 반음과
· 매사 유시무종의 상
· 결혼 : 불성
· 임신 : 불길
□ 래정 : 창업, 부모
· 창업 : 실패
· 부모 : 건강검진 요망

辛未일 제8국

공망 : 戌·亥 ○
낮 : 왼쪽 천장, 밤 : 오른쪽 천장

□ 과체 : 섭해과
· 희망사 : 지체
· 결혼 : 장애
· 출산 : 난산
□ 래정 : 시험 : 창업
· 시험 : 불합격
· 승진 : 불가

辛未일 제9국

공망 : 戌·亥 ○
낮 : 왼쪽 천장, 밤 : 오른쪽 천장

□ 과체 : 지일과
· 기로에서 가까운 사람·장소를 선택
· 소송 : 화해가 유리
· 가출인·유실물 : 근처
□ 래정 : 사업
· 사업 : 실패

신미일

길신(구보)	
일덕	巳
일록	酉
역마	巳
장생	巳
제왕	酉
순기	丑
육의	甲子
귀인	주 寅 / 야 午
합(合)	
태(胎)	卯

흉신(팔살)	
형	
충	
파	
해	
귀살	巳午
묘신	丑
敗/桃	午/子
공망	戌亥
탈(脫)	亥子
사(死)	子
절(絶)	寅

辛未일 제 10 국

공망 : 戌·亥 ○
낮 : 왼쪽 천장, 밤 : 오른쪽 천장

- □ 과체 : 별책과
- • 매사 : 준비 부족
- • 결혼 : 삼각관계
- □ 래정 : 부모, 질병
- • 부모 : 건강검진 요망
- • 질병 : 위독(부모)

辛未일 제 11 국

공망 : 戌·亥 ○
낮 : 왼쪽 천장, 밤 : 오른쪽 천장

- □ 과체 : 요극과(탄사)
- • 희망 : 점차 사라진다.
- • 우환 : 점차 사라진다.
- • 쟁송 : 원고가 유리
- □ 래정 : 사업, 직장
- • 사업 : 초길후흉
- • 직장운 : 불리

辛未일 제 12 국

공망 : 戌·亥 ○
낮 : 왼쪽 천장, 밤 : 오른쪽 천장

- □ 과체 : 묘성과
- • 모망사 : 불길
- • 여행 : 위험
- • 질병 : 위독
- • 관재 : 최흉
- • 시험 : 최흉
- □ 래정 : 손재수

임신일

길신(구보)	
일덕	亥
일록	亥
역마	寅
장생	申
제왕	子
순기	丑
육의	甲子
귀인	주 卯 야 巳
합(合)	
태(胎)	午

흉신(팔살)	
형	
충	
파	
해	
귀살	辰戌 丑未
묘신	辰
敗/桃	酉/酉
공망	戌亥
탈(脫)	寅卯
사(死)	卯
절(絶)	巳

壬申일 제1국

공망 : 戌·亥 ○
낮 : 왼쪽 천장, 밤 : 오른쪽 천장

- 과체 : 복음과
- 수구대신의 상
- 질병·관재·소송 : 대흉
- 가출인·유실물 : 근처
- 래정 : 직장
- 시험 : 불합격
- 직장 : 퇴직운

壬申일 제2국

공망 : 戌·亥 ○
낮 : 왼쪽 천장, 밤 : 오른쪽 천장

- 과체 : 원수과
- 만사형통의 상
- 임신 : 아들(여름)
- 소송 : 원고가 유리
- 래정 : 질병, 모망사
- 질병 : 점차 쾌유
- 모망사 : 장애, 지체

壬申일 제3국

공망 : 戌·亥 ○
낮 : 왼쪽 천장, 밤 : 오른쪽 천장

- 과체 : 원수과
- 만사형통의 상
- 임신 : 아들(春·夏)
- 소송 : 원고가 유리
- 래정 : 사업, 결혼
- 사업 : 실패(낮)
- 결혼 : 성립

육임을 알면 미래가 보인다 46

임신일

길신(구보)	
일덕	亥
일록	亥
역마	寅
장생	申
제왕	子
순기	丑
육의	甲子
귀인	주 卯 / 야 巳
합(合)	
태(胎)	午

흉신(팔살)	
형	
충	
파	
해	
귀살	辰戌 丑未
묘신	辰
敗/桃	酉/酉
공망	戌亥
탈(脫)	寅卯
사(死)	卯
절(絶)	巳

壬申일 제 4 국

공망 : 戌·亥 ○
낮 : 왼쪽 천장, 밤 : 오른쪽 천장

□ 과체 : 원수과
- 만사형통의 상
- 임신 : 아들(春·夏)
- 소송 : 원고가 유리

□ 래정 : 사업, 부모
- 사업 : 성공
- 부모 : 건강검진 요망

壬申일 제 5 국

공망 : 戌·亥 ○
낮 : 왼쪽 천장, 밤 : 오른쪽 천장

□ 과체 : 중심과
- 매사 심사숙고의 상
- 임신 : 딸(여름)
- 소송 : 재심이 유리

□ 래정 : 교제
- 결혼·매매 : 성사
- 사업 : 실패

壬申일 제 6 국

공망 : 戌·亥 ○
낮 : 왼쪽 천장, 밤 : 오른쪽 천장

□ 과체 : 섭해과
- 희망사 : 지체
- 결혼 : 장애
- 출산 : 난산

□ 래정 : 사업, 결혼
- 사업 : 실패(낮)
- 결혼 : 실패(밤)

임신일	
길신(구보)	
일덕	亥
일록	亥
역마	寅
장생	申
제왕	子
순기	丑
육의	甲子
귀인	주 卯 / 야 巳
합(合)	
태(胎)	午

흉신(팔살)	
형	
충	
파	
해	
귀살	辰戌丑未
묘신	辰
敗/桃	酉/酉
공망	戌亥
탈(脫)	寅卯
사(死)	卯
절(絶)	巳

壬申일 제 7 국

공망 : 戌·亥 ○
낮 : 왼쪽 천장, 밤 : 오른쪽 천장

□ 과체 : 반음과
• 매사 유시무종의 상
• 결혼 : 불성
• 임신 : 불길
□ 래정 : 연애, 사업
• 연애 : 실패(낮)
• 사업 : 실패(밤)

壬申일 제 8 국

공망 : 戌·亥 ○
낮 : 왼쪽 천장, 밤 : 오른쪽 천장

□ 과체 : 원수과
• 만사형통의 상
• 임신 : 아들(여름)
• 소송 : 원고가 유리
□ 래정 : 여자
• 연애 : 실패
• 가정(처) : 이별, 상처

壬申일 제 9 국

공망 : 戌·亥 ○
낮 : 왼쪽 천장, 밤 : 오른쪽 천장

□ 과체 : 중심과
• 매사 심사숙고의 상
• 임신 : 딸(冬·春)
• 소송 : 재심이 유리
□ 래정 : 관재, 구설
• 관재 : 점차 해소
• 구설 : 점차 해소

임신일	
길신(구보)	
일덕	亥
일록	亥
역마	寅
장생	申
제왕	子
순기	丑
육의	甲子
귀인	주 卯 / 야 巳
합(合)	
태(胎)	午

흉신(팔살)	
형	
충	
파	
해	
귀살	辰戌丑未
묘신	辰
敗/桃	酉/酉
공망	戌亥
탈(脫)	寅卯
사(死)	卯
절(絶)	巳

壬申일 제 10 국

공망 : 戌·亥 ○
낮 : 왼쪽 천장, 밤 : 오른쪽 천장

□ 과체 : 요극과(탄사)
- 희망 : 점차 사라진다.
- 우환 : 점차 사라진다.
- 쟁송 : 원고가 유리

□ 래정 : 사업, 임신
- 사업 : 대길
- 임신 : 유산 예방

壬申일 제 11 국

공망 : 戌·亥 ○
낮 : 왼쪽 천장, 밤 : 오른쪽 천장

□ 과체 : 중심과
- 매사 심사숙고의 상
- 임신 : 딸(여름)
- 소송 : 재심이 유리

□ 래정 : 질병
- 질병 : 치유(낮)
- 질병 : 치유(밤)

壬申일 제 12 국

공망 : 戌·亥 ○
낮 : 왼쪽 천장, 밤 : 오른쪽 천장

□ 과체 : 원수과
- 만사형통의 상
- 임신 : 아들(여름)
- 소송 : 원고가 유리

□ 래정 : 결혼, 교역
- 결혼 : 성사
- 교역(외국) : 좋다.

계유일

길신(구보)

일덕	巳
일록	子
역마	亥
장생	申
제왕	子
순기	丑
육의	甲子
귀인	주 巳 / 야 卯
합(合)	
태(胎)	午

흉신(팔살)

형	
충	
파	
해	
귀살	辰戌 丑未
묘신	辰
敗/桃	酉/午
공망	戌亥
탈(脫)	寅卯
사(死)	卯
절(絕)	巳

癸酉일 제1국

공망 : 戌·亥 ○
낮 : 왼쪽 천장, 밤 : 오른쪽 천장

- 과체 : 복음과
  - 수구대신의 상
  - 질병·관재·소송 : 대흉
  - 가출인·유실물 : 근처
- 래정 : 관재, 질병
  - 관재 : 점차 해소(낮)
  - 질병 : 점차 해소

癸酉일 제2국

공망 : 戌·亥 ○
낮 : 왼쪽 천장, 밤 : 오른쪽 천장

- 과체 : 요극과(호시)
  - 희망 : 점차 사라진다.
  - 우환 : 점차 사라진다.
  - 쟁송 : 피고가 유리
- 래정 : 직장, 관재
  - 직장 : 이동은 불리
  - 관재 : 대흉

癸酉일 제3국

공망 : 戌·亥 ○
낮 : 왼쪽 천장, 밤 : 오른쪽 천장

- 과체 : 요극과(호시)
  - 희망 : 점차 사라진다.
  - 우환 : 점차 사라진다.
  - 쟁송 : 피고가 유리
- 래정 : 재앙, 관직
  - 재앙 : 소인의 해(낮)
  - 시험 : 불합격(밤)

계유일

길신(구보)	
일덕	巳
일록	子
역마	亥
장생	申
제왕	子
순기	丑
육의	甲子
귀인	주 巳 / 야 卯
합(合)	
태(胎)	午

흉신(팔살)	
형	
충	
파	
해	
귀살	辰戌丑未
묘신	辰
敗/桃	酉/午
공망	戌亥
탈(脫)	寅卯
사(死)	卯
절(絶)	巳

癸酉일 제4국

공망 : 戌·亥 ○
낮 : 왼쪽 천장, 밤 : 오른쪽 천장

庚	丁	甲
后午玄	朱卯貴	青子合
酉	午	卯
○	辛	庚	丁
白戌青	陰未常	后午玄	朱卯貴
癸丑	戌○	酉	午

丙寅巳 合	丁卯午 朱	戊辰未 蛇	己巳申 貴
乙丑辰 勾			庚午酉 陰
甲子卯 青			辛未戌 常
○亥寅 空	癸戌丑 勾	壬酉子 青	辛申亥 白

□ 과체 : 섭해과
• 희망사 : 지체
• 결혼 : 장애
• 출산 : 난산
□ 래정 : 시험, 승진
• 시험 : 합격
• 승진 : 가능

癸酉일 제5국

공망 : 戌·亥 ○
낮 : 왼쪽 천장, 밤 : 오른쪽 천장

己	乙	癸
貴巳陰	勾丑朱	常酉空
酉	巳	丑
癸	己	己	乙
常酉空	貴巳陰	貴巳陰	勾丑朱
癸丑	酉	酉	巳

乙丑辰 勾	丙寅巳 合	丁卯午 朱	戊辰未 蛇
甲子卯 青			己巳酉 貴
○亥寅 空			庚午戌 陰
○戌丑 白	癸酉子 常	壬申亥 玄	辛未戌 常

□ 과체 : 원수과
• 만사형통의 상
• 임신 : 아들(春·夏)
• 소송 : 원고가 유리
□ 래정 : 시험, 사업
• 시험 : 합격
• 사업 : 성공

癸酉일 제6국

공망 : 戌·亥 ○
낮 : 왼쪽 천장, 밤 : 오른쪽 천장

○	庚	乙
空亥勾	后午玄	勾丑朱
辰	亥○	午
壬	丁	戊	○
玄申白	朱卯貴	蛇辰后	空亥勾
癸丑	申	酉	辰

甲子巳 青	乙丑午 勾	丙寅未 合	丁卯申 朱
○亥辰 空			戊辰酉 蛇
○戌卯 白			己巳戌 貴
癸酉寅 常	壬申丑 玄	辛未子 陰	庚午亥 后

□ 과체 : 섭해과
• 희망사 : 지체
• 결혼 : 장애
• 출산 : 난산
□ 래정 : 사업, 질병
• 사업 : 실패
• 질병(부모) : 검진

계유일

길신(구보)

일덕	巳
일록	子
역마	亥
장생	申
제왕	子
순기	丑
육의	甲子
귀인	주 巳 / 야 卯
합(合)	
태(胎)	午

흉신(팔살)

형	
충	
파	
해	
귀살	辰戌 丑未
묘신	辰
敗/桃	酉/午
공망	戌亥
탈(脫)	寅卯
사(死)	卯
절(絶)	巳

癸酉일 제 7 국

공망 : 戌·亥 ○
낮 : 왼쪽 천장, 밤 : 오른쪽 천장

□ 과체 : 반음과
· 매사 유시무종의 상
· 결혼 : 불성
· 임신 : 불길
□ 래정 : 가정, 구설
· 가정 : 불화 예방
· 구설 : 해소

癸酉일 제 8 국

공망 : 戌·亥 ○
낮 : 왼쪽 천장, 밤 : 오른쪽 천장

□ 과체 : 지일과
· 기로에서 가까운 사람·장소를 선택
· 소송 : 화해가 유리
· 가출인·유실물 : 근처
□ 래정 : 관재(낮)
· 관재 : 점차 해소(낮)

癸酉일 제 9 국

공망 : 戌·亥 ○
낮 : 왼쪽 천장, 밤 : 오른쪽 천장

□ 과체 : 섭해과
· 희망사 : 지체
· 결혼 : 장애
· 출산 : 난산
□ 래정 : 관재, 가정
· 관재 : 해소
· 가정 : 가족 불화

계유일

길신(구보)	
일덕	巳
일록	子
역마	亥
장생	申
제왕	子
순기	丑
육의	甲子
귀인	주 巳 / 야 卯
합(合)	
태(胎)	午

흉신(팔살)	
형	
충	
파	
해	
귀살	辰戌 丑未
묘신	辰
敗/桃	酉/午
공망	戌亥
탈(脫)	寅卯
사(死)	卯
절(絶)	巳

癸酉일   제 10 국

공망: 戌·亥 ○
낮: 왼쪽 천장, 밤: 오른쪽 천장

□ 과체: 원수과
- 만사형통의 상
- 임신: 아들(여름)
- 소송: 원고가 유리

□ 래정: 직업, 건강
- 직장: 파견근무, 강등
- 건강: 위독(밤)

癸酉일   제 11 국

공망: 戌·亥 ○
낮: 왼쪽 천장, 밤: 오른쪽 천장

□ 과체: 원수과
- 만사형통의 상
- 임신: 아들(여름)
- 소송: 원고가 유리

□ 래정: 산소, 구재
- 산소: 흉지
- 구재: 득재

癸酉일   제 12 국

공망: 戌·亥 ○
낮: 왼쪽 천장, 밤: 오른쪽 천장

□ 과체: 중심과
- 매사 심사숙고의 상
- 임신: 딸(여름)
- 소송: 재심이 유리

□ 래정: 손재수, 질병
- 사업: 손재수
- 질병: 치유(밤)

갑술일

길신(구보)

일덕	寅
일록	寅
역마	申
장생	亥
제왕	卯
순기	丑
육의	甲戌
귀인	주 未 야 丑
합(合)	
태(胎)	酉

흉신(팔살)

형	
충	
파	
해	
귀살	申酉
묘신	未
敗/桃	子/卯
공망	申酉
탈(脫)	巳午
사(死)	午
절(絶)	申

甲戌일 제1국

공망 : 申·酉 ○
낮 : 왼쪽 천장, 밤 : 오른쪽 천장

戊	辛	○
青寅蛇	朱巳勾	后申白
寅	巳	申
戊	戊	甲	甲
青寅蛇	青寅蛇	玄戌玄	玄戌玄
甲寅	寅	戌	戌

- 과체 : 복음과
- 수구대신의 상
- 질병·관재·소송 : 대흉
- 가출인·유실물 : 근처
- 래정 : 직업
- 시험 : 불합격
- 사업 : 실패

甲戌일 제2국

공망 : 申·酉 ○
낮 : 왼쪽 천장, 밤 : 오른쪽 천장

丙	乙	甲
白子后	常亥陰	玄戌玄
丑	子	亥
丁	丙	○	○
空丑貴	白子后	陰酉常	后申白
甲寅	丑	戌	酉○

- 과체 : 지일과
- 기로에서 가까운 사람·장소를 선택
- 소송 : 화해가 유리
- 가출인·유실물 : 근처
- 래정 : 시험
- 시험 : 합격

甲戌일 제3국

공망 : 申·酉 ○
낮 : 왼쪽 천장, 밤 : 오른쪽 천장

壬	庚	戊
蛇午青	合辰合	青寅蛇
申○	午	辰
丙	甲	○	壬
白子后	玄戌玄	后申白	蛇午青
甲寅	子	戌	申

- 과체 : 섭해과
- 희망사 : 지체
- 결혼 : 장애
- 출산 : 난산
- 래정 : 직장, 사업
- 관직 : 퇴직
- 사업 : 실패

甲戌일

갑술일	
길신(구보)	
일덕	寅
일록	寅
역마	申
장생	亥
제왕	卯
순기	丑
육의	甲戌
귀인	주 未 / 야 丑
합(合)	
태(胎)	酉

흉신(팔살)	
형	
충	
파	
해	
귀살	申酉
묘신	未
敗/桃/子/卯	
공망	申酉
탈(脫)	巳午
사(死)	午
절(絶)	申

甲戌일 제4국

공망 : 申·酉 ○
낮 : 오른쪽 천장, 밤 : 왼쪽 천장

- 과체 : 요극과(호시)
- 희망 : 점차 사라진다.
- 우환 : 점차 사라진다.
- 쟁송 : 피고가 유리
- 래정 : 시험, 질병
- 시험 : 불합격
- 질병 : 쾌유

甲戌일 제5국

공망 : 申·酉 ○
낮 : 왼쪽 천장, 밤 : 오른쪽 천장

- 과체 : 중심과
- 매사 심사숙고의 상
- 임신 : 딸(冬·春)
- 소송 : 재심이 유리
- 래정 : 사업, 음란사
- 사업 : 실패
- 결혼·가정 : 음란 불길

甲戌일 제6국

공망 : 申·酉 ○
낮 : 왼쪽 천장, 밤 : 오른족 천장

- 과체 : 지일과
- 기로에서 가까운 사람·장소를 선택
- 소송 : 화해가 유리
- 가출인·유실물 : 근처
- 래정 : 관재, 구설
- 관재·구설 : 해소

갑술일	
길신(구보)	
일덕	寅
일록	寅
역마	申
장생	亥
제왕	卯
순기	丑
육의	甲戌
귀인	주 未 / 야 丑
합(合)	
태(胎)	酉

흉신(팔살)	
형	
충	
파	
해	
귀살	申酉
묘신	未
敗/桃	子/卯
공망	申酉
탈(脫)	巳午
사(死)	午
절(絶)	申

甲戌일 제 7 국

공망 : 申·酉 ○
낮 : 왼쪽 천장, 밤 : 오른쪽 천장

□ 과체 : 반음과
· 매사 유시무종의 상
· 결혼 : 불성
· 임신 : 불길
□ 래정 : 직업
· 사업 : 실패
· 시험 : 불합격

甲戌일 제 8 국

공망 : 申·酉 ○
낮 : 왼쪽천장, 밤 : 오른쪽 천장

□ 과체 : 지일과
· 기로에서 가까운 사람·장소를 선택
· 소송 : 화해가 유리
· 가출인·유실물 : 근처
□ 래정 : 관재
· 관재 : 불리

甲戌일 제 9 국

공망 : 申·酉 ○
낮 : 왼쪽 천장, 밤 : 오른쪽 천장

□ 과체 : 원수과
· 만사형통의 상
· 임신 : 아들(冬·春)
· 소송 : 원고가 유리
□ 래정 : 직업, 질병
· 직업 : 무익
· 질병 : 장기화

갑술일	
길신(구보)	
일덕	寅
일록	寅
역마	申
장생	亥
제왕	卯
순기	丑
육의	甲戌
귀인	주 未 / 야 丑
합(合)	
태(胎)	酉

흉신(팔살)	
형	
충	
파	
해	
귀살	申酉
묘신	未
敗/桃/子/卯	
공망	申酉
탈(脫)	巳午
사(死)	午
절(絶)	申

甲戌일 제 10 국

공망 : 申·酉 ○
낮 : 왼쪽 천장, 밤 : 오른쪽 천장

- 과체 : 중심과
- 매사 심사숙고의 상
- 임신 : 딸(春·夏)
- 소송 : 재심이 유리
- 래정 : 직장
- 직장운 : 불리

甲戌일 제 11 국

공망 申·酉 ○
낮 : 왼쪽 천장, 밤 : 오른쪽 천장

- 과체 : 섭해과
- 희망사 : 지체
- 결혼 : 장애
- 출산 : 난산
- 래정 : 사업, 가정
- 사업 : 실패
- 가정·결혼 : 음란 불길

甲戌일 제 12 국

공망 : 申·酉 ○
낮 : 왼쪽 천장, 밤 : 오른쪽 천장

- 과체 : 지일과
- 기로에서 가까운 사람·장소를 선택
- 소송 : 화해가 유리
- 가출인·유실물 : 근처
- 래정 : 사업
- 사업 : 실패

乙亥일

길신(구보)

일덕	申
일록	卯
역마	巳
장생	亥
제왕	卯
순기	丑
육의	甲戌
귀인	주 申 / 야 子
합(合)	
태(胎)	酉

흉신(팔살)

형	
충	
파	
해	
귀살	申酉
묘신	未
敗/桃/子	子/子
공망	申酉
탈(脫)	巳午
사(死)	午
절(絕)	申

乙亥일 제1국

공망 : 申·酉 ○
낮 : 왼쪽 천장, 밤 : 오른쪽 천장

□ 과체 : 복음과
· 수구대신의 상
· 질병·관재·소송 : 대흉
· 가출인·유실물 : 근처
□ 래정 : 관재, 사업
· 관재 : 장기화
· 사업 : 초길후흉

乙亥일 제2국

공망 : 申·酉 ○
낮 : 왼쪽 천장, 밤 : 오른쪽 천장

□ 과체 : 원수과
· 만사형통의 상
· 임신 : 아들(여름)
· 소송 : 원고가 유리
□ 래정 : 사업, 직장
· 사업 : 장애 발생
· 직장 : 전직·이직 불리

乙亥일 제3국

공망 : 申·酉 ○
낮 : 왼쪽 천장, 밤 : 오른쪽 천장

□ 과체 : 요극과(호시)
· 희망 : 점차 사라진다.
· 우환 : 점차 사라진다.
· 쟁송 : 피고가 유리
□ 래정 : 임신, 사기
· 임신 : 불리
· 사기 : 손재수

을해일	
길신(구보)	
일덕	申
일록	卯
역마	巳
장생	亥
제왕	卯
순기	丑
육의	甲戌
귀인	주 申 / 야 子
합(合)	
태(胎)	酉

흉신(팔살)	
형	
충	
파	
해	
귀살	申酉
묘신	未
敗/桃/子	子/子
공망	申酉
탈(脫)	巳午
사(死)	午
절(絶)	申

乙亥일 제 4 국

공망 : 申·酉 ○
낮 : 왼쪽 천장, 밤 : 오른쪽 천장

□ 과체 : 중심과
• 매사 심사숙고의 상
• 임신 : 딸(여름)
• 소송 : 재심이 유리
□ 래정 : 사업, 부동산
• 사업 : 성공(봄)
• 부동산 : 매각 가능

乙亥일 제 5 국

공망 : 申·酉 ○
낮 : 왼쪽 천장, 밤 : 오른쪽 천장

□ 과체 : 섭해과
• 희망사 : 지체
• 결혼 : 장애
• 출산 : 난산
□ 래정 : 결혼, 질병
• 결혼 : 불길
• 질병 : 위독(아내)

乙亥일 제 6 국

공망 : 申·酉 ○
낮 : 왼쪽 천장, 밤 : 오른쪽 천장

□ 과체 : 중심과
• 매사 심사숙고의 상
• 임신 : 딸(秋·冬)
• 소송 : 재심이 유리
□ 래정 : 사업, 교제
• 사업 : 성공
• 매매·결혼 : 성사

을해일

길신(구보)	
일덕	申
일록	卯
역마	巳
장생	亥
제왕	卯
순기	丑
육의	甲戌
귀인	주 申 / 야 子
합(合)	
태(胎)	酉

흉신(팔살)	
형	
충	
파	
해	
귀살	申酉
묘신	未
敗/桃	子/子
공망	申酉
탈(脫)	巳午
사(死)	午
절(絶)	申

乙亥일 제 7 국

공망: 申·酉 ○
낮: 왼쪽 천장, 밤: 오른쪽 천장

□ 과체: 반음과
- 매사 유시무종의 상
- 결혼: 불성
- 임신: 불길

□ 래정: 창업, 임신
- 창업: 실패
- 임신: 실패

乙亥일 제 8 국

공망: 申·酉 ○
낮: 왼쪽 천장, 밤: 오른쪽 천장

□ 과체: 중심과
- 매사 심사숙고의 상
- 임신: 딸(가을)
- 소송: 재심이 유리

□ 래정: 사업, 매매
- 사업: 반길반흉
- 매매: 불성(밤)

乙亥일 제 9 국

공망: 申·酉 ○
낮: 왼쪽 천장, 밤: 오른쪽 천장

□ 과체: 중심과
- 매사 심사숙고의 상
- 임신: 딸(冬·春)
- 소송: 재심이 유리

□ 래정: 결혼, 사업
- 결혼: 불길
- 사업: 대흉

을해일	
길신(구보)	
일덕	申
일록	卯
역마	巳
장생	亥
제왕	卯
순기	丑
육의	甲戌
귀인	주 申 / 야 子
합(合)	
태(胎)	酉

흉신(팔살)	
형	
충	
파	
해	
귀살	申酉
묘신	未
敗/桃	子/子
공망	申酉
탈(脫)	巳午
사(死)	午
절(絶)	申

乙亥일 제 10국

공망 : 申·酉 ○
낮 : 왼쪽 천장, 밤 : 오른쪽 천장

癸	甲	丁
蛇未青	陰戌朱	白丑后
辰	未	戌

癸	甲	戊	辛
蛇未青	陰戌朱	空寅陰	合巳白
乙辰	未	亥	寅

○貴申巳蛇未青	○后酉午	甲合戌未	乙陰亥申朱
壬朱午卯辰			丙常子酉○貴
辛合巳寅	庚白辰丑	己勾卯子	戊○寅亥陰

□ 과체 : 중심과
• 매사 심사숙고의 상
• 임신 : 딸(여름)
• 소송 : 재심이 유리
□ 래정 : 사업, 부동산
• 사업 : 성공(봄)
• 부동산 : 매각 가능

乙亥일 제 11국

공망 : 申·酉 ○
낮 : 왼쪽 천장, 밤 : 오른쪽 천장

○	甲	丙
貴申勾	陰戌朱	常子貴
午	申	戌

壬	○	丁	己
朱午空	貴申勾	白丑后	青卯玄
乙辰	午	亥	丑

癸蛇未青巳	○貴申午	○后酉未	甲陰戌申朱
壬朱午辰			乙玄亥酉蛇
辛合巳卯	己常辰寅	戊空卯丑	丁白寅子后
勾辰寅	青卯丑	空寅子	白丑亥

□ 과체 : 중심과
• 매사 심사숙고의 상
• 임신 : 딸(春·夏)
• 소송 : 재심이 유리
□ 래정 : 직장, 관재
• 관직 : 대흉
• 관재 : 대길

乙亥일 제 12국

공망 : 申·酉 ○
낮 : 왼쪽 천장, 밤 : 오른쪽 천장

丁	戊	己
白丑蛇	空寅朱	青卯合
子	丑	寅

辛	壬	丙	丁
合巳青	朱午空	常子貴	白丑蛇
乙辰	巳	亥	子

壬朱午巳	癸蛇未午	○貴申未	○玄酉申○
辛合巳辰			甲陰戌酉○
庚勾辰卯	己合卯寅	戊朱寅丑	丙后子亥
己勾辰	戊空卯寅	丁白丑子	丙常子亥

□ 과체 : 원수과
• 만사형통의 상
• 임신 : 아들(여름)
• 소송 : 원고가 유리
□ 래정 : 질병, 사업
• 질병 : 쾌유(낮)
• 사업 : 성공(辰月)

병자일

길신(구보)	
일덕	巳
일록	巳
역마	寅
장생	寅
제왕	午
순기	丑
육의	甲戌
귀인	주 酉 / 야 亥
합(合)	
태(胎)	子

흉신(팔살)	
형	
충	
파	
해	
귀살	亥子
묘신	戌
敗/桃	卯/酉
공망	申酉
탈(脫)	辰戌丑未
사(死)	酉
절(絶)	亥

丙子일 제 1 국

공망 : 申·酉 ○
낮 : 왼쪽 천장, 밤 : 오른쪽 천장

- 과체 : 복음과
  - 수구대신의 상
  - 질병·관재·소송 : 대흉
  - 가출인·유실물 : 근처
- 래정 : 관재, 직업
  - 관재 : 해소
  - 직업 : 대흉

丙子일 제 2 국

공망 : 申·酉 ○
낮 : 왼쪽 천장, 밤 : 오른쪽 천장

- 과체 : 지일과
  - 기로에서 가까운 사람·장소를 선택
  - 소송 : 화해가 유리
  - 가출인·유실물 : 근처
- 래정 : 질병
  - 질병 : 인후, 위장병

丙子일 제 3 국

공망 : 申·酉 ○
낮 : 왼쪽 천장, 밤 : 오른쪽 천장

- 과체 : 중심과
  - 매사 심사숙고의 상
  - 임신 : 딸
  - 소송 : 재심이 유리
- 래정 : 관재, 문서
  - 관재 : 初凶後吉
  - 시험 : 불합격

병자일

길신(구보)	
일덕	巳
일록	巳
역마	寅
장생	寅
제왕	午
순기	丑
육의	甲戌
귀인	주 酉 / 야 亥
합(合)	
태(胎)	子

흉신(팔살)	
형	
충	
파	
해	
귀살	亥子
묘신	戌
敗/桃	卯/酉
공망	申酉
탈(脫)	辰戌丑未
사(死)	酉
절(絶)	亥

丙子일 제4국

공망 : 申·酉 ○
낮 : 왼쪽 천장, 밤 : 오른쪽 천장

壬	己	丙
玄午白	空卯勾	合子蛇
酉○	午	卯
戊	乙	○	壬
青寅合	朱亥貴	貴酉陰	玄午白
丙巳	寅	子	酉○

戊寅巳	己卯午	庚辰未	辛巳申
青合 勾	空	白青	常空○
丁丑辰 勾朱			壬午酉 玄白○
丙子卯 合蛇			癸未戌 陰常
乙亥寅 朱貴	甲戌丑 蛇后	○酉子 貴陰	○申亥 后玄○

□ 과체 : 원수과
• 만사형통의 상
• 임신 : 아들(冬·春)
• 소송 : 원고가 유리
□ 래정 : 시험, 승진
• 시험 : 불합격
• 승진 : 불가

丙子일 제5국

공망 : 申·酉 ○
낮 : 왼쪽 천장, 밤 : 오른쪽 천장

○	庚	丙
后申玄	白辰青	合子蛇
子	申○	辰
丁	○	○	庚
勾丑朱	貴酉陰	后申玄	白辰青
丙巳	丑	子	申○

丁丑辰	戊寅午	己卯未	庚辰申
勾朱	青合	空	白青○
丙子卯 合蛇			辛巳酉 常空○
乙亥寅 朱貴			壬午戌 玄白
甲戌丑 蛇后	○酉子 貴陰	○申亥 后玄○	癸未亥 陰常

□ 과체 : 요극과(탄사)
• 희망 : 점차 사라진다.
• 우환 : 점차 사라진다.
• 쟁송 : 원고가 유리
□ 래정 : 결혼, 가정
• 결혼 : 불성
• 가정 : 음란

丙子일 제6국

공망 : 申·酉 ○
낮 : 왼쪽 천장, 밤 : 오른쪽 천장

丙	癸	戊
合子蛇	陰未常	青寅合
巳	子	未
丙	癸	癸	戊
合子蛇	陰未常	陰未常	青寅合
丙巳	子	子	未

丙子巳	丁丑午	戊寅未	己卯申
合蛇	勾朱	青合	空○
乙亥辰 朱貴			庚辰酉 白青○
甲戌卯 蛇后			辛巳戌 常空
貴○酉寅 陰	○申丑 后玄○	癸未子 陰常	壬午亥 玄白

□ 과체 : 섭해과
• 희망사 : 지체
• 결혼 : 장애
• 출산 : 난산
□ 래정 : 매매, 결혼
• 매매 : 불성
• 결혼 : 불성

병자일	
길신(구보)	
일덕	巳
일록	巳
역마	寅
장생	寅
제왕	午
순기	丑
육의	甲戌
귀인	주 酉 / 야 亥
합(合)	
태(胎)	子

흉신(팔살)	
형	
충	
파	
해	
귀살	亥子
묘신	戌
敗/桃	卯/酉
공망	申酉
탈(脫)	辰戌丑未
사(死)	酉
절(絶)	亥

丙子일 제 7 국

공망 : 申·酉 ○
낮 : 왼쪽 천장, 밤 : 오른쪽 천장

- 과체 : 반음과
- 매사 유시무종의 상
- 결혼 : 불성
- 임신 : 불길
- 래정 : 시험, 관직
- 시험 : 불합격
- 사업 : 실패

丙子일 제 8 국

공망 : 申·酉 ○
낮 : 왼쪽 천장, 밤 : 오른쪽 천장

- 과체 : 중심과
- 매사 심사숙고의 상
- 임신 : 딸
- 소송 : 재심이 유리
- 래정 : 직장
- 시험 : 합격(가을, 흉)
- 승진 : 가능(가을, 흉)

丙子일 제 9 국

공망 : 申·酉○
낮 : 왼쪽 천장, 밤 : 오른쪽 천장

- 과체 : 중심과
- 매사 심사숙고의 상
- 임신 : 딸
- 소송 : 재심이 유리
- 래정 : 사업
- 사업 : 실패
- 시험 : 불합격

병자일	
길신(구보)	
일덕	巳
일록	巳
역마	寅
장생	寅
제왕	午
순기	丑
육의	甲戌
귀인	주 酉 / 야 亥
합(合)	
태(胎)	子

흉신(팔살)	
형	
충	
파	
해	
귀살	亥子
묘신	戌
敗 / 桃	卯 / 酉
공망	申酉
탈(脫)	辰戌丑未
사(死)	酉
절(絶)	亥

丙子일 제 10국

공망 : 申·酉 ○
낮 : 왼쪽 천장, 밤 : 오른쪽 천장

□ 과체 : 중심과
• 매사 심사숙고의 상
• 임신 : 딸
• 소송 : 재심이 유리
□ 래정 : 사업, 결혼
• 사업 : 실패
• 결혼 : 실패

丙子일 제 11국

공망 : 申·酉 ○
낮 : 왼쪽 천장, 밤 : 오른쪽 천장

□ 과체 : 중심과
• 매사 심사숙고의 상
• 임신 : 딸
• 소송 : 재심이 유리
□ 래정 : 사업, 승진
• 사업 : 실패
• 관재 : 불리

丙子일 제 12국

공망 : 申·酉 ○
낮 : 왼쪽 천장, 밤 : 오른쪽 천장

□ 과체 : 지일과
• 기로에서 가까운 사람·장소를 선택
• 소송 : 화해가 유리
• 가출인·유실물 : 근처
□ 래정 : 생업, 부모
• 생업 : 만사형통

정축일	
길신(구보)	
일덕	亥
일록	午
역마	亥
장생	寅
제왕	午
순기	丑
육의	甲戌
귀인	주 亥 / 야 酉
합(合)	
태(胎)	子

흉신(팔살)	
형	
충	
파	
해	
귀살	亥子
묘신	戌
敗/桃	卯/午
공망	申酉
탈(脫)	辰戌丑未
사(死)	酉
절(絶)	亥

丁丑일 제1국

공망 : 申·酉 ○
낮 : 왼쪽 천장, 밤 : 오른쪽 천장

□ 과체 : 복음과
• 수구대신의 상
• 질병·관재·소송 : 대흉
• 가출인·유실물 : 근처
□ 래정 : 부동산, 매매
• 부동산 : 매각운
• 매매 : 여름

丁丑일 제2국

공망 : 申·酉 ○
낮 : 왼쪽 천장, 밤 : 오른쪽 천장

□ 과체 : 중심과
• 매사 심사숙고의 상
• 임신 : 딸(여름)
• 소송 : 재심이 유리
□ 래정 : 직장, 매매
• 직장운 : 나쁨
• 매매 : 불성

丁丑일 제3국

공망 : 申,酉○
낮 : 왼쪽 천장, 밤 : 오른쪽 천장

□ 과체 : 중심과
• 매사 심사숙고의 상
• 임신 : 딸(여름)
• 소송 : 재심이 유리
□ 래정 : 시험, 관재
• 시험 : 불합격
• 관재 : 해소

정축일

길신(구보)	
일덕	亥
일록	午
역마	亥
장생	寅
제왕	午
순기	丑
육의	甲戌
귀인	주 亥 / 야 酉
합(合)	
태(胎)	子

흉신(팔살)	
형	
충	
파	
해	
귀살	亥子
묘신	戌
敗/桃	卯/午
공망	申酉
탈(脫)	辰戌丑未
사(死)	酉
절(絶)	亥

丁丑일 제4국

공망: 申·酉 ○
낮: 왼쪽 천장, 밤: 오른쪽 천장

- 과체: 묘성과
- 모망사: 불길
- 여행: 위험
- 질병: 위독
- 관재: 최흉
- 시험: 최흉
- 래정: 매매 불성

丁丑일 제5국

공망: 申·酉 ○
낮: 왼쪽 천장, 밤: 오른쪽 천장

- 과체: 원수과
- 만사형통의 상
- 임신: 아들(春·夏)
- 소송: 원고가 유리
- 래정: 사업
- 사업: 실패
- 시험: 불합격(밤)

丁丑일 제6국

공망: 申·酉 ○
낮: 왼쪽 천장, 밤: 오른쪽 천장

- 과체: 중심과
- 매사 심사숙고의 상
- 임신: 딸(가을)
- 소송: 재심이 유리
- 래정: 관재, 매매
- 관재: 해소
- 매매: 불성

丁丑일

길신(구보)

정축일	
일덕	亥
일록	午
역마	亥
장생	寅
제왕	午
순기	丑
육의	甲戌
귀인	주 亥 / 야 酉
합(合)	
태(胎)	子

흉신(팔살)

형	
충	
파	
해	
귀살	亥子
묘신	戌
敗/桃	卯/午
공망	申酉
탈(脫)	辰戌丑未
사(死)	酉
절(絶)	亥

丁丑일 제7국

공망 : 申·酉 ○
낮 : 왼쪽 천장, 밤 : 오른쪽 천장

乙	癸	丁
貴亥朱	勾未陰	陰丑勾
巳	丑	未

丁	癸	癸	丁
陰丑勾	勾未陰	勾未陰	陰丑勾
丁未	丑	丑	未

乙貴亥巳	丙朱子午	丁合丑未	戊玄寅申○
蛇甲戌辰			己常卯酉空○
朱○酉卯			庚白辰戌白
合○申寅	勾癸未丑	陰壬午子	辛玄巳亥常

- □ 과체 : 반음과
- 매사 유시무종의 상
- 결혼 : 불성
- 임신 : 불길
- □ 래정 : 시험, 승진
- 시험 : 불합격(밤)
- 승진 : 불가(낮)

丁丑일 제8국

공망 : 申·酉 ○
낮 : 왼쪽 천장, 밤 : 오른쪽 천장

辛	甲	己
空巳常	蛇戌蛇	常卯空
子	巳	戌

丙	辛	壬	乙
后子合	空巳常	青午玄	貴亥朱
丁未	子	丑	午

甲蛇戌巳	乙貴亥午	丙朱子未	丁陰丑申○
朱○酉辰			玄寅戌戌
合○申卯			己常卯酉○
勾癸未寅	陰壬午丑	玄辛巳子	白庚辰亥

- □ 과체 : 중심과
- 매사 심사숙고의 상
- 임신 : 딸(秋·冬)
- 소송 : 재심이 유리
- □ 래정 : 시험, 승진
- 시험 : 불합격(春·夏)
- 승진 : 불가(春·夏)

丁丑일 제9국

공망 : 申·酉 ○
낮 : 왼쪽 천장, 밤 : 오른쪽 천장

○	丁	辛
朱酉貴	陰丑常	空巳勾
巳	酉○	丑

乙	己	辛	○
貴亥陰	常卯空	空巳勾	朱酉貴
丁未	亥	丑	巳

○朱酉巳	甲蛇戌午	乙貴亥未	丙陰子申○
合○申辰			陰丑酉常○
勾癸未卯			玄寅戌白
青壬午寅	合辛巳丑	白庚辰子	空己卯亥

- □ 과체 : 중심과
- 매사 심사숙고의 상
- 임신 : 딸(春·夏)
- 소송 : 재심이 유리
- □ 래정 : 시험, 사업
- 시험 : 불합격
- 사업 : 실패

정축일	
길신(구보)	
일덕	亥
일록	午
역마	亥
장생	寅
제왕	午
순기	丑
육의	甲戌
귀인	주 亥 / 야 酉
합(合)	
태(胎)	子

흉신(팔살)	
형	
충	
파	
해	
귀살	亥子
묘신	戌
敗/桃	卯/午
공망	申酉
탈(脫)	辰戌丑未
사(死)	酉
절(絶)	亥

丁丑일 제 10 국

공망 : 申·酉 ○
낮 : 왼쪽 천장, 밤 : 오른쪽 천장

□ 과체 : 묘성과
· 모망사 : 불길
· 여행 : 위험
· 질병 : 위독
· 관재 : 최흉
· 시험 : 최흉
□ 래정 : 직업

丁丑일 제 11 국

공망 : 申·酉 ○
낮 : 왼쪽 천장, 밤 : 오른쪽 천장

□ 과체 : 중심과
· 매사 심사숙고의 상
· 임신 : 딸(여름)
· 소송 : 재심이 유리
□ 래정 : 사업, 시험
· 사업 : 실패
· 시험 : 불합격

丁丑일 제 12 국

공망 : 申·酉 ○
낮 : 왼쪽 천장, 밤 : 오른쪽 천장

□ 과체 : 중심과
· 매사 심사숙고의 상
· 임신 : 딸(여름)
· 소송 : 재심이 유리
□ 래정 : 사업, 질병
· 사업 : 실패
· 질병 : 위독

무인일	
길신(구보)	
일덕	巳
일록	巳
역마	申
장생	寅
제왕	午
순기	丑
육의	甲戌
귀인	주 丑 / 야 未
합(合)	
태(胎)	子

흉신(팔살)	
형	
충	
파	
해	
귀살	寅卯
묘신	戌
敗/桃	卯/卯
공망	申酉
탈(脫)	申酉
사(死)	酉
절(絶)	亥

戊寅일 제 1 국

공망 : 申·酉 ○
낮 : 왼쪽 천장, 밤 : 오른쪽 천장

辛	○	戊
勾巳朱	白申后	蛇寅青
巳	申 ○	寅

辛	辛	戊	戊
勾巳朱	勾巳朱	蛇寅青	蛇寅青
戊巳	巳	寅	寅

辛勾巳	壬青午	癸空未	○白申
朱午	蛇未	貴申	后○
庚合辰己			○常酉
辰			陰酉
朱卯己			甲玄戌
卯戊	丁貴丑	丙后子	乙陰亥
蛇寅青寅	空丑	白子	常亥

□ 과체 : 복음과
· 수구대신의 상
· 질병·관재·소송 : 대흉
· 가출인·유실물 : 근처
□ 래정 : 시험, 승진
· 시험 : 불합격
· 승진 : 불가

戊寅일 제 2 국

공망 : 申·酉 ○
낮 : 왼쪽 천장, 밤 : 오른쪽 천장

丙	乙	甲
后子白	陰亥常	玄戌玄
丑	子	亥

庚	己	丁	丙
合辰	朱卯	貴丑	后子白
戊巳	辰	寅	丑

庚合辰巳	辛勾巳午	壬青午未	癸空未申
己朱卯辰			○白申酉
戊蛇寅卯			○常酉戌
丁貴丑寅	丙后子丑	乙陰亥子	甲玄戌亥

□ 과체 : 지일과
· 기로에서 가까운 사람·장소를 선택
· 소송 : 화해가 유리
· 가출인·유실물 : 근처
□ 래정 : 결혼
· 결혼 : 성사

戊寅일 제 3 국

공망 : 申·酉 ○
낮 : 왼쪽 천장, 밤 : 오른쪽 천장

丁	乙	○
貴丑空	陰亥常	常酉陰
卯	丑	亥

己	丁	丙	甲
朱卯勾	貴丑空	后子白	玄戌玄
戊巳	卯	寅	子

己朱卯巳	庚合辰午	辛勾巳未	壬青午申
戊蛇寅辰			癸空未酉
丁貴丑卯			○白申戌
丙后子寅	乙陰亥丑	甲玄戌子	○常酉亥

□ 과체 : 중심과
· 매사 심사숙고의 상
· 임신 : 딸(冬·春)
· 소송 : 재심이 유리
□ 래정 : 구설, 관재
· 구설 : 점차 해소
· 관재 : 점차 해소

무인일	
길신(구보)	
일덕	巳
일록	巳
역마	申
장생	寅
제왕	午
순기	丑
육의	甲戌
귀인	주 丑 / 야 未
합(合)	
태(胎)	子

흉신(팔살)	
형	
충	
파	
해	
귀살	寅卯
묘신	戌
敗/桃	卯/卯
공망	申酉
탈(脫)	申酉
사(死)	酉
절(絶)	亥

戊寅일 제 4 국

공망 : 申·酉○
낮 : 왼쪽 천장, 밤 : 오른쪽 천장

戊	乙	○
蛇寅靑	陰亥常	白申后
巳	寅	亥

戊	乙	乙	○
蛇寅靑	陰亥常	陰亥常	白申后
戊巳	寅	寅	亥

戊寅蛇巳	己卯朱午	庚辰勾未	辛巳朱申○
丁丑貴辰	空		壬午蛇酉○
丙子后卯			癸未貴戌
乙亥陰寅	甲戌玄丑	○酉常子	○申白亥

□ 과체 : 원수과
· 만사형통의 상
· 임신 : 아들(冬·春)
· 소송 : 원고가 유리
□ 래정 : 질병, 생업
· 질병 : 대흉
· 생업 : 성공

戊寅일 제 5 국

공망 : 申·酉○
낮 : 왼쪽 천장, 밤 : 오른쪽 천장

甲	壬	戊
合戌合	白午后	后寅白
寅	戌	午

丁	○	甲	壬
貴丑空	勾酉朱	合戌合	白午后
戊巳	丑	寅	戌

丁丑貴巳	戊寅空午	己卯陰未	庚辰玄申○
丙子蛇辰	白	常	辛巳玄酉○
乙亥朱卯	勾	青	壬午常戌
甲戌合寅	勾酉朱丑	青申蛇子	白午后亥

□ 과체 : 중심과
· 매사 심사숙고의 상
· 임신 : 딸(冬·春)
· 소송 : 재심이 유리
□ 래정 : 매매, 결혼
· 매매 : 불성
· 결혼 : 불성

戊寅일 제 6 국

공망 : 申·酉 ○
낮 : 왼쪽 천장, 밤 : 오른쪽 천장

丙	癸	戊
蛇子青	空未貴	后寅白
巳	子	未

丙	癸	○	庚
蛇子青	空未貴	勾酉朱	玄辰玄
戊巳	子	寅	酉

丙子蛇巳	丁丑貴午	戊寅后未	己卯陰申○
乙亥朱辰	空	白	庚辰玄酉○
甲戌合卯	勾	常	辛巳常戌
○酉勾寅	○酉朱丑	癸未蛇子	壬午白亥

□ 과체 : 중심과
· 매사 심사숙고의 상
· 임신 : 딸(여름)
· 소송 : 재심이 유리
□ 래정 : 사업
· 사업 : 실패

무인일

길신(구보)	
일덕	巳
일록	巳
역마	申
장생	寅
제왕	午
순기	丑
육의	甲戌
귀인	주 丑 / 야 未
합(合)	
태(胎)	子

흉신(팔살)	
형	
충	
파	
해	
귀살	寅卯
묘신	戌
敗/桃	卯/卯
공망	申酉
탈(脫)	申酉
사(死)	酉
절(絶)	亥

戊寅일 제7국

공망: 申·酉 ○
낮: 왼쪽 천장, 밤: 오른쪽 천장

- 과체: 반음과
- 매사 유시무종의 상
- 결혼: 불성
- 임신: 불길
- 래정: 창업, 질병
- 창업: 실패
- 질병: 쾌유

戊寅일 제8국

공망: 申·酉 ○
낮: 왼쪽 천장, 밤: 오른쪽 천장

- 과체: 지일과
- 기로에서 가까운 사람·장소를 선택
- 소송: 화해가 유리
- 가출인·유실물: 근처
- 래정: 사업
- 사업: 초길후흉

戊寅일 제9국

공망: 申·酉 ○
낮: 왼쪽 천장, 밤: 오른쪽 천장

- 과체: 묘성과
- 모망사: 불길
- 여행: 위험
- 질병: 위독
- 관재: 최흉
- 래정: 부동산
- 부동산: 매매 불성

무인일	
길신(구보)	
일덕	巳
일록	巳
역마	申
장생	寅
제왕	午
순기	丑
육의	甲戌
귀인	주 丑 / 야 未
합(合)	
태(胎)	子

흉신(팔살)	
형	
충	
파	
해	
귀살	寅卯
묘신	戌
敗/桃	卯/卯
공망	申酉
탈(脫)	申酉
사(死)	酉
절(絶)	亥

戊寅일 제 10국

공망 : 申·酉 ○
낮 : 왼쪽 천장, 밤 : 오른쪽 천장

□ 과체 : 중심과
• 매사 심사숙고의 상
• 임신 : 딸(여름)
• 소송 : 재심이 유리
□ 래정 : 사업, 직장
• 사업 : 실패
• 직장운 : 불리

戊寅일 제 11국

공망 : 申·酉 ○
낮 : 왼쪽 천장, 밤 : 오른쪽 천장

□ 과체 : 중심과
• 매사 심사숙고의 상
• 임신 : 딸(冬·春)
• 소송 : 재심이 유리
□ 래정 : 매매, 결혼
• 매매 : 불성
• 결혼 : 불성

戊寅일 제 12국

공망 : 申·酉 ○
낮 : 왼쪽 천장, 밤 : 오른쪽 천장

□ 과체 : 중심과
• 매사 심사숙고의 상
• 임신 : 딸(冬·春)
• 소송 : 재심이 유리
□ 래정 : 매매, 결혼
• 매매 : 불성
• 결혼 : 불성

육임을 알면 미래가 보인다

기묘일	
길신(구보)	
일덕	寅
일록	午
역마	巳
장생	寅
제왕	午
순기	丑
육의	甲戌
귀인	주 子 / 야 申
합(合)	
태(胎)	子

흉신(팔살)	
형	
충	
파	
해	
귀살	寅卯
묘신	戌
敗/桃	卯/子
공망	申酉
탈(脫)	申酉
사(死)	酉
절(絶)	亥

己卯일 제 1 국

공망 : 申·酉 ○
낮 : 왼쪽 천장, 밤 : 오른쪽 천장

己	丙	壬
合 卯 青	貴 子 常	空 午 朱
卯	子	午
癸	癸	己	己
白 未 蛇	白 未 蛇	合 卯 青	合 卯 青
己 未	未	卯	卯

辛 巳 青 巳	壬 午 合 午	癸 未 空 未	○ 申 朱 申 ○
庚 辰 勾 辰			○ 酉 蛇 酉 ○
己 卯 合 卯			甲 戌 貴 戌
○ 寅 朱 寅 ○	丁 丑 蛇 丑	丙 子 貴 子	乙 亥 后 亥

□ 과체 : 복음과
• 수구대신의 상
• 질병·관재·소송 : 대흉
• 가출인·유실물 : 근처
□ 래정 : 매매, 사업
• 매매 : 불성(낮)
• 사업 : 실패(밤)

己卯일 제 2 국

공망 : 申·酉 ○
낮 : 왼쪽 천장, 밤 : 오른쪽 천장

丁	丙	乙
蛇 丑 白	貴 子 常	后 亥 玄
寅	丑	子
壬	辛	戊	丁
空 午 朱	青 巳 合	朱 寅 空	蛇 丑 白
己 未	午	卯	寅

庚 辰 勾 辰	辛 巳 青 巳	壬 午 合 午	癸 未 蛇 未
己 卯 合 卯			○ 申 常 申 ○
戊 寅 朱 寅			○ 酉 玄 酉 ○
丁 丑 蛇 丑	丙 子 貴 子	乙 亥 后 亥	甲 戌 陰 戌

□ 과체 : 중심과
• 매사 심사숙고의 상
• 임신 : 딸(冬·春)
• 소송 : 재심이 유리
□ 래정 : 직업, 질병
• 직장 : 전근·전직 흉
• 질병 : 난치(밤)

己卯일 제 3 국

공망 : 申·酉 ○
낮 : 왼쪽 천장, 밤 : 오른쪽 천장

乙	○	癸
后 亥 玄	玄 酉 后	白 未 蛇
丑	亥	酉 ○
辛	己	丁	乙
青 巳 合	合 卯 青	蛇 丑 白	后 亥 玄
己 未	巳	卯	丑

己 卯 合 卯	庚 辰 勾 辰	辛 巳 青 巳	壬 午 空 午
戊 寅 朱 寅			癸 未 白 未 ○
丁 丑 蛇 丑			○ 申 常 申 ○
丙 子 貴 子	乙 亥 后 亥	甲 戌 陰 戌	○ 酉 玄 酉 ○

□ 과체 : 섭해과
• 희망사 : 지체
• 결혼 : 지체
• 출산 : 난산
□ 래정 : 결혼, 사업
• 결혼 : 성립(낮)
• 사업 : 실패(밤)

기묘일

길신(구보)	
일덕	寅
일록	午
역마	巳
장생	寅
제왕	午
순기	丑
육의	甲戌
귀인	주 子 / 야 申
합(合)	
태(胎)	子

흉신(팔살)	
형	
충	
파	
해	
귀살	寅卯
묘신	戌
敗/桃	卯/子
공망	申酉
탈(脫)	申酉
사(死)	酉
절(絶)	亥

己卯일 제 4국

공망 : 申·酉 ○
낮 : 왼쪽 천장, 밤 : 오른쪽 천장

- 과체 : 요극과(탄사)
- 희망 : 점차 사라진다.
- 우환 : 점차 사라진다.
- 쟁송 : 원고가 유리
- 래정 : 사업
- 사업 : 실패

己卯일 제 5국

공망 : 申·酉 ○
낮 : 왼쪽 천장, 밤 : 오른쪽 천장

- 과체 : 섭해과
- 희망사 : 지체
- 결혼 : 장애
- 출산 : 난산
- 래정 : 질병, 가정
- 질병 : 오래 간다.
- 가정 : 음란

己卯일 제 6국

공망 : 申·酉 ○
낮 : 왼쪽 천장, 밤 : 오른쪽 천장

- 과체 : 중심과
- 매사 심사숙고의 상
- 임신 : 딸(冬·春)
- 소송 : 재심이 유리
- 래정 : 시험, 관재
- 시험 : 불합격
- 관재 : 중형

육임을 알면 미래가 보인다 75

기묘일	
길신(구보)	
일덕	寅
일록	午
역마	巳
장생	寅
제왕	午
순기	丑
육의	甲戌
귀인	주 子 / 야 申
합(合)	
태(胎)	子

흉신(팔살)	
형	
충	
파	
해	
귀살	寅卯
묘신	戌
敗/桃	卯/子
공망	申酉
탈(脫)	申酉
사(死)	酉
절(絶)	亥

己卯일 제7국

공망 : 申·酉 ○
낮 : 왼쪽 천장, 밤 : 오른쪽 천장

- 과체 : 반음과
- 매사 유시무종의 상
- 결혼 : 불성
- 임신 : 불길
- 래정 : 도난, 질병
- 도난 : 잡지 못한다.
- 질병 : 쾌유

己卯일 제8국

공망 : 申·酉 ○
낮 : 왼쪽 천장, 밤 : 오른쪽 천장

- 과체 : 지일과
- 기로에서 가까운 사람·장소를 선택
- 소송 : 화해가 유리
- 가출인·유실물 : 근처
- 래정 : 시험, 승진
- 시험 : 합격(春·夏·冬)

己卯일 제9국

공망 : 申·酉 ○
낮 : 왼쪽 천장, 밤 : 오른쪽 천장

- 과체 : 섭해과
- 희망사 : 지체
- 결혼 : 장애
- 출산 : 난산
- 래정 : 사업, 매매
- 사업 : 실패
- 매매 : 불성

기묘일

기묘일	
길신(구보)	
일덕	寅
일록	午
역마	巳
장생	寅
제왕	午
순기	丑
육의	甲戌
귀인	주 子 / 야 申
합(合)	
태(胎)	子

흉신(팔살)	
형	
충	
파	
해	
귀살	寅卯
묘신	戌
敗/桃	卯/子
공망	申酉
탈(脫)	申酉
사(死)	酉
절(絶)	亥

己卯일　제 10 국

공망 : 申·酉 ○
낮 : 왼쪽 천장, 밤 : 오른쪽 천장

○	丙	己
合 酉 后	貴 子 常	玄 卯 青
午	酉 ○	子
甲	丁	壬	○
朱 戌 陰	后 丑 白	空 午 朱	合 酉 后
己 未	戌	卯	午

○申 勾 貴 巳	合 酉 后 午	甲戌 朱 陰 未	乙亥 玄 申
青 未 蛇 辰			丙子 貴 常 酉
壬辰 空 午 朱 卯			丁丑 后 白 戌
辛巳 白 合 寅	庚辰 常 勾 丑	己卯 玄 青 子	戊寅 陰 空 亥

□ 과체 : 중심과
・매사 심사숙고의 상
・임신 : 딸(春·夏)
・소송 : 재심이 유리
□ 래정 : 가정, 결혼
・가정 : 음란
・결혼 : 불성

己卯일　제 11 국

공망 : 申·酉 ○
낮 : 왼쪽 천장, 밤 : 오른쪽 천장

乙	丁	己
蛇 亥 玄	后 丑 白	玄 卯 青
酉 ○	亥	丑
○	乙	辛	癸
合 酉 后	蛇 亥 玄	白 巳 合	青 未 蛇
己 未	酉 ○	卯	巳

癸未 青 蛇 巳	○申 勾 貴 午	合 酉 后 未	甲戌 朱 陰 申
壬午 空 朱 辰			乙亥 玄 酉
辛巳 白 合 卯			丙子 貴 常 戌
庚辰 常 勾 寅	己卯 玄 青 丑	戊寅 陰 空 子	丁丑 后 白 亥

□ 과체 : 요극과(탄사)
・희망 : 점차 사라진다.
・우환 : 점차 사라진다.
・쟁송 : 원고가 유리
□ 래정 : 사업
・사업 : 실패
・매매 : 실패

己卯일　제 12 국

공망 : 申·酉 ○
낮 : 왼쪽 천장, 밤 : 오른쪽 천장

庚	辛	壬
勾 辰 勾	青 巳 合	空 午 朱
卯	辰	巳
○	○	庚	辛
常 申 貴	玄 酉 后	勾 辰 勾	青 巳 合
己 未	申 ○	卯	辰

壬午 空 朱 巳	癸未 白 蛇 午	○申 常 貴 未	玄 酉 后
辛巳 青 合 辰			甲戌 陰 陰 申
庚辰 勾 勾 卯			乙亥 玄 戌
己卯 合 青 寅	戊寅 朱 空 丑	丁丑 蛇 白 子	丙子 貴 常 亥

□ 과체 : 중심과
・매사 심사숙고의 상
・임신 : 딸(冬·春)
・소송 : 재심이 유리
□ 래정 : 관재
・관재 : 해소

경진일	
길신(구보)	
일덕	申
일록	申
역마	寅
장생	巳
제왕	酉
순기	丑
육의	甲戌
귀인	주 丑 / 야 未
합(合)	
태(胎)	卯

흉신(팔살)	
형	
충	
파	
해	
귀살	巳午
묘신	丑
敗/桃	午/酉
공망	申酉
탈(脫)	亥子
사(死)	子
절(絶)	寅

庚辰일 제1국

공망 : 申·酉 ○
낮 : 왼쪽 천장, 밤 : 오른쪽 천장

- 과체 : 복음과
- 수구대신의 상
- 질병·관재·소송 : 대흉
- 가출인·유실물 : 근처
- 래정 : 직장
- 시험 : 불합격
- 직장운 : 나쁨

庚辰일 제2국

공망 : 申·酉 ○
낮 : 왼쪽 천장, 밤 : 오른쪽 천장

- 과체 : 원수과
- 만사형통의 상
- 임신 : 아들(冬·春)
- 소송 : 원고가 유리
- 래정 : 사업
- 사업 : 성공

庚辰일 제3국

공망 : 申·酉 ○
낮 : 왼쪽 천장, 밤 : 오른쪽 천장

- 과체 : 섭해과
- 희망사 : 지체
- 결혼 : 장애
- 출산 : 난산
- 래정 : 사업, 직장
- 사업 : 초길후흉
- 직장 : 모함 예방

경진일	
길신(구보)	
일덕	申
일록	申
역마	寅
장생	巳
제왕	酉
순기	丑
육의	甲戌
귀인	주 丑 / 야 未
합(合)	
태(胎)	卯

흉신(팔살)	
형	
충	
파	
해	
귀살	巳午
묘신	丑
敗/桃	午/酉
공망	申酉
탈(脫)	亥子
사(死)	子
절(絶)	寅

庚辰일 제 4 국

공망 : 申·酉 ○
낮 : 왼쪽 천장, 밤 : 오른쪽 천장

- 과체 : 원수과
- 만사형통의 상
- 임신 : 아들(春·夏)
- 소송 : 원고가 유리
- 래정 : 관재, 구설
- 관재 : 해소
- 구설 : 해소

庚辰일 제 5 국

공망 : 申·酉 ○
낮 : 왼쪽 천장, 밤 : 오른쪽 천장

- 과체 : 중심과
- 매사 심사숙고의 상
- 임신 : 딸(여름)
- 소송 : 재심이 유리
- 래정 : 사업
- 사업 : 실패

庚辰일 제 6 국

공망 : 申·酉 ○
낮 : 왼쪽 천장, 밤 : 오른쪽 천장

- 과체 : 섭해과
- 희망사 : 지체
- 결혼 : 장애
- 출산 : 난산
- 래정 : 질병, 사업
- 질병 : 위독
- 사업 : 실패

경진일

길신(구보)	
일덕	申
일록	申
역마	寅
장생	巳
제왕	酉
순기	丑
육의	甲戌
귀인	주 丑 / 야 未
합(合)	
태(胎)	卯

흉신(팔살)	
형	
충	
파	
해	
귀살	巳午
묘신	丑
敗/桃	午/酉
공망	申酉
탈(脫)	亥子
사(死)	子
절(絶)	寅

庚辰일 제 7국

공망 : 申·酉 ○
낮 : 왼쪽 천장, 밤 : 오른쪽 천장

- 과체 : 반음과
- 매사 유시무종의 상
- 결혼 : 불성
- 임신 : 불길
- 래정 : 결혼, 사업
- 결혼 : 실패
- 사업 : 실패

庚辰일 제 8국

공망 : 申·酉 ○
낮 : 왼쪽 천장, 밤 : 오른쪽 천장

- 과체 : 중심과
- 매사 심사숙고의 상
- 임신 : 딸(가을)
- 소송 : 재심이 유리
- 래정 : 결혼, 질병
- 결혼 : 실패
- 질병 : 치유

庚辰일 제 9국

공망 : 申·酉 ○
낮 : 왼쪽 천장, 밤 : 오른쪽 천장

- 과체 : 원수과
- 만사형통의 상
- 임신 : 아들(여름)
- 소송 : 원고가 유리
- 래정 : 사업
- 사업 : 실패

경진일

길신(구보)	
일덕	申
일록	申
역마	寅
장생	巳
제왕	酉
순기	丑
육의	甲戌
귀인	주 丑 / 야 未
합(合)	
태(胎)	卯

흉신(팔살)	
형	
충	
파	
해	
귀살	巳午
묘신	丑
敗/桃	午/酉
공망	申酉
탈(脫)	亥子
사(死)	子
절(絶)	寅

庚辰일 제 10 국

공망 : 申·酉 ○
낮 : 왼쪽 천장, 밤 : 오른쪽 천장

□ 과체 : 요극과(탄사)
• 희망 : 점차 사라진다.
• 우환 : 점차 사라진다.
• 쟁송 : 원고가 유리
□ 래정 : 결혼, 사업
• 결혼 : 실패
• 사업 : 실패

庚辰일 제 11 국

공망 : 申·酉 ○
낮 : 왼쪽 천장, 밤 : 오른쪽 천장

□ 과체 : 섭해과
• 희망사 : 지체
• 결혼 : 장애
• 출산 : 난산
□ 래정 : 직업
• 직장·사업 : 실패

庚辰일 제 12 국

공망 : 申·酉 ○
낮 : 왼쪽 천장, 밤 : 오른쪽 천장

□ 과체 : 요극과(호시)
• 희망 : 점차 사라진다.
• 우환 : 점차 사라진다.
• 쟁송 : 피고가 유리
□ 래정 : 사업, 관재
• 사업 : 실패(낮)
• 사고·질병 : 대흉(밤)

신사일

길신(구보)	
일덕	巳
일록	酉
역마	亥
장생	巳
제왕	酉
순기	丑
육의	甲戌
귀인	주 寅 / 야 午
합(合)	
태(胎)	卯

흉신(팔살)	
형	
충	
파	
해	
귀살	巳午
묘신	丑
敗/桃	午/午
공망	申酉
탈(脫)	亥子
사(死)	子
절(絶)	寅

辛巳일 제1국

공망 : 申·酉 ○
낮 : 왼쪽 천장, 밤 : 오른쪽 천장

□ 과체 : 복음과
• 수구대신의 상
• 질병·관재·소송 : 대흉
• 가출인·유실물 : 근처
□ 래정 : 매매
• 매매 : 불성
• 질병 : 점차 치유

辛巳일 제2국

공망 : 申·酉 ○
낮 : 왼쪽 천장, 밤 : 오른쪽 천장

□ 과체 : 원수과
• 만사형통의 상
• 임신 : 아들(冬·春)
• 소송 : 원고가 유리
□ 래정 : 사업, 직장
• 사업 : 성공(가을)
• 직장 : 실직

辛巳일 제3국

공망 : 申·酉 ○
낮 : 왼쪽 천장, 밤 : 오른쪽 천장

□ 과체 : 중심과
• 매사 심사숙고의 상
• 임신 : 딸(冬·春)
• 소송 : 재심이 유리
□ 래정 : 결혼, 임신
• 결혼 : 불길
• 임신 : 불길

신사일	
길신(구보)	
일덕	巳
일록	酉
역마	亥
장생	巳
제왕	酉
순기	丑
육의	甲戌
귀인	주 寅 / 야 午
합(合)	
태(胎)	卯

흉신(팔살)	
형	
충	
파	
해	
귀살	巳午
묘신	丑
敗 / 桃	午 / 午
공망	申酉
탈(脫)	亥子
사(死)	子
절(絶)	寅

辛巳일 제4국

공망 : 申·酉 ○
낮 : 왼쪽 천장, 밤 : 오른쪽 천장

□ 과체 : 요극과(호시)
- 희망 : 점차 사라진다.
- 우환 : 점차 사라진다.
- 쟁송 : 피고가 유리
□ 래정 : 사업, 질병
- 사업 : 성공
- 질병 : 경미

辛巳일 제5국

공망 : 申·酉 ○
낮 : 왼쪽 천장, 밤 : 오른쪽 천장

□ 과체 : 원수과
- 만사형통의 상
- 임신 : 아들(春·夏)
- 소송 : 원고가 유리
□ 래정 : 부모, 시험
- 부모 : 부모상
- 시험 : 합격

辛巳일 제6국

공망 : 申·酉 ○
낮 : 왼쪽 천장, 밤 : 오른쪽 천장

□ 과체 : 섭해과
- 희망사 : 지체
- 결혼 : 장애
- 출산 : 난산
□ 래정 : 질병, 가정
- 질병 : 치유
- 가정 : 불화, 이별

신사일	
길신(구보)	
일덕	巳
일록	酉
역마	亥
장생	巳
제왕	酉
순기	丑
육의	甲戌
귀인	주 寅 / 야 午
합(合)	
태(胎)	卯

흉신(팔살)	
형	
충	
파	
해	
귀살	巳午
묘신	丑
敗/桃	午/午
공망	申酉
탈(脫)	亥子
사(死)	子
절(絶)	寅

辛巳일 제 7 국

공망 : 申·酉 ○
낮 : 왼쪽 천장, 밤 : 오른쪽 천장

□ 과체 : 반음과
• 매사 유시무종의 상
• 결혼 : 불성
• 임신 : 불길
□ 래정 : 도난, 창업
• 도난 : 체포 불가
• 창업 : 실패

辛巳일 제 8 국

공망 : 申·酉 ○
낮 : 왼쪽 천장, 밤 : 오른쪽 천장

□ 과체 : 중심과
• 매사 심사숙고의 상
• 임신 : 딸(가을)
• 소송 : 재심이 유리
□ 래정 : 결혼, 사업
• 결혼 : 성사(낮)
• 사업 : 초길후흉

辛巳일 제 9 국

공망 : 申·酉 ○
낮 : 왼쪽 천장, 밤 : 오른쪽 천장

□ 과체 : 지일과
• 기로에서 가까운 사람·장소를 선택
• 소송 : 화해가 유리
• 가출인·유실물 : 근처
□ 래정 : 직업
• 직장·사업 : 대흉

신사일	
길신(구보)	
일덕	巳
일록	酉
역마	亥
장생	巳
제왕	酉
순기	丑
육의	甲戌
귀인	주 寅 / 야 午
합(合)	
태(胎)	卯

흉신(팔살)	
형	
충	
파	
해	
귀살	巳午
묘신	丑
敗/桃	午/午
공망	申酉
탈(脫)	亥子
사(死)	子
절(絶)	寅

辛巳일 제 10 국

공망 : 申·酉 ○
낮 : 왼쪽 천장, 밤 : 오른쪽 천장

- 과체 : 중심과
- 매사 심사숙고의 상
- 임신 : 딸(春·夏)
- 소송 : 재심이 유리
- 래정 : 생업
- 생업 : 실패

辛巳일 제 11 국

공망 : 申·酉 ○
낮 : 왼쪽 천장, 밤 : 오른쪽 천장

- 과체 : 요극과(호시)
- 희망 : 점차 사라진다.
- 우환 : 점차 사라진다.
- 쟁송 : 피고가 유리
- 래정 : 사업
- 사업 : 나중에 실패

辛巳일 제 12 국

공망 : 申·酉 ○
낮 : 왼쪽 천장, 밤 : 오른쪽 천장

- 과체 : 요극과(호시)
- 희망 : 점차 사라진다.
- 우환 : 점차 사라진다.
- 쟁송 : 피고가 유리
- 래정 : 관재, 시험
- 관재 : 점차 해소
- 시험 : 합격

壬午일

임오일

길신(구보)	
일덕	亥
일록	亥
역마	申
장생	申
제왕	子
순기	丑
육의	甲戌
귀인	주 卯 / 야 巳
합(合)	
태(胎)	午

흉신(팔살)	
형	
충	
파	
해	
귀살	辰戌 丑未
묘신	辰
敗 / 桃	酉 / 卯
공망	申酉
탈(脫)	寅卯
사(死)	卯
절(絶)	巳

壬午일 제1국

공망 : 申·酉 ○
낮 : 왼쪽 천장, 밤 : 오른쪽 천장

乙	壬	丙
常亥空	合午后	玄子青
亥	午	子
乙	乙	壬	壬
常亥空	常亥空	合午后	合午后
壬亥	亥	午	午

辛朱巳	壬合午	癸勾未	○玄申
巳貴	午后	未陰	申○
庚蛇辰辰			○空酉酉○
己貴卯卯			甲白戌戌
后寅合	丁陰丑	丙勾子	乙空亥
寅	丑	子	亥

□ 과체 : 복음과
• 수구대신의 상
• 질병·관재·소송 : 대흉
• 가출인·유실물 : 근처
□ 래정 : 직장
• 직장 : 전직·이직 불리

壬午일 제2국

공망 : 申·酉 ○
낮 : 왼쪽 천장, 밤 : 오른쪽 천장

甲	○	○
白戌白	空酉常	青申玄
亥	戌	酉○
甲	○	辛	庚
白戌白	空酉常	朱巳貴	蛇辰蛇
壬亥	戌	午	巳

庚蛇辰	辛朱巳	壬合午	癸勾未
辰蛇	巳貴	午后	未陰
己貴卯辰			青申玄 申○
戊后寅卯			○空酉戌
丁陰丑	丙勾子	乙常亥	甲白戌
寅	丑	子	亥

□ 과체 : 원수과
• 만사형통의 상
• 임신 : 아들(여름)
• 소송 : 원고가 유리
□ 래정 : 질병
• 질병 : 갑상선·편도선·위장병 점차 치유

壬午일 제3국

공망 : 申·酉 ○
낮 : 왼쪽 천장, 밤 : 오른쪽 천장

戊	丙	甲
蛇寅合	合子青	青戌白
辰	寅	子
○	癸	庚	戊
空酉常	常未陰	后辰蛇	蛇寅合
壬亥	酉○	午	辰

己貴卯巳	庚后辰午	辛陰巳未	壬玄午申
戊蛇寅辰			癸常未酉○
丁朱丑卯			○白申戌
丙合子寅	乙勾亥丑	甲青戌子	○常酉亥

□ 과체 : 원수과
• 만사형통의 상
• 임신 : 아들(冬·春)
• 소송 : 원고가 유리
□ 래정 : 주색
• 주색 : 주색 삼가

임오일	
길신(구보)	
일덕	亥
일록	亥
역마	申
장생	申
제왕	子
순기	丑
육의	甲戌
귀인	주 卯 / 야 巳
합(合)	
태(胎)	午

흉신(팔살)	
형	
충	
파	
해	
귀살	辰戌丑未
묘신	辰
敗/桃	酉/卯
공망	申酉
탈(脫)	寅卯
사(死)	卯
절(絶)	巳

壬午일 제 4 국

공망: 申·酉 ○
낮: 왼쪽 천장, 밤: 오른쪽 천장

- 과체: 원수과
- 만사형통의 상
- 임신: 아들(春·夏)
- 소송: 원고가 유리
- 래정: 사업, 임신
- 사업: 실패
- 임신: 불길

壬午일 제 5 국

공망: 申·酉 ○
낮: 왼쪽 천장, 밤: 오른쪽 천장

- 과체: 중심과
- 매사 심사숙고의 상
- 임신: 딸(冬·春)
- 소송: 재심이 유리
- 래정: 사업, 질병
- 사업: 가을·겨울 성공
- 질병: 비뇨기과(밤)

壬午일 제 6 국

공망: 申·酉 ○
낮: 왼쪽 천장, 밤: 오른쪽 천장

- 과체: 중심과
- 매사 심사숙고의 상
- 임신: 딸(秋·冬)
- 소송: 재심이 유리
- 래정: 사업, 결혼
- 사업: 실패(낮)
- 결혼: 성사(밤)

임오일	
길신(구보)	
일덕	亥
일록	亥
역마	申
장생	申
제왕	子
순기	丑
육의	甲戌
귀인	주 卯 / 야 巳
합(合)	
태(胎)	午

흉신(팔살)	
형	
충	
파	
해	
귀살	辰戌 丑未
묘신	辰
敗/桃	酉/卯
공망	申酉
탈(脫)	寅卯
사(死)	卯
절(絶)	巳

壬午일 제 7국

공망 : 申·酉 ○
낮 : 왼쪽 천장, 밤 : 오른쪽 천장

□ 과체 : 반음과
• 매사 유시무종의 상
• 결혼 : 불성
• 임신 : 불길
□ 래정 : 사업, 결혼
• 사업 : 실패(낮)
• 사업 : 실패(밤)

壬午일 제 8국

공망 : 申·酉 ○
낮 : 왼쪽 천장, 밤 : 오른쪽 천장

□ 과체 : 지일과
• 기로에서 가까운 사람·장소를 선택
• 소송 : 화해가 유리
• 가출인·유실물 : 근처
□ 래정 : 결혼
• 결혼 : 불리

壬午일 제 9국

공망 : 申·酉 ○
낮 : 왼쪽 천장, 밤 : 오른쪽 천장

□ 과체 : 중심과
• 매사 심사숙고의 상
• 임신 : 딸(冬·春)
• 소송 : 재심이 유리
□ 래정 : 관재, 구설
• 관재 : 손재수 막대

임오일

길신(구보)	
일덕	亥
일록	亥
역마	申
장생	申
제왕	子
순기	丑
육의	甲戌
귀인	주 卯 / 야 巳
합(合)	
태(胎)	午

흉신(팔살)	
형	
충	
파	
해	
귀살	辰戌丑未
묘신	辰
敗/桃	酉/卯
공망	申酉
탈(脫)	寅卯
사(死)	卯
절(絕)	巳

壬午일 제 10 국

공망 : 申·酉 ○
낮 : 왼쪽 천장, 밤 : 오른쪽 천장

○	丙	己
空酉勾	玄子白	貴卯陰
午	酉 ○	子
戊	辛	○	丙
后寅玄	朱巳貴	空酉勾	玄子白
壬亥	寅	午	酉

○申青合	○酉空勾	甲戌白未青	乙亥常申空
癸未勾朱辰			丙子玄酉白
合壬午卯			陰丑常戌
辛巳朱寅貴	庚辰蛇丑后	己卯貴子陰	戊寅后亥玄

□ 과체 : 중심과
• 매사 심사숙고의 상
• 임신 : 딸(春·夏)
• 소송 : 재심이 유리
□ 래정 : 가정, 부모
• 가정 : 음란사 예방
• 부모 : 건강검진 요망

壬午일 제 11 국

공망 : 申·酉 ○
낮 : 왼쪽 천장, 밤 : 오른쪽 천장

○	甲	丙
青申合	白戌青	玄子白
午	申 ○	戌
丁	己	○	甲
陰丑常	貴卯陰	青申合	白戌青
壬亥	丑	午	申○

癸未勾朱巳	○申青午	○酉空合未	甲戌青申○
合壬午辰蛇			乙亥常酉空
辛巳朱卯貴	庚辰蛇寅后	己卯貴丑	丙子玄戌
			丁丑陰亥常

□ 과체 : 중심과
• 매사 심사숙고의 상
• 임신 : 딸(春·夏)
• 소송 : 재심이 유리
□ 래정 : 창업, 부모
• 창업 : 실패
• 부모 : 위독

壬午일 제 12 국

공망 : 申·酉 ○
낮 : 왼쪽 천장, 밤 : 오른쪽 천장

丁	戊	己
陰丑常	后寅玄	貴卯陰
子	丑	寅
丙	丁	癸	○
玄子白	陰丑常	勾未朱	青申合
壬亥	子	午	未

壬午合巳	癸未勾朱午	○申青合未	○酉空勾
辛巳朱貴辰			甲戌白申青
蛇庚辰后卯			乙亥常戌空
貴己卯陰寅	戊寅后丑玄	丁丑陰子常	丙子白亥

□ 과체 : 원수과
• 만사형통의 상
• 임신 : 아들(여름)
• 소송 : 원고가 유리
□ 래정 : 사업
• 사업 : 부동산을 통한수입

계미일

길신(구보)	
일덕	巳
일록	子
역마	巳
장생	申
제왕	子
순기	丑
육의	甲戌
귀인	주 巳 / 야 卯
합(合)	
태(胎)	午

흉신(팔살)	
형	
충	
파	
해	
귀살	辰戌 丑未
묘신	辰
敗/桃	酉/子
공망	申酉
탈(脫)	寅卯
사(死)	卯
절(絶)	巳

癸未일 제1국

공망: 申·酉 ○
낮: 왼쪽 천장, 밤: 오른쪽 천장

丁	甲	癸
勾 丑 陰	白 戌 白	陰 未 勾
丑	戌	未
丁	丁	癸	癸
勾 丑 陰	勾 丑 陰	陰 未 勾	陰 未 勾
癸丑	丑	未	未

辛貴巳 朱	壬后午 合	癸陰未 勾	○玄申 青
蛇辰蛇辰			常酉空○酉
朱己卯貴			白甲戌白戌
合寅后寅	勾丑陰丑	青子玄子	常乙亥白亥

□ 과체: 복음과
• 수구대신의 상
• 질병·관재·소송: 대흉
• 가출인·유실물: 근처
□ 래정: 관재, 질병
• 관재: 최흉(낮)
• 질병: 위독(주야)

癸未일 제2국

공망: 申·酉 ○
낮: 왼쪽 천장, 밤: 오른쪽 천장

辛	庚	己
貴巳朱	蛇辰蛇	朱卯貴
午	巳	辰
丙	乙	壬	辛
青子玄	空亥常	后午合	貴巳朱
癸丑	子	未	午

蛇庚辰蛇巳	辛貴巳朱午	壬后午合未	癸陰未勾申
朱己卯貴辰			玄○申青酉
合戊寅后卯			常○酉空戌
勾丁丑陰寅	青丙子玄丑	空乙亥常子	白甲戌白亥

□ 과체: 요극과(탄사)
• 희망: 점차 사라진다.
• 우환: 점차 사라진다.
• 쟁송: 원고가 유리
□ 래정: 사업
• 사업: 초흉후길

癸未일 제3국

공망: 申·酉 ○
낮: 왼쪽 천장, 밤: 오른쪽 천장

辛	己	丁
貴巳陰	朱卯貴	勾丑朱
未	巳	卯
乙	○	辛	己
空亥勾	常酉空	貴巳陰	朱卯貴
癸丑	亥	未	巳

己朱卯貴巳	蛇庚辰后午	辛貴巳陰未	壬玄午○申
合戊寅蛇辰			陰癸未常○酉
勾丁丑朱卯			玄○申白戌
青丙子合寅	空乙亥勾丑	白甲戌青子	常○酉空亥

□ 과체: 요극과(탄사)
• 희망: 점차 사라진다.
• 우환: 점차 사라진다.
• 쟁송: 원고가 유리
□ 래정: 사업
• 사업: 초흉후길

계미일

길신(구보)	
일덕	巳
일록	子
역마	巳
장생	申
제왕	子
순기	丑
육의	甲戌
귀인	주 巳 / 야 卯
합(合)	
태(胎)	午

흉신(팔살)	
형	
충	
파	
해	
귀살	辰戌 丑未
묘신	辰
敗/桃	酉/子
공망	申酉
탈(脫)	寅卯
사(死)	卯
절(絶)	巳

癸未일 제 4 국

공망 : 申·酉 ○
낮 : 왼쪽 천장, 밤 : 오른쪽 천장

□ 과체 : 원수과
• 만사형통의 상
• 임신 : 아들(여름)
• 소송 : 원고가 유리
□ 래정 : 질병, 사업
• 질병 : 위독
• 사업 : 실패

癸未일 제 5 국

공망 : 申·酉 ○
낮 : 왼쪽 천장, 밤 : 오른쪽 천장

□ 과체 : 섭해과
• 희망사 : 지체
• 결혼 : 장애
• 출산 : 난산
□ 래정 : 사업
• 사업 : 실패

癸未일 제 6 국

공망 : 申·酉 ○
낮 : 왼쪽 천장, 밤 : 오른쪽 천장

□ 과체 : 중심과
• 매사 심사숙고의 상
• 임신 : 딸(가을)
• 소송 : 재심이 유리
□ 래정 : 생업, 부모
• 생업 : 실패
• 부모 : 위독

계미일

길신(구보)	
일덕	巳
일록	子
역마	巳
장생	申
제왕	子
순기	丑
육의	甲戌
귀인	주 巳 / 야 卯
합(合)	
태(胎)	午

흉신(팔살)	
형	
충	
파	
해	
귀살	辰戌 丑未
묘신	辰
敗/桃	酉/子
공망	申酉
탈(脫)	寅卯
사(死)	卯
절(絶)	巳

癸未일 제 7 국

공망 : 申·酉 ○
낮 : 왼쪽 천장, 밤 : 오른쪽 천장

□ 과체 : 반음과
· 매사 유시무종의 상
· 결혼 : 불성
· 임신 : 불길
□ 래정 : 관재, 부동산
· 관재 : 최흉
· 부동산 : 매매 불가

癸未일 제 8 국

공망 : 申·酉 ○
낮 : 왼쪽 천장, 밤 : 오른쪽 천장

□ 과체 : 지일과
· 기로에서 가까운 사람·장소를 선택
· 소송 : 화해가 유리
· 가출인·유실물 : 근처
□ 래정 : 직장
· 직장 : 초흉후길

癸未일 제 9 국

공망 : 申·酉 ○
낮 : 왼쪽 천장, 밤 : 오른쪽 천장

□ 과체 : 섭해과
· 희망사 : 지체
· 결혼 : 장애
· 출산 : 난산
□ 래정 : 생업
· 생업 : 실패

계미일	
길신(구보)	
일덕	巳
일록	子
역마	巳
장생	申
제왕	子
순기	丑
육의	甲戌
귀인	주 巳 / 야 卯
합(合)	
태(胎)	午

흉신(팔살)	
형	
충	
파	
해	
귀살	辰戌丑未
묘신	辰
敗/桃	酉/子
공망	申酉
탈(脫)	寅卯
사(死)	卯
절(絶)	巳

癸未일 제 10 국

공망 : 申·酉 ○
낮 : 왼쪽 천장, 밤 : 오른쪽 천장

□ 과체 : 원수과
• 만사형통의 상
• 임신 : 아들(여름)
• 소송 : 원고가 유리
□ 래정 : 가정, 질병
• 가정 : 부부 불화
• 질병 : 최흉(밤)

癸未일 제 11 국

공망 : 申·酉 ○
낮 : 왼쪽 천장, 밤 : 오른쪽 천장

□ 과체 : 요극과(호시)
• 희망 : 점차 사라진다.
• 우환 : 점차 사라진다.
• 쟁송 : 피고가 유리
□ 래정 : 사업
• 사업 : 초길후흉

癸未일 제 12 국

공망 : 申·酉 ○
낮 : 왼쪽 천장, 밤 : 오른쪽 천장

□ 과체 : 묘성과
• 모망사 : 불길
• 여행 : 위험
• 관재 : 해소
• 시험 : 불합격
□ 래정 : 질병
• 질병 : 위독(부모)

甲申일

갑신일	
길신(구보)	
일덕	寅
일록	寅
역마	寅
장생	亥
제왕	卯
순기	子
육의	甲申
귀인	주 未 / 야 丑
합(合)	
태(胎)	酉

흉신(팔살)	
형	
충	
파	
해	
귀살	申酉
묘신	未
敗/桃	子/酉
공망	午未
탈(脫)	巳午
사(死)	午
절(絶)	申

甲申일 제1국

공망 : 午·未 ○
낮 : 왼쪽 천장, 밤 : 오른쪽 천장

	庚	癸	甲
	青寅蛇	朱巳勾	后申白
	寅	巳	申
	庚	庚	甲	甲
	青寅蛇	青寅蛇	后申白	后申白
	甲寅	寅	申	申

癸巳 朱巳	○ 蛇午	○ 貴未	甲申 白
朱巳	勾午	空未	申白
壬辰 合辰 合巳			乙酉 陰酉 常酉
辛卯 勾卯 朱			丙戌 玄戌 玄
庚寅 青寅 蛇	己丑 空丑 貴	戊子 白子 后	丁亥 常亥 陰

□ 과체 : 복음과
• 수구대신의 상
• 질병·관재·소송 : 대흉
• 가출인·유실물 : 근처
□ 래정 : 시험, 관재
• 시험 : 합격
• 관재 : 중형

甲申일 제2국

공망 : 午·未 ○
낮 : 왼쪽 천장, 밤 : 오른쪽 천장

	戊	丁	丙
	白子后	常亥陰	玄戌玄
	丑	子	亥
	己	戊	○	○
	空丑貴	白子后	貴未空	蛇午青
	甲寅	丑	申	未

壬辰 合辰 合巳	癸巳 朱巳 勾午	○ 蛇午 青未	○ 貴未 空申
辛卯 勾卯 朱辰			甲申 后申 白酉
庚寅 青寅 蛇卯			乙酉 陰酉 常戌
己丑 空丑 貴寅	戊子 白子 后丑	丁亥 常亥 陰子	丙戌 玄戌 玄亥

□ 과체 : 지일과
• 기로에서 가까운 사람·장소를 선택
• 소송 : 화해가 유리
• 가출인·유실물 : 근처
□ 래정 : 결혼
• 결혼 : 성사

甲申일 제3국

공망 : 午·未 ○
낮 : 왼쪽 천장, 밤 : 오른쪽 천장

	○	壬	庚
	蛇午青	合辰合	青寅蛇
	申	午	辰
	戊	丙	○	壬
	白子后	玄戌玄	蛇午青	合辰合
	甲寅	子	申	午

辛卯 勾卯 朱巳	壬辰 合辰 合午	癸巳 朱巳 勾未	○ 蛇午 青申
庚寅 青寅 蛇辰			○ 貴未 空酉
己丑 空丑 貴卯			甲申 后申 白戌
戊子 白子 后寅	丁亥 常亥 陰丑	丙戌 玄戌 玄子	乙酉 陰酉 常亥

□ 과체 : 섭해과
• 희망사 : 지체
• 결혼 : 장애
• 출산 : 난산
□ 래정 : 모망사
• 모망사 : 불성

갑신일	
길신(구보)	
일덕	寅
일록	寅
역마	寅
장생	亥
제왕	卯
순기	子
육의	甲申
귀인	주 未 / 야 丑
합(合)	
태(胎)	酉

흉신(팔살)	
형	
충	
파	
해	
귀살	申酉
묘신	未
敗/桃	子/酉
공망	午未
탈(脫)	巳午
사(死)	午
절(絶)	申

甲申일 제4국

공망: 午·未 ○
낮: 왼쪽 천장, 밤 오른쪽 천장

□ 과체: 원수과
- 만사형통의 상
- 임신: 아들(春·夏)
- 소송: 원고가 유리
□ 래정: 구설, 관재
- 구설·관재: 불리

甲申일 제5국

공망: 午·未 ○
낮: 왼쪽 천장, 밤: 오른쪽 천장

□ 과체: 섭해과
- 희망사: 지체
- 결혼: 장애
- 출산: 난산
□ 래정: 사업
- 사업: 성공

甲申일 제6국

공망: 午·未 ○
낮: 왼쪽 천장, 밤: 오른족 천장

□ 과체: 지일과
- 기로에서 가까운 사람·장소를 선택
- 소송: 화해가 유리
- 가출인·유실물: 근처
□ 래정: 매매
- 매매: 불성

갑신일	
길신(구보)	
일덕	寅
일록	寅
역마	寅
장생	亥
제왕	卯
순기	子
육의	甲申
귀인	주: 未 / 야: 丑
합(合)	
태(胎)	酉

흉신(팔살)	
형	
충	
파	
해	
귀살	申酉
묘신	未
敗/桃	子/酉
공망	午未
탈(脫)	巳午
사(死)	午
절(絶)	申

甲申일 제7국

공망: 午·未 ○
낮: 왼쪽천장, 밤: 오른쪽 천장

□ 과체: 반음과
· 매사 유시무종의 상
· 결혼: 불성
· 임신: 불길
□ 래정: 직업, 임신
· 직장: 대흉
· 사업: 실패

甲申일 제8국

공망: 午·未 ○
낮: 왼쪽천장, 밤: 오른쪽 천장

□ 과체: 지일과
· 기로에서 가까운 사람·장소를 선택
· 소송: 화해가 유리
· 가출인·유실물: 근처
□ 래정: 사업
· 사업: 실패

甲申일 제9국

공망: 午·未 ○
낮: 왼쪽 천장, 밤: 오른쪽 천장

□ 과체: 원수과
· 만사형통의 상
· 임신: 아들(여름)
· 소송: 원고가 유리
□ 래정: 사업
· 사업: 실패

갑신일	
길신(구보)	
일덕	寅
일록	寅
역마	寅
장생	亥
제왕	卯
순기	子
육의	甲申
귀인	주 未 야 丑
합(合)	
태(胎)	酉

흉신(팔살)	
형	
충	
파	
해	
귀살	申酉
묘신	未
敗/桃	子/酉
공망	午未
탈(脫)	巳午
사(死)	午
절(絕)	申

甲申일 제 10국

공망: 午·未 ○
낮: 왼쪽 천장, 밤: 오른쪽천장

甲	丁	庚
蛇申 青	勾亥 朱	白寅 后
巳	申	亥
癸	甲	丁	庚
陰巳 常	蛇申 青	勾亥 朱	白寅 后
甲寅	巳	申	亥

甲申 蛇巳	乙 朱酉 青午○	丙 合戌 勾未○	丁 勾亥 朱申
貴未 空辰			青子 蛇酉
后午 白卯			己丑 空戌 貴
癸 陰巳 常寅	壬 玄辰 玄丑	辛 常卯 陰子	庚 白寅 后亥

□ 과체: 중심과
• 매사 심사숙고의 상
• 임신: 딸(春·夏)
• 소송: 재심이 유리
□ 래정: 임신, 직장
• 임신: 대길
• 직장: 승진수

甲申일 제 11국

공망: 午·未 ○
낮: 왼쪽 천장, 밤: 오른쪽 천장

壬	○	甲
合辰 合	蛇午 青	后申 白
寅	辰	午
壬	○	丙	戊
合辰 合	蛇午 青	玄戌 玄	白子 后
甲寅	辰	申	戌

○ 貴未 空巳	甲 后申 白午	乙 陰酉 常未○	丙 玄戌 玄申
○ 蛇午 青辰			丁 常亥 陰酉
癸 朱巳 勾卯			戊 白子 后戌
壬 合辰 合寅	辛 勾卯 朱丑	庚 青寅 蛇子	己 空丑 貴亥

□ 과체: 섭해과
• 희망사: 지체
• 결혼: 장애
• 출산: 난산
□ 래정: 사업, 승진
• 사업: 실패
• 승진: 불가

甲申일 제 12국

공망: 午·未 ○
낮: 왼쪽 천장, 밤: 오른쪽 천장

壬	癸	○
合辰 合	朱巳 勾	蛇午 青
卯	辰	巳
辛	壬	乙	丙
勾卯 朱	合辰 合	陰酉 常	玄戌 玄
甲寅	卯	申	酉

○ 蛇午 青巳	甲 貴未 空午○	乙 陰酉 常未○	丙 玄戌 常
朱巳 勾辰			玄戌 酉
壬 合辰 合卯			丁 常亥 陰戌
辛 勾卯 朱寅	庚 青寅 蛇丑	己 空丑 貴子	戊 白子 后亥

□ 과체: 중심과
• 매사 심사숙고의 상
• 임신: 딸(冬·春)
• 소송: 재심이 유리
□ 래정: 매매, 사업
• 매매: 불성
• 사업: 실패

을유일	
길신(구보)	
일덕	申
일록	卯
역마	亥
장생	亥
제왕	卯
순기	子
육의	甲申
귀인	주 申 / 야 子
합(合)	
태(胎)	酉

흉신(팔살)	
형	
충	
파	
해	
귀살	申酉
묘신	未
敗/桃	子/午
공망	午未
탈(脫)	巳午
사(死)	午
절(絶)	申

乙酉일 제1국

공망 : 午·未 ○
낮 : 왼쪽 천장, 밤 : 오른쪽 천장

□ 과체 : 복음과
• 수구대신의 상
• 질병·관재·소송 : 대흉
• 가출인·유실물 : 근처
□ 래정 : 부동산, 사업
• 부동산 : 매매 성립
• 사업 : 초길후흉

乙酉일 제2국

공망 : 午·未 ○
낮 : 왼쪽 천장, 밤 : 오른쪽 천장

□ 과체 : 요극과(호시)
• 희망 : 점차 사라진다.
• 우환 : 점차 사라진다.
• 쟁송 : 피고가 유리
□ 래정 : 직장
• 시험 : 합격

乙酉일 제3국

공망 : 午·未 ○
낮 : 왼쪽 천장, 밤 : 오른쪽 천장

□ 과체 : 요극과(탄사)
• 희망 : 점차 사라진다.
• 우환 : 점차 사라진다.
• 쟁송 : 원고가 유리
□ 래정 : 사업
• 사업 : 실패

을유일	
길신(구보)	
일덕	申
일록	卯
역마	亥
장생	亥
제왕	卯
순기	子
육의	甲申
귀인	주 申 / 야 子
합(合)	
태(胎)	酉

흉신(팔살)	
형	
충	
파	
해	
귀살	申酉
묘신	未
敗/桃	子/午
공망	午未
탈(脫)	巳午
사(死)	午
절(絶)	申

乙酉일 제4국

공망: 午·未 ○
낮: 왼쪽 천장, 밤: 오른쪽 천장

□ 과체: 중심과
• 매사 심사숙고의 상
• 임신: 딸
• 소송: 재심이 유리
□ 래정: 사업, 부동산
• 사업: 성공(冬·春)
• 부동산: 매매 불가

乙酉일 제5국

공망: 午·未 ○
낮: 왼쪽 천장, 밤: 오른쪽 천장

□ 과체: 원수과
• 결혼: 불길
• 임신: 아들(春·夏)
• 소송: 원고가 유리
□ 래정: 시험, 승진
• 시험: 합격(가을)
• 승진: 가능(가을)

乙酉일 제6국

공망: 午·未 ○
낮: 왼쪽 천장, 밤: 오른쪽 천장

□ 과체: 지일과
• 기로에서 가까운 사람·장소를 선택
• 소송: 화해가 유리
• 가출인·유실물: 근처
□ 래정: 매매
• 매매: 성사

을유일	
길신(구보)	
일덕	申
일록	卯
역마	亥
장생	亥
제왕	卯
순기	子
육의	甲申
귀인	주 申 / 야 子
합(合)	
태(胎)	酉

흉신(팔살)	
형	
충	
파	
해	
귀살	申酉
묘신	未
敗/桃	子/午
공망	午未
탈(脫)	巳午
사(死)	午
절(絶)	申

乙酉일 제7국

공망: 午·未 ○
낮: 왼쪽 천장, 밤: 오른쪽 천장

□ 과체: 반음과
- 매사 유시무종의 상
- 결혼: 불성
- 임신: 불길

□ 래정: 직업
- 직장: 퇴직
- 사업: 폐업

乙酉일 제8국

공망: 午·未 ○
낮: 왼쪽 천장, 밤: 오른쪽 천장

□ 과체: 지일과
- 기로에서 가까운 사람·장소를 선택
- 소송: 화해가 유리
- 가출인·유실물: 근처

□ 래정: 사업
- 사업: 실패

乙酉일 제9국

공망: 午·未 ○
낮: 왼쪽 천장, 밤: 오른쪽 천장

□ 과체: 원수과
- 결혼: 성사
- 임신: 아들(가을)
- 소송: 원고가 유리

□ 래정: 시험, 관재
- 시험: 합격(낮)
- 관재: 점차 해소

을유일	
길신(구보)	
일덕	申
일록	卯
역마	亥
장생	亥
제왕	卯
순기	子
육의	甲申
귀인	주 申 / 야 子
합(合)	
태(胎)	酉

흉신(팔살)	
형	
충	
파	
해	
귀살	申酉
묘신	未
敗/桃	子/午
공망	午未
탈(脫)	巳午
사(死)	午
절(絶)	申

乙酉일 제 10국

공망 : 午·未 ○
낮 : 왼쪽 천장, 밤 : 오른쪽 천장

□ 과체 : 중심과
- 매사 심사숙고의 상
- 임신 : 딸
- 소송 : 재심이 유리
□ 래정 : 사업, 부동산
- 사업 : 실패
- 부동산 : 매매 불가

乙酉일 제 11국

공망 : 午·未 ○
낮 : 왼쪽 천장, 밤 : 오른쪽 천장

□ 과체 : 중심과
- 매사 심사숙고의 상
- 임신 : 딸
- 소송 : 재심이 유리
□ 래정 : 직장, 관재
- 관직 : 대흉
- 관재 : 해소

乙酉일 제 12국

공망 : 午·未 ○
낮 : 왼쪽 천장, 밤 : 오른쪽 천장

□ 과체 : 중심과
- 매사 심사숙고의 상
- 임신 : 딸
- 소송 : 재심이 유리
□ 래정 : 가정, 시험
- 가정 : 도난 예방
- 시험 : 합격(겨울)

병술일

길신(구보)

일덕	巳
일록	巳
역마	申
장생	寅
제왕	午
순기	子
육의	甲申
귀인	주 酉 / 야 亥
합(合)	
태(胎)	子

흉신(팔살)

형	
충	
파	
해	
귀살	亥子
묘신	戌
敗/桃	卯/卯
공망	午未
탈(脫)	辰戌丑未
사(死)	酉
절(絶)	亥

丙戌일 제1국

공망 : 午·未 ○
낮 : 왼쪽 천장, 밤 : 오른쪽 천장

□ 과체 : 복음과
- 수구대신의 상
- 질병·관재·소송 : 대흉
- 가출인·유실물 : 근처
□ 래정 : 관재
- 관재 : 점차 경미

丙戌일 제2국

공망 : 午·未 ○
낮 : 왼쪽 천장, 밤 : 오른쪽 천장

□ 과체 : 원수과
- 결혼 : 성사
- 임신 : 아들(冬·春)
- 소송 : 원고가 유리
□ 래정 : 시험
- 시험 : 합격(春·夏·冬)

丙戌일 제3국

공망 : 午·未 ○
낮 : 왼쪽 천장, 밤 : 오른쪽 천장

□ 과체 : 중심과
- 매사 심사숙고의 상
- 임신 : 딸(冬·春)
- 소송 : 재심이 유리
□ 래정 : 관재
- 관재 : 점차 해소

육임을 알면 미래가 보인다

병술일	
길신(구보)	
일덕	巳
일록	巳
역마	申
장생	寅
제왕	午
순기	子
육의	甲申
귀인	주 酉 / 야 亥
합(合)	
태(胎)	子

흉신(팔살)	
형	
충	
파	
해	
귀살	亥子
묘신	戌
敗/桃	卯/卯
공망	午未
탈(脫)	辰戌丑未
사(死)	酉
절(絶)	亥

丙戌日 제 4 국

공망 : 午·未 ○
낮 : 왼쪽 천장, 밤 : 오른쪽 천장

□ 과체 : 요극과(호시)
• 희망 : 점차 사라진다.
• 우환 : 점차 사라진다.
• 쟁송 : 피고가 유리
□ 래정 : 관재, 관직
• 관재 : 점차 경미
• 시험·승진 : 합격

丙戌日 제 5 국

공망 : 午·未 ○
낮 : 왼쪽 천장, 밤 : 오른쪽 천장

□ 과체 : 요극과(탄사)
• 희망 : 점차 사라진다.
• 우환 : 점차 사라진다.
• 쟁송 : 원고가 유리
□ 래정 : 사업
• 사업 : 성공(봄·여름)

丙戌日 제 6 국

공망 : 午·未 ○
낮 : 왼쪽 천장, 밤 : 오른쪽 천장

□ 과체 : 지일과
• 기로에서 가까운 사람·장소를 선택
• 소송 : 화해가 유리
• 가출인·유실물 : 근처
□ 래정 : 교제·매매
• 결혼·매매 : 불성

병술일

길신(구보)	
일덕	巳
일록	巳
역마	申
장생	寅
제왕	午
순기	子
육의	甲申
귀인	주 酉 / 야 亥
합(合)	
태(胎)	子

흉신(팔살)	
형	
충	
파	
해	
귀살	亥子
묘신	戌
敗/桃	卯/卯
공망	午未
탈(脫)	辰戌丑未
사(死)	酉
절(絶)	亥

丙戌일 제 7 국

공망 : 午·未 ○
낮 : 왼쪽 천장, 밤 : 오른쪽 천장

癸	丁	癸
常巳空	朱亥貴	常巳空
亥	巳	亥
丁	癸	壬	丙
朱亥貴	常巳空	白辰白	蛇戌蛇
丙巳	亥	戌	辰

| 丁朱亥貴巳 蛇丙戌辰 貴乙酉朱卯 后甲申寅 | 戊合子午 | 己勾丑未 陰 | 庚玄寅申 空辛卯酉 常 白壬辰戌 癸巳亥 常 空 |

□ 과체 : 반음과
• 매사 유시무종의 상
• 결혼 : 불성
• 임신 : 불길
□ 래정 : 직업
• 사업 : 불길
• 직장 : 불길

丙戌일 제 8 국

공망 : 午·未 ○
낮 : 왼쪽 천장, 밤 : 오른쪽 천장

甲	己	○
后申合	勾丑陰	玄午青
卯	申	丑
丙	辛	辛	甲
蛇戌蛇	空卯常	空卯常	后申合
丙巳	戌	戌	卯

| 蛇丙戌巳 貴乙酉辰 朱 后甲申卯 陰○未寅 | 朱丁亥午 貴 合戊子未 ○ 玄午青丑 | 己勾丑申 陰 庚青寅酉 玄 辛空卯戌 常 白壬辰亥 |

□ 과체 : 지일과
• 기로에서 가까운 사람·장소를 선택
• 소송 : 화해가 유리
• 가출인·유실물 : 근처
□ 래정 : 사업
• 사업 : 초길후흉

丙戌일 제 9 국

공망 : 午·未 ○
낮 : 왼쪽 천장, 밤 : 오른쪽 천장

乙	己	癸
貴酉朱	常丑陰	勾巳空
巳	酉	丑
乙	己	庚	○
貴酉朱	常丑陰	白寅玄	合午青
丙巳	酉	戌	寅

| 乙貴酉巳 蛇甲申辰 朱○未卯 合午寅 | 丙戌午 合 陰亥未 ○ 勾 | 丁陰亥未 ○ 貴 玄午青丑 癸巳子 空 | 戊玄子申 后 己常丑酉 陰 庚白寅戌 玄 辛常卯亥 |

□ 과체 : 중심과
• 매사 심사숙고의 상
• 임신 : 딸(冬·春)
• 소송 : 재심이 유리
□ 래정 : 사업
• 사업 : 성공(봄·여름)

병술일

길신(구보)	
일덕	巳
일록	巳
역마	申
장생	寅
제왕	午
순기	子
육의	甲申
귀인	주 酉 / 야 亥
합(合)	
태(胎)	子

흉신(팔살)	
형	
충	
파	
해	
귀살	亥子
묘신	戌
敗/桃	卯/卯
공망	午未
탈(脫)	辰戌丑未
사(死)	酉
절(絶)	亥

丙戌일 제10국

공망 : 午·未 ○
낮 : 왼쪽 천장, 밤 : 오른쪽 천장

□ 과체 : 중심과
• 매사 심사숙고의 상
• 임신 : 딸(春·夏)
• 소송 : 재심이 유리
□ 래정 : 사업
• 사업 : 성공

丙戌일 제11국

공망 : 午·未 ○
낮 : 왼쪽 천장, 밤 : 오른쪽 천장

□ 과체 : 중심과
• 매사 심사숙고의 상
• 임신 : 딸(여름)
• 소송 : 재심이 유리
□ 래정 : 가정
• 가정 : 도난 예방(낮)

丙戌일 제12국

공망 : 午·未 ○
낮 : 왼쪽 천장, 밤 : 오른쪽 천장

□ 과체 : 중심과
• 매사 심사숙고의 상
• 임신 : 딸(여름)
• 소송 : 재심이 유리
□ 래정 : 시험·승진
• 시험·승진 : 성공(冬)

정해일

길신(구보)	
일덕	亥
일록	午
역마	巳
장생	寅
제왕	午
순기	子
육의	甲申
귀인	주 亥 / 야 酉
합(合)	
태(胎)	子

흉신(팔살)	
형	
충	
파	
해	
귀살	亥子
묘신	戌
敗/桃	卯/子
공망	午未
탈(脫)	辰戌丑未
사(死)	酉
절(絶)	亥

丁亥일 제1국

공망 : 午·未 ○
낮 : 왼쪽 천장, 밤 : 오른쪽 천장

丁	○	己
貴亥陰	常未朱	朱丑常
亥	未○	丑
○	○	丁	丁
常未朱	常未朱	貴亥陰	貴亥陰
○丁未	未○	亥	亥

- 과제 : 복음과
- 수구대신의 상
- 질병·관재·소송 : 대흉
- 가출인·유실물 : 근처
- 래정 : 시험, 승진
- 시험 : 합격
- 승진 : 가능

丁亥일 제2국

공망 : 午·未 ○
낮 : 왼쪽 천장, 밤 : 오른쪽 천장

丙	乙	甲
后戌后	陰酉貴	玄申蛇
亥	戌	酉
○	癸	丙	乙
白午合	空巳勾	后戌后	陰酉貴
○丁未	午	亥	戌

- 과제 : 원수과
- 만사형통의 상
- 임신 : 아들(여름)
- 소송 : 원고가 유리
- 래정 : 매사
- 매사 : 장애 발생

丁亥일 제3국

공망 : 午·未 ○
낮 : 왼쪽 천장, 밤 : 오른쪽 천장

乙	○	癸
陰酉貴	常未陰	空巳常
亥	酉	未○
癸	辛	乙	○
空巳常	勾卯空	陰酉貴	常未陰
○丁未	巳	亥	酉

- 과제 : 요극과(탄사)
- 희망 : 점차 사라진다.
- 우환 : 점차 사라진다.
- 쟁송 : 원고가 유리
- 래정 : 가정
- 가정 : 음란 예방(낮)
- 사업 : 실패(밤)

정해일	
길신(구보)	
일덕	亥
일록	午
역마	巳
장생	寅
제왕	午
순기	子
육의	甲申
귀인	주 亥 / 야 酉
합(合)	
태(胎)	子

흉신(팔살)	
형	
충	
파	
해	
귀살	亥子
묘신	戌
敗/桃	卯/子
공망	午未
탈(脫)	辰戌丑未
사(死)	酉
절(絶)	亥

丁亥일 제4국

공망 : 午·未 ○
낮 : 왼쪽 천장, 밤 : 오른쪽 천장

□ 과체 : 원수과
· 만사형통의 상
· 임신 : 아들(春·夏)
· 소송 : 원고가 유리
□ 래정 : 사업
· 사업 : 실패(낮)
· 사업 : 성공(밤)

丁亥일 제5국

공망 : 午·未 ○
낮 : 왼쪽 천장, 밤 : 오른쪽 천장

□ 과체 : 섭해과
· 희망사 : 지체
· 결혼 : 장애
· 출산 : 난산
□ 래정 : 사업, 시험
· 사업 : 실패
· 시험 : 불합격

丁亥일 제6국

공망 : 午·未 ○
낮 : 왼쪽 천장, 밤 : 오른쪽 천장

□ 과체 : 중심과
· 매사 심사숙고의 상
· 임신 : 딸(秋·冬)
· 소송 : 재심이 유리
□ 래정 : 직업
· 직장 : 불길
· 사업 : 실패

정해일	
길신(구보)	
일덕	亥
일록	午
역마	巳
장생	寅
제왕	午
순기	子
육의	甲申
귀인	주 亥 / 야 酉
합(合)	
태(胎)	子

흉신(팔살)	
형	
충	
파	
해	
귀살	亥子
묘신	戌
敗/桃	卯/子
공망	午未
탈(脫)	辰戌丑未
사(死)	酉
절(絶)	亥

丁亥일 제 7 국

공망 : 午·未 ○
낮 : 왼쪽 천장, 밤 : 오른쪽 천장

- 과체 : 반음과
- 매사 유시무종의 상
- 결혼 : 불성
- 임신 : 불길
- 래정 : 창업·임신
- 창업·임신 : 실패

丁亥일 제 8 국

공망 : 午·未 ○
낮 : 왼쪽 천장, 밤 : 오른쪽 천장

- 과체 : 중심과
- 매사 심사숙고의 상
- 임신 : 딸(秋·冬)
- 소송 : 재심이 유리
- 래정 : 취직
- 취직 : 성공(春·夏·冬)

丁亥일 제 9 국

공망 : 午·未 ○
낮 : 왼쪽 천장, 밤 : 오른쪽 천장

- 과체 : 중심과
- 매사 심사숙고의 상
- 임신 : 딸(冬·春)
- 소송 : 재심이 유리
- 래정 : 관재·구설
- 관재·구설 : 해소

丁亥일

정해일	
길신(구보)	
일덕	亥
일록	午
역마	巳
장생	寅
제왕	午
순기	子
육의	甲申
귀인	주 亥 / 야 酉
합(合)	
태(胎)	子

흉신(팔살)	
형	
충	
파	
해	
귀살	亥子
묘신	戌
敗/桃	卯/子
공망	午未
탈(脫)	辰戌丑未
사(死)	酉
절(絶)	亥

丁亥日 제 10 국

공망: 午·未 ○
낮: 왼쪽 천장, 밤: 오른쪽 천장

□ 과체: 묘성과
· 모망사: 불길
· 여행: 위험
· 관재: 해소
□ 래정: 직업
· 직장운: 대흉
· 사업: 실패

丁亥日 제 11 국

공망: 午·未 ○
낮: 왼쪽 천장, 밤: 오른쪽 천장

□ 과체: 중심과
· 매사 심사숙고의 상
· 임신: 딸(春·夏)
· 소송: 재심이 유리
□ 래정: 사업
· 사업: 실패

丁亥日 제 12 국

공망: 午·未 ○
낮: 왼쪽 천장, 밤: 오른쪽 천장

□ 과체: 중심과
· 매사 심사숙고의 상
· 임신: 딸(春·夏)
· 소송: 재심이 유리
□ 래정: 사업
· 사업: 성공(봄·여름)

무자일

길신(구보)	
일덕	巳
일록	巳
역마	寅
장생	寅
제왕	午
순기	子
육의	甲申
귀인	주 丑 / 야 未
합(合)	
태(胎)	子

흉신(팔살)	
형	
충	
파	
해	
귀살	寅卯
묘신	戌
敗/桃	卯/酉
공망	午未
탈(脫)	申酉
사(死)	酉
절(絶)	亥

戊子일 제1국

공망 : 午·未 ○
낮 : 왼쪽 천장, 밤 : 오른쪽 천장

- 과체 : 복음과
- 수구대신의 상
- 질병·관재·소송 : 대흉
- 가출인·유실물 : 근처
- 래정 : 시험, 승진
- 시험 : 불합격
- 승진 : 불가

戊子일 제2국

공망 : 午·未 ○
낮 : 왼쪽 천장, 밤 : 오른쪽 천장

- 과체 : 지일과
- 기로에서 가까운 사람·장소를 선택
- 소송 : 화해가 유리
- 가출인·유실물 : 근처
- 래정 : 가정
- 가정 : 도난 예방

戊子일 제3국

공망 : 午·未 ○
낮 : 왼쪽 천장, 밤 : 오른쪽 천장

- 과체 : 중심과
- 매사 심사숙고의 상
- 임신 : 딸(冬·春)
- 소송 : 재심이 유리
- 래정 : 관재
- 관재 : 대흉

무자일	
길신(구보)	
일덕	巳
일록	巳
역마	寅
장생	寅
제왕	午
순기	子
육의	甲申
귀인	주 丑 / 야 未
합(合)	
태(胎)	子

흉신(팔살)	
형	
충	
파	
해	
귀살	寅卯
묘신	戌
敗/桃	卯/酉
공망	午未
탈(脫)	申酉
사(死)	酉
절(絶)	亥

戊子일 제 4 국

공망 : 午·未 ○
낮 : 왼쪽 천장, 밤 : 오른쪽 천장

- 과체 : 섭해과
- 희망사 : 지체
- 결혼 : 장애
- 출산 : 난산
- 래정 : 사고·질병
- 사고·질병 : 심화(낮)

戊子일 제 5 국

공망 : 午·未 ○
낮 : 왼쪽 천장, 밤 : 오른쪽 천장

- 과체 : 묘성과
- 모망사 : 불길
- 여행 : 위험
- 관재 : 해소
- 래정 : 직업
- 직장운 : 대흉
- 사업 : 대흉

戊子일 제 6 국

공망 : 午·未 ○
낮 : 왼쪽 천장, 밤 : 오른쪽 천장

- 과체 : 중심과
- 매사 심사숙고의 상
- 임신 : 딸(여름)
- 소송 : 재심이 유리
- 래정 : 사업
- 사업 : 실패

무자일	
길신(구보)	
일덕	巳
일록	巳
역마	寅
장생	寅
제왕	午
순기	子
육의	甲申
귀인	주 丑 야 未
합(合)	
태(胎)	子

흉신(팔살)	
형	
충	
파	
해	
귀살	寅卯
묘신	戌
敗/桃	卯/酉
공망	午未
탈(脫)	申酉
사(死)	酉
절(絶)	亥

戊子일 제 7 국

공망 : 午·未 ○
낮 : 왼쪽 천장, 밤 : 오른쪽 천장

- 과체 : 반음과
- 매사 유시무종의 상
- 결혼 : 불성
- 임신 : 불길
- 래정 : 개업
- 개업 : 실패

戊子일 제 8 국

공망 : 午·未 ○
낮 : 왼쪽 천장, 밤 : 오른쪽 천장

- 과체 : 중심과
- 매사 심사숙고의 상
- 임신 : 딸(秋·冬)
- 소송 : 재심이 유리
- 래정 : 사업, 취직
- 사업 : 실패
- 취직 : 성공(春·夏)

戊子일 제 9 국

공망 : 午·未 ○
낮 : 왼쪽 천장, 밤 : 오른쪽 천장

- 과체 : 원수과
- 만사형통의 상
- 임신 : 아들(여름)
- 소송 : 원고가 유리
- 래정 : 사업
- 사업 : 실패(春·夏)

무자일	
길신(구보)	
일덕	巳
일록	巳
역마	寅
장생	寅
제왕	午
순기	子
육의	甲申
귀인	주 丑 / 야 未
합(合)	
태(胎)	子

흉신(팔살)	
형	
충	
파	
해	
귀살	寅卯
묘신	戌
敗/桃	卯/酉
공망	午未
탈(脫)	申酉
사(死)	酉
절(絶)	亥

戊子일 제 10 국

공망: 午·未 ○
낮: 왼쪽 천장, 밤: 오른쪽 천장

□ 과체: 요극과(호시)
• 희망: 점차 사라진다.
• 우환: 점차 사라진다.
• 쟁송: 피고가 유리
□ 래정: 가정
• 가정: 음란사

戊子일 제 11 국

공망: 午·未 ○
낮: 왼쪽 천장, 밤: 오른쪽 천장

□ 과체: 중심과
• 매사 심사숙고의 상
• 임신: 딸(冬·春)
• 소송: 재심이 유리
□ 래정: 매매
• 매매: 실패

戊子일 제 12 국

공망: 午·未 ○
낮: 왼쪽 천장, 밤: 오른쪽 천장

□ 과체: 지일과
• 기로에서 가까운 사람·장소를 선택
• 소송: 화해가 유리
• 가출인·유실물: 근처
□ 래정: 가정
• 가정: 사고·질병 발생

기축일	
길신(구보)	
일덕	寅
일록	午
역마	亥
장생	寅
제왕	午
순기	子
육의	甲申
귀인	주 子 / 야 申
합(合)	
태(胎)	子

흉신(팔살)	
형	
충	
파	
해	
귀살	寅卯
묘신	戌
敗/桃	卯/午
공망	午未
탈(脫)	申酉
사(死)	酉
절(絶)	亥

己丑일 제1국

공망 : 午·未 ○
낮 : 왼쪽 천장, 밤 : 오른쪽 천장

- 과체 : 복음과
  - 수구대신의 상
  - 질병·관재·소송 : 대흉
  - 가출인·유실물 : 근처
- 래정 : 부동산, 질병
  - 부동산 : 매매 불가
  - 질병 : 수술수

己丑일 제2국

공망 : 午·未 ○
낮 : 왼쪽 천장, 밤 : 오른쪽 천장

- 과체 : 중심과
  - 매사 심사숙고의 상
  - 임신 : 딸(여름)
  - 소송 : 재심이 유리
- 래정 : 사업
  - 사업 : 성공(여름)

己丑일 제3국

공망 : 午·未 ○
낮 : 왼쪽 천장, 밤 : 오른쪽 천장

- 과체 : 중심과
  - 매사 심사숙고의 상
  - 임신 : 딸(여름)
  - 소송 : 재심이 유리
- 래정 : 사업
  - 사업 : 성공(낮)
  - 사업 : 실패(밤)

육임을 알면 미래가 보인다

기축일	
길신(구보)	
일덕	寅
일록	午
역마	亥
장생	寅
제왕	午
순기	子
육의	甲申
귀인	주 子 / 야 申
합(合)	
태(胎)	子

흉신(팔살)	
형	
충	
파	
해	
귀살	寅卯
묘신	戌
敗/桃	卯/午
공망	午未
탈(脫)	申酉
사(死)	酉
절(絶)	亥

기축일 제4국

공망 : 午·未 ○
낮 : 왼쪽 천장, 밤 : 오른쪽 천장

- 과체 : 묘성과
  - 모망사 : 불길
  - 여행 : 위험
  - 관재 : 해소
  - 시험 : 불합격
- 래정 : 사업
  - 사업 : 실패

기축일 제5국

공망 : 午·未 ○
낮 : 왼쪽 천장, 밤 : 오른쪽 천장

- 과체 : 섭해과
  - 희망사 : 지체
  - 결혼 : 장애
  - 출산 : 지체
- 래정 : 매매, 질병
  - 매매 : 성립(낮)
  - 질병 : 난치(밤)

기축일 제6국

공망 : 午·未 ○
낮 : 왼쪽 천장, 밤 : 오른쪽 천장

- 과체 : 중심과
  - 매사 심사숙고의 상
  - 임신 : 딸(가을)
  - 소송 : 재심이 유리
- 래정 : 가정
  - 가정 : 도난 예방(낮)
  - 질병 : 점차 쾌차(밤)

기축일	
길신(구보)	
일덕	寅
일록	午
역마	亥
장생	寅
제왕	午
순기	子
육의	甲申
귀인	주 子 / 야 申
합(合)	
태(胎)	子

흉신(팔살)	
형	
충	
파	
해	
귀살	寅卯
묘신	戌
敗/桃	卯/午
공망	午未
탈(脫)	申酉
사(死)	酉
절(絶)	亥

己丑일 제 7 국

공망 : 午·未 ○
낮 : 왼쪽 천장, 밤 : 오른쪽 천장

□ 과체 : 반음과
• 매사 유시무종의 상
• 결혼 : 불성
• 임신 : 불길
□ 래정 : 사업, 매매
• 사업 : 실패
• 매매 : 실패

己丑일 제 8 국

공망 : 午·未 ○
낮 : 왼쪽 천장, 밤 : 오른쪽 천장

□ 과체 : 지일과
• 기로에서 가까운 사람·장소를 선택
• 소송 : 화해가 유리
• 가출인·유실물 : 근처
□ 래정 : 취직
• 취직 : 가능(春·夏·冬)

己丑일 제 9 국

공망 : 午·未 ○
낮 : 왼쪽 천장, 밤 : 오른쪽 천장

□ 과체 : 섭해과
• 희망사 : 지체
• 결혼 : 장애
• 출산 : 난산
□ 래정 : 투자
• 투자 : 성공(秋·冬)

기축일	
길신(구보)	
일덕	寅
일록	午
역마	亥
장생	寅
제왕	午
순기	子
육의	甲申
귀인	주 子 / 야 申
합(合)	
태(胎)	子

흉신(팔살)	
형	
충	
파	
해	
귀살	寅卯
묘신	戌
敗/桃	卯/午
공망	午未
탈(脫)	申酉
사(死)	酉
절(絶)	亥

己丑일 제 10 국

공망 : 午·未 ○
낮 : 왼쪽 천장, 밤 : 오른쪽 천장

- 과체 : 묘성과
- 모망사 : 불길
- 여행 : 위험
- 관재 : 해소
- 시험 : 불합격
- 래정 : 직업
- 직장 : 불길

己丑일 제 11 국

공망 : 午·未 ○
낮 : 왼쪽 천장, 밤 : 오른쪽 천장

- 과체 : 원수과
- 만사형통의 상
- 임신 : 아들(春·夏)
- 소송 : 원고가 유리
- 래정 : 가정
- 가정 : 도난(낮)
- 가정 : 가계난(밤)

己丑일 제 12 국

공망 : 午·未 ○
낮 : 왼쪽 천장, 밤 : 오른쪽 천장

- 과체 : 원수과
- 만사형통의 상
- 임신 : 아들(冬·春)
- 소송 : 원고가 유리
- 래정 : 관재
- 관재 : 점차 해소

경인일

길신(구보)	
일덕	申
일록	申
역마	申
장생	巳
제왕	酉
순기	子
육의	甲申
귀인	주 丑 / 야 未
합(合)	
태(胎)	卯

흉신(팔살)	
형	
충	
파	
해	
귀살	巳午
묘신	丑
敗/桃	午/卯
공망	午未
탈(脫)	亥子
사(死)	子
절(絶)	寅

庚寅일 제1국

공망 : 午·未 ○
낮 : 왼쪽 천장, 밤 : 오른쪽 천장

甲	庚	癸
白申后	蛇寅青	勾巳朱
申	寅	巳
甲	甲	庚	庚
白申后	白申后	蛇寅青	蛇寅青
庚申	申	寅	寅

천반:
癸巳 勾 / ○午 朱 / ○未 蛇 / 甲申 空
壬辰 合 / (중앙) / 乙酉 陰
辛卯 朱 / (중앙) / 丙戌 玄
庚寅 蛇 / 己丑 貴 / 戊子 后 / 丁亥 陰

□ 과제 : 복음과
• 수구대신의 상
• 질병·관재·소송 : 대흉
• 가출인·유실물 : 근처
□ 래정 : 직장·사업
• 직장·사업 : 불리(낮)
• 직장·사업 : 유리(밤)

庚寅일 제2국

공망 : 午·未 ○
낮 : 왼쪽 천장, 밤 : 오른쪽 천장

戊	丁	丙
后子白	陰亥常	玄戌玄
丑	子	亥
○	○	己	戊
空未貴	青午蛇	貴丑空	后子白
庚申	未○	寅	丑

□ 과제 : 지일과
• 기로에서 가까운 사람·장소를 선택
• 소송 : 화해가 유리
• 가출인·유실물 : 근처
□ 래정 : 결혼
• 결혼 : 성사(낮)

庚寅일 제3국

공망 : 午·未 ○
낮 : 왼쪽 천장, 밤 : 오른쪽 천장

○	壬	庚
青午蛇	合辰合	蛇寅青
申	午○	辰
○	壬	戊	丙
青午蛇	合辰合	后子白	玄戌玄
庚申	午○	寅	子

□ 과제 : 섭해과
• 희망사 : 지체
• 결혼 : 장애
• 출산 : 난산
□ 래정 : 직업
• 직장·사업 : 불리

경인일

길신(구보)	
일덕	申
일록	申
역마	申
장생	巳
제왕	酉
순기	子
육의	甲申
귀인	주 丑 / 야 未
합(合)	
태(胎)	卯

흉신(팔살)	
형	
충	
파	
해	
귀살	巳午
묘신	丑
敗/桃	午/卯
공망	午未
탈(脫)	亥子
사(死)	子
절(絶)	寅

庚寅일 제 4 국

공망 : 午·未 ○
낮 : 왼쪽 천장, 밤 : 오른쪽 천장

癸	庚	丁
勾巳朱	蛇寅青	陰亥常
申	巳	寅
癸	庚	丁	甲
勾巳朱	蛇寅青	陰亥常	白申后
庚申	巳	寅	亥

□ 과체 : 원수과
・만사형통의 상
・임신 : 아들(春·夏)
・소송 : 원고가 유리
□ 래정 : 관재
・관재 : 최흉

庚寅일 제 5 국

공망 : 午·未 ○
낮 : 왼쪽 천장, 밤 : 오른쪽 천장

戊	甲	壬
蛇子青	青申蛇	玄辰玄
辰	子	申
壬	戊	丙	○
玄辰玄	蛇子青	合戌合	白午后
庚申	辰	寅	戌

□ 과체 : 섭해과
・희망사 : 지체
・결혼 : 장애
・출산 : 난산
□ 래정 : 투자
・투자 : 실패

庚寅일 제 6 국

공망 : 午·未 ○
낮 : 왼쪽 천장, 밤 : 오른쪽 천장

丙	癸	戊
合戌合	常巳陰	蛇子青
卯	戌	巳
辛	丙	乙	壬
陰卯常	合戌合	勾酉朱	玄辰玄
庚申	卯	寅	酉

□ 과체 : 지일과
・기로에서 가까운 사람·장소를 선택
・소송 : 화해가 유리
・가출인·유실물 : 근처
□ 래정 : 매매·결혼
・매매·결혼 : 불성

경인일	
길신(구보)	
일덕	申
일록	申
역마	申
장생	巳
제왕	酉
순기	子
육의	甲申
귀인	주 丑 / 야 未
합(合)	
태(胎)	卯

흉신(팔살)	
형	
충	
파	
해	
귀살	巳午
묘신	丑
敗/桃	午/卯
공망	午未
탈(脫)	亥子
사(死)	子
절(絶)	寅

庚寅일 제 7 국

공망 : 午·未 ○
낮 : 왼쪽 천장, 밤 : 오른쪽 천장

□ 과체 : 반음과
· 매사 유시무종의 상
· 결혼 : 불성
· 임신 : 불길
□ 래정 : 결혼, 질병
· 결혼 : 실패
· 질병 : 치유

庚寅일 제 8 국

공망 : 午·未 ○
낮 : 왼쪽 천장, 밤 : 오른쪽 천장

□ 과체 : 지일과
· 기로에서 가까운 사람·장소를 선택
· 소송 : 화해가 유리
· 가출인·유실물 : 근처
□ 래정 : 시험
· 시험 : 합격

庚寅일 제 9 국

공망 : 午·未 ○
낮 : 왼쪽 천장, 밤 : 오른쪽 천장

□ 과체 : 원수과
· 만사형통의 상
· 임신 : 아들(여름)
· 소송 : 원고가 유리
□ 래정 : 사업
· 사업 : 실패

庚寅일

경인일 길신(구보)

길신(구보)	
일덕	申
일록	申
역마	申
장생	巳
제왕	酉
순기	子
육의	甲申
귀인	주 丑 / 야 未
합(合)	
태(胎)	卯

흉신(팔살)

흉신(팔살)	
형	
충	
파	
해	
귀살	巳午
묘신	丑
敗/桃	午/卯
공망	午未
탈(脫)	亥子
사(死)	子
절(絶)	寅

庚寅일 제 10국

공망 : 午·未 ○
낮 : 왼쪽 천장, 밤 : 오른쪽 천장

甲	丁	庚
青申蛇	朱亥勾	后寅白
巳	申	亥

丁	庚	癸	甲
朱亥勾	后寅白	常巳陰	青申蛇
庚申	亥	寅	巳

甲申青	乙酉勾	丙戌合	丁亥勾
蛇巳	朱午	合未	朱
空未辰			蛇子酉青
○			己丑戌
白午卯后			貴 空
癸巳寅常	壬辰丑陰	辛卯子陰	庚寅亥白

□ 과체 : 중심과
· 매사 심사숙고의 상
· 임신 : 딸(春·夏)
· 소송 : 재심이 유리
□ 래정 : 직장·사업
· 직장·사업 : 만사형통

庚寅일 제 11국

공망 : 午·未 ○
낮 : 왼쪽 천장, 밤 : 오른쪽 천장

壬	○	甲
合辰合	青午蛇	白申后
寅	辰	午

丙	戊	壬	○
玄戌玄	后子白	合辰合	青午蛇
庚申	戌	寅	辰

○未貴	甲申后	乙酉陰	丙戌玄
白巳	常午	常未	玄申
○午青			丁亥常
蛇辰			陰酉
癸巳朱			戊戌白
勾卯			后子
壬辰合	辛卯勾	庚寅青	己丑空
合寅	朱丑	蛇子	貴亥

□ 과체 : 섭해과
· 희망사 : 지체
· 결혼 : 장애
· 출산 : 난산
□ 래정 : 매매·결혼
· 매매·결혼 : 실패

庚寅일 제 12국

공망 : 午·未 ○
낮 : 왼쪽 천장, 밤 : 오른쪽 천장

壬	癸	○
合辰合	勾巳朱	青午蛇
卯	辰	巳

乙	丙	辛	壬
常酉陰	玄戌玄	朱卯勾	合辰合
庚申	酉	寅	卯

○午蛇	○未貴	甲申后	乙酉陰
青巳	空午	白未	常申
癸巳朱			丙戌玄
勾辰			玄酉
壬辰合			丁亥常
合卯			陰戌
辛卯朱	庚寅蛇	己丑貴	戊子白
勾寅	青丑	空子	后亥

□ 과체 : 중심과
· 매사 심사숙고의 상
· 임신 : 딸(冬·春)
· 소송 : 재심이 유리
□ 래정 : 매매·결혼
· 매매·결혼 : 실패

辛卯일

신묘일

길신(구보)	
일덕	巳
일록	酉
역마	巳
장생	巳
제왕	酉
순기	子
육의	甲申
귀인	주 寅 / 야 午
합(合)	
태(胎)	卯

흉신(팔살)	
형	
충	
파	
해	
귀살	巳午
묘신	丑
敗/桃	午/子
공망	午未
탈(脫)	亥子
사(死)	子

辛卯일 제1국

공망 : 午·未 ○
낮 : 왼쪽 천장, 밤 : 오른쪽 천장

□ 과체 : 복음과
• 수구대신의 상
• 질병·관재·소송 : 대흉
• 가출인·유실물 : 근처
□ 래정 : 가정
• 가정 : 괴이사(낮)
• 가정 : 음란사(밤)

辛卯일 제2국

공망 : 午·未 ○
낮 : 왼쪽 천장, 밤 : 오른쪽 천장

□ 과체 : 중심과
• 매사 심사숙고의 상
• 임신 : 딸(冬·春)
• 소송 : 재심이 유리
□ 래정 : 결혼, 부동산
• 결혼 : 성사
• 부동산 : 구입운

辛卯일 제3국

공망 : 午·未 ○
낮 : 왼쪽 천장, 밤 : 오른쪽 천장

□ 과체 : 섭해과
• 희망사 : 지체
• 결혼 : 장애
• 출산 : 난산
□ 래정 : 가정
• 가정 : 도난예방(낮)
• 가정 : 질병예방(밤)

신묘일

길신(구보)	
일덕	巳
일록	酉
역마	巳
장생	巳
제왕	酉
순기	子
육의	甲申
귀인	주 寅 / 야 午
합(合)	
태(胎)	卯

흉신(팔살)	
형	
충	
파	
해	
귀살	巳午
묘신	丑
敗/桃	午/子
공망	午未
탈(脫)	亥子
사(死)	子

辛卯일 제 4 국

공망 : 午·未 ○
낮 : 왼쪽 천장, 밤 : 오른쪽 천장

□ 과체 : 묘성과
• 모망사 : 불길
• 여행 : 위험
• 관재 : 해소
• 시험 : 불합격
□ 래정 : 구설
• 구설 : 해소

辛卯일 제 5 국

공망 : 午·未 ○
낮 : 왼쪽 천장, 밤 : 오른쪽 천장

□ 과체 : 지일과
• 소송 : 화해가 유리
• 가출인·유실물 : 근처
□ 래정 : 질병, 직장
• 질병 : 치유
• 직장운 : 대흉

辛卯일 제 6 국

공망 : 午·未 ○
낮 : 왼쪽 천장, 밤 : 오른쪽 천장

□ 과체 : 중심과
• 매사 심사숙고의 상
• 임신 : 딸(冬·春)
• 소송 : 재심이 유리
□ 래정 : 생계
• 생계 : 불리

신묘일	
길신(구보)	
일덕	巳
일록	酉
역마	巳
장생	巳
제왕	酉
순기	子
육의	甲申
귀인	주 寅 / 야 午
합(合)	
태(胎)	卯

흉신(팔살)	
형	
충	
파	
해	
귀살	巳午
묘신	丑
敦/桃	午/子
공망	午未
탈(脫)	亥子
사(死)	子

辛卯일 제 7 국

공망 : 午·未 ○
낮 : 왼쪽 천장, 밤 : 오른쪽 천장

□ 과체 : 반음과
· 매사 유시무종의 상
· 결혼 : 불성
· 임신 : 불길
□ 래정 : 가정, 사업
· 가정 : 음란사
· 사업 : 실패

辛卯일 제 8 국

공망 : 午·未 ○
낮 : 왼쪽 천장, 밤 : 오른쪽 천장

□ 과체 : 중심과
· 매사 심사숙고의 상
· 임신 : 딸(여름)
· 소송 : 재심이 유리
□ 래정 : 가정
· 가정 : 음란사(아내)

辛卯일 제 9 국

공망 : 午·未 ○
낮 : 왼쪽 천장, 밤 : 오른쪽 천장

□ 과체 : 섭해과
· 희망사 : 지체
· 결혼 : 장애
· 출산 : 난산
□ 래정 : 매매, 사업
· 매매 : 불성
· 사업 : 실패

신묘일

길신(구보)	
일덕	巳
일록	酉
역마	巳
장생	巳
제왕	酉
순기	子
육의	甲申
귀인	주 寅 / 야 午
합(合)	
태(胎)	卯

흉신(팔살)	
형	
충	
파	
해	
귀살	巳午
묘신	丑
敗/桃	午/子
공망	午未
탈(脫)	亥子
사(死)	子

辛卯일 제 10 국

공망 : 午·未 ○
낮 : 왼쪽 천장, 밤 : 오른쪽 천장

乙	戊	辛	
白酉合	陰子空	蛇卯玄	
午○	酉	子	
己	壬	○	乙
后丑白	朱辰陰	勾午貴	白酉合
辛戌	丑	卯	午

□ 과체 : 중심과
• 매사 심사숙고의 상
• 임신 : 딸(春·夏)
• 소송 : 재심이 유리
□ 래정 : 직업, 매매
• 직업운 : 대흉
• 매매 : 불성

辛卯일 제 11 국

공망 : 午·未 ○
낮 : 왼쪽 천장, 밤 : 오른쪽 천장

癸	○	乙	
合巳后	青未蛇	白酉合	
卯	巳	未○	
戊	庚	癸	○
陰子空	貴寅常	合巳后	青未蛇
辛戌	子	卯	巳

□ 과체 : 요극과(호시)
• 희망 : 점차 사라진다.
• 우환 : 점차 사라진다.
• 쟁송 : 피고가 유리
□ 래정 : 매매·결혼
• 매매·결혼 : 불성

辛卯일 제 12 국

공망 : 午·未 ○
낮 : 왼쪽 천장, 밤 : 오른쪽 천장

壬	癸	○	
朱辰朱	合巳蛇	勾午貴	
卯	辰	巳	
丁	戊	壬	癸
玄亥白	陰子空	朱辰朱	合巳蛇
辛戌	亥	卯	辰

□ 과체 : 중심과
• 매사 심사숙고의 상
• 임신 : 딸(冬·春)
• 소송 : 재심이 유리
□ 래정 : 시험
• 시험 : 합격

임진일	
길신(구보)	
일덕	亥
일록	亥
역마	寅
장생	申
제왕	子
순기	子
육의	甲申
귀인	주 卯 / 야 巳
합(合)	
태(胎)	午

흉신(팔살)	
형	
충	
파	
해	
귀살	辰戌丑未
묘신	辰
敗/桃	酉/酉
공망	午未
탈(脫)	寅卯
사(死)	卯
절(絶)	巳

壬辰일 제1국

공망 : 午·未 ○
낮 : 왼쪽 천장, 밤 : 오른쪽 천장

丁	壬	丙
常亥空	蛇辰蛇	白戌白
亥	辰	戌
丁	丁	壬	壬
常亥空	常亥空	蛇辰蛇	蛇辰蛇
壬亥	亥	辰	辰

癸巳 朱貴 巳	○午 合后 午	○未 勾陰 未	甲申 青玄 申
壬辰 蛇辰			乙酉 空常 酉
辛卯 貴朱 卯			丙戌 白白 戌
庚寅 后合 寅	己丑 陰勾 丑	戊子 玄青 子	丁亥 常空 亥

□ 과체 : 복음과
• 수구대신의 상
• 질병·관재·소송 : 대흉
• 가출인·유실물 : 근처
□ 래정 : 시험, 직업
• 시험 : 합격(낮)
• 직장·사업 : 대흉

壬辰일 제2국

공망 : 午·未 ○
낮 : 왼쪽 천장, 밤 : 오른쪽 천장

丙	乙	甲
白戌白	空酉常	青申玄
亥	戌	酉
丙	乙	辛	庚
白戌白	空酉常	貴卯朱	后寅合
壬亥	戌	辰	卯

壬辰 蛇蛇 巳	癸巳 朱貴 午 ○	○未 合后 未 ○	甲申 勾陰 申
辛卯 貴朱 辰			乙酉 青玄 酉
庚寅 后合 卯			丙戌 空常 戌
陰丑 寅	己丑 勾青 丑	戊子 玄空 子	丁亥 常白 亥

□ 과체 : 지일과
• 기로에서 가까운
사람·장소를 선택
• 소송 : 화해가 유리
• 가출인·유실물 : 근처
□ 래정 : 질병
• 질병 : 갑상선, 위장병

壬辰일 제3국

공망 : 午·未 ○
낮 : 왼쪽 천장, 밤 : 오른쪽 천장

庚	戊	丙
蛇寅合	合子青	青戌白
辰	寅	子
乙	○	庚	戊
空酉常	常未陰	蛇寅合	合子青
壬亥	酉	辰	寅

辛卯 貴朱 巳	壬辰 后蛇 午	癸巳 陰貴 未 ○	○午 玄后 申
庚寅 蛇合 辰			○未 常陰 酉
己丑 朱勾 卯			甲申 白玄 戌
戊子 合青 寅	丁亥 勾空 丑	丙戌 青白 子	乙酉 空常 亥

□ 과체 : 원수과
• 만사형통의 상
• 임신 : 아들(冬·春)
• 소송 : 원고가 유리
□ 래정 : 가정
• 가정 : 사고(낮)
• 가정 : 자녀(밤)

임진일	
길신(구보)	
일덕	亥
일록	亥
역마	寅
장생	申
제왕	子
순기	子
육의	甲申
귀인	주 卯 / 야 巳
합(合)	
태(胎)	午

흉신(팔살)	
형	
충	
파	
해	
귀살	辰戌丑未
묘신	辰
敗/桃	酉/酉
공망	午未
탈(脫)	寅卯
사(死)	卯
절(絶)	巳

壬辰일 제4국

공망 : 午·未 ○
낮 : 왼쪽천장, 밤 : 오른쪽 천장

癸	庚	丁
陰巳貴	蛇寅合	勾亥空
申	巳	寅
甲	癸	己	丙
白申玄	陰巳貴	朱丑勾	青戌白
壬亥	申	辰	丑

蛇庚寅巳	合辛卯午	朱壬辰未	蛇癸巳申○
朱己丑辰			陰午酉
合戊子卯			常未戌
勾丁亥寅	空丙戌丑	白乙酉子	玄甲申亥

□ 과체 : 원수과
• 만사형통의 상
• 임신 : 아들(春·夏)
• 소송 : 원고가 유리
□ 래정 : 사업
• 사업 : 만사형통

壬辰일 제5국

공망 : 午·未 ○
낮 : 왼쪽 천장, 밤 : 오른쪽 천장

戊	甲	壬
合子青	白申玄	后辰蛇
辰	子	申
○	辛	戊	甲
常未陰	貴卯朱	合子青	白申玄
壬亥	未○	辰	子

朱己丑巳	蛇庚寅午	貴辛卯未	后壬辰申
合戊子辰			陰癸巳酉○
勾丁亥卯			玄午戌
青丙戌寅	空乙酉丑	常甲申子	陰未亥

□ 과체 : 중심과
• 매사 심사숙고의 상
• 임신 : 딸(여름)
• 소송 : 재심이 유리
□ 래정 : 가정
• 가정 : 손재수 예방

壬辰일 제6국

공망 : 午·未 ○
낮 : 왼쪽 천장, 밤 : 오른쪽 천장

○	己	甲
玄午后	朱丑勾	白申玄
亥	午○	丑
○	己	丁	○
玄午后	朱丑勾	勾亥空	玄午后
壬亥	午○	辰	亥

合戊子巳	青己丑午	朱庚寅未	蛇辛卯申
勾丁亥辰			蛇壬辰酉
空丙戌卯			貴癸巳戌○
常乙酉寅	白甲申丑	玄○未子	后午亥

□ 과체 : 지일과
• 기로에서 가까운 사람·장소를 선택
• 소송 : 화해가 유리
• 가출인·유실물 : 근처
□ 래정 : 사업·임신
• 사업·임신 : 실패

임진일	
길신(구보)	
일덕	亥
일록	亥
역마	寅
장생	申
제왕	子
순기	子
육의	甲申
귀인	주 卯 / 야 巳
합(合)	
태(胎)	午

흉신(팔살)	
형	
충	
파	
해	
귀살	辰戌 丑未
묘신	辰
敗/桃	酉/酉
공망	午未
탈(脫)	寅卯
사(死)	卯
절(絶)	巳

壬辰일 제7국

공망 : 午·未 ○
낮 : 왼쪽 천장, 밤 : 오른쪽 천장

- 과체 : 반음과
- 매사 유시무종의 상
- 결혼 : 불성
- 임신 : 불길
- 래정 : 사업
- 사업 : 실패

壬辰일 제8국

공망 : 午·未 ○
낮 : 왼쪽 천장, 밤 : 오른쪽 천장

- 과체 : 중심과
- 매사 심사숙고의 상
- 임신 : 딸(가을)
- 소송 : 재심이 유리
- 래정 : 가정
- 가정 : 손제수 예방

壬辰일 제9국

공망 : 午·未 ○
낮 : 왼쪽 천장, 밤 : 오른쪽 천장

- 과체 : 중심과
- 매사 심사숙고의 상
- 임신 : 딸(冬·春)
- 소송 : 재심이 유리
- 래정 : 관재·구설
- 관재·구설 : 해소

임진일	
길신(구보)	
일덕	亥
일록	亥
역마	寅
장생	申
제왕	子
순기	子
육의	甲申
귀인	주 卯 / 야 巳
합(合)	
태(胎)	午

흉신(팔살)	
형	
충	
파	
해	
귀살	辰戌丑未
묘신	辰
敗/桃	酉/酉
공망	午未
탈(脫)	寅卯
사(死)	卯
절(絶)	巳

壬辰일 제 10 국

공망 : 午·未 ○
낮 : 왼쪽 천장, 밤 : 오른쪽 천장

- 과체 : 요극과(호시)
- 희망 : 점차 사라진다.
- 우환 : 점차 사라진다.
- 쟁송 : 피고가 유리
- 래정 : 질병, 사업
- 질병 : 치유(낮)
- 사업 : 실패(밤)

壬辰일 제 11 국

공망 : 午·未 ○
낮 : 왼쪽 천장, 밤 : 오른쪽 천장

- 과체 : 중심과
- 매사 심사숙고의 상
- 임신 : 딸(春·夏)
- 소송 : 재심이 유리
- 래정 : 사업, 부모
- 사업 : 실패
- 부모 : 부모상(밤)

壬辰일 제 12 국

공망 : 午·未 ○
낮 : 왼쪽 천장, 밤 : 오른쪽 천장

- 과체 : 원수과
- 만사형통의 상
- 임신 : 아들(여름)
- 소송 : 원고가 유리
- 래정 : 모함, 결혼
- 모함 : 해소(낮)
- 결혼 : 성사(밤)

계사일

길신(구보)		
일덕	巳	
일록	子	
역마	亥	
장생	申	
제왕	子	
순기	子	
육의	甲申	
귀인	주	巳
	야	卯
합(合)		
태(胎)	午	

흉신(팔살)		
형		
충		
파		
해		
귀살	辰戌 丑未	
묘신	辰	
敗/桃	酉/午	
공망	午未	
탈(脫)	寅卯	
사(死)	卯	
절(絕)	巳	

癸巳일 제1국

공망: 午·未 ○
낮: 왼쪽 천장, 밤: 오른쪽 천장

□ 과체: 복음과
• 수구대신의 상
• 질병·관재·소송: 대흉
• 가출인·유실물: 근처
□ 래정: 관재, 질병
• 관재: 극흉
• 질병: 위독

癸巳일 제2국

공망: 午·未 ○
낮: 왼쪽 천장, 밤: 오른쪽 천장

□ 과체: 원수과
• 만사형통의 상
• 임신: 아들(冬·春)
• 소송: 원고가 유리
□ 래정: 시험
• 시험: 불합격

癸巳일 제3국

공망: 午·未 ○
낮: 왼쪽 천장, 밤: 오른쪽 천장

□ 과체: 중심과
• 매사 심사숙고의 상
• 임신: 딸(冬·春)
• 소송: 재심이 유리
□ 래정: 관재·구설
• 관재·구설: 점차 해소

癸巳일

계사일	
길신(구보)	
일덕	巳
일록	子
역마	亥
장생	申
제왕	子
순기	子
육의	甲申
귀인	주 巳 / 야 卯
합(合)	
태(胎)	午

흉신(팔살)	
형	
충	
파	
해	
귀살	辰戌丑未
묘신	辰
敗/桃	酉/午
공망	午未
탈(脫)	寅卯
사(死)	卯
절(絶)	巳

癸巳일 제4국

공망 : 午·未 ○
낮 : 왼쪽 천장, 밤 : 오른쪽 천장

□ 과체 : 원수과
- 만사형통의 상
- 임신 : 아들(여름)
- 소송 : 원고가 유리

□ 래정 : 질병, 부동산
- 질병 : 갑상선, 위장병
- 부동산 : 매매 불가

癸巳일 제5국

공망 : 午·未 ○
낮 : 왼쪽 천장, 밤 : 오른쪽 천장

□ 과체 : 원수과
- 만사형통의 상
- 임신 : 아들(春·夏)
- 소송 : 원고가 유리

□ 래정 : 직장·직장
- 관직·직장 : 대길

癸巳일 제6국

공망 : 午·未 ○
낮 : 왼쪽 천장, 밤 : 오른쪽 천장

□ 과체 : 중심과
- 매사 심사숙고의 상
- 임신 : 딸(가을)
- 소송 : 재심이 유리

□ 래정 : 시험, 승진
- 시험:성공(春·夏·冬)
- 승진:성공(春·夏·冬)

癸巳일 제 7국

공망 : 午·未 ○
낮 : 왼쪽 천장, 밤 : 오른쪽 천장

癸	丁	癸
貴巳陰	空亥勾	貴巳陰
亥	巳	亥
○	己	丁	癸
朱未常	常丑朱	空亥勾	貴巳陰
癸丑	未○	巳	亥

丁空亥勾丙戌青乙酉空甲申合	戊白子合	己常丑朱	庚玄寅蛇
			辛陰卯貴
			壬后辰戌
	○朱未常	○蛇午玄	癸貴巳陰

□ 과체 : 반음과
・매사 유시무종의 상
・결혼 : 불성
・임신 : 불길
□ 래정 : 개업, 관재
・개업 : 실패
・관재·구설 : 해소

癸巳일 제 8국

공망 : 午·未 ○
낮 : 왼쪽 천장, 밤 : 오른쪽 천장

○	丁	壬
蛇午玄	空亥勾	后辰后
丑	午○	亥
○	丁	丙	辛
蛇午玄	空亥勾	青戌青	陰卯貴
癸丑	午○	巳	戌

丙青戌巳乙勾酉辰甲合申卯	丁空亥午	戊白子未○	己常丑朱申
			庚玄寅蛇酉
			辛陰卯貴戌
○朱未寅	常蛇午丑	貴巳陰子	壬后辰亥

□ 과체 : 중심과
・매사 심사숙고의 상
・임신 : 딸(秋·冬)
・소송 : 재심이 유리
□ 래정 : 사업, 임신
・사업 : 실패
・임신 : 실패

癸巳일 제 9국

공망 : 午·未 ○
낮 : 왼쪽 천장, 밤 : 오른쪽 천장

乙	己	癸
勾酉空	常丑陰	貴巳朱
巳	酉	丑
癸	乙	乙	己
貴巳朱	勾酉空	勾酉空	常丑陰
癸丑	巳	巳	酉

乙勾酉巳甲合申辰	丙青戌午	丁白亥未○	戊玄子申
			己陰丑酉
			庚后寅戌
○朱未卯	○蛇午寅	癸貴巳丑	壬后辰子	辛陰卯亥

□ 과체 : 섭해과
・희망사 : 지체
・결혼 : 장애
・출산 : 난산
□ 래정 : 직장, 사업
・취직 : 성공(가을)
・사업 : 성공

계사일

길신(구보)

일덕	巳
일록	子
역마	亥
장생	申
제왕	子
순기	子
육의	甲申
귀인	주 巳 / 야 卯
합(合)	
태(胎)	午

흉신(팔살)

형	
충	
파	
해	
귀살	辰戌 丑未
묘신	辰
敗/桃	酉/午
공망	午未
탈(脫)	寅卯
사(死)	卯
절(絶)	巳

계사일	
길신(구보)	
일덕	巳
일록	子
역마	亥
장생	申
제왕	子
순기	子
육의	甲申
귀인	주 巳 / 야 卯
합(合)	
태(胎)	午

흉신(팔살)	
형	
충	
파	
해	
귀살	辰戌 丑未
묘신	辰
敗/桃	酉/午
공망	午未
탈(脫)	寅卯
사(死)	卯
절(絶)	巳

癸巳일 제 10 국

공망: 午·未 ○
낮: 왼쪽 천장, 밤: 오른쪽 천장

□ 과체: 중심과
• 매사 심사숙고의 상
• 임신: 딸(春·夏)
• 소송: 재심이 유리
□ 래정: 개업
• 개업: 성공

癸巳일 제 11 국

공망: 午·未 ○
낮: 왼쪽 천장, 밤: 오른쪽 천장

□ 과체: 요극과(호시)
• 희망: 점차 사라진다.
• 우환: 점차 사라진다.
• 쟁송: 피고가 유리
□ 래정: 관재·구설
• 관재·구설: 해소

癸巳일 제 12 국

공망: 午·未 ○
낮: 왼쪽 천장, 밤: 오른쪽 천장

□ 과체: 요극과(호시)
• 희망: 점차 사라진다.
• 우환: 점차 사라진다.
• 쟁송: 피고가 유리
□ 래정: 관재·구설
• 관재·구설: 해소

갑오일	
길신(구보)	
일덕	寅
일록	寅
역마	申
장생	亥
제왕	卯
순기	子
육의	甲午
귀인	주 未 / 야 丑
합(合)	
태(胎)	酉

흉신(팔살)	
형	
충	
파	
해	
귀살	申酉
묘신	未
敗 / 桃	子 / 卯
공망	辰巳
탈(脫)	巳午
사(死)	午
절(絕)	申

甲午일 제1국

공망 : 辰·巳 ○
낮 : 왼쪽 천장, 밤 : 오른쪽 천장

□ 과체 : 복음과
• 수구대신의 상
• 질병·관재·소송 : 대흉
• 가출인·유실물 : 근처
□ 래정 : 시험, 승진
• 시험 : 불합격
• 승진 : 불가

甲午일 제2국

공망 : 辰·巳 ○
낮 : 왼쪽 천장, 밤 : 오른쪽 천장

□ 과체 : 지일과
• 기로에서 가까운 사람·장소를 선택
• 소송 : 화해가 유리
• 가출인·유실물 : 근처
□ 래정 : 부모, 결혼
• 부모 : 질병검진(낮)
• 결혼 : 성사(밤)

甲午일 제3국

공망 : 辰·巳 ○
낮 : 왼쪽 천장, 밤 : 오른쪽 천장

□ 과체 : 섭해과
• 희망사 : 지체
• 결혼 : 장애
• 출산 : 난산
□ 래정 : 직업
• 직업운 : 대흉

갑오일	
길신(구보)	
일덕	寅
일록	寅
역마	申
장생	亥
제왕	卯
순기	子
육의	甲午
귀인	주 未 / 야 丑
합(合)	
태(胎)	酉

흉신(팔살)	
형	
충	
파	
해	
귀살	申酉
묘신	未
敗/桃/子/卯	
공망	辰巳
탈(脫)	巳午
사(死)	午
절(絶)	申

甲午일 제 4 국

공망 : 辰·巳 ○
낮 : 왼쪽 천장, 밤 : 오른쪽 천장

□ 과체 : 요극과(호시)
• 희망 : 점차 사라진다.
• 우환 : 점차 사라진다.
• 쟁송 : 피고가 유리
□ 래정 : 개업, 질병
• 개업 : 실패
• 질병 : 치유

甲午일 제 5 국

공망 : 辰·巳 ○
낮 : 왼쪽 천장, 밤 : 오른쪽 천장

□ 과체 : 중심과
• 매사 심사숙고의 상
• 임신 : 딸(冬·春)
• 소송 : 재심이 유리
□ 래정 : 매매·결혼
• 매매·결혼 : 실패

甲午일 제 6 국

공망 : 辰·巳 ○
낮 : 왼쪽 천장, 밤 : 오른족 천장

□ 과체 : 원수과
• 만사형통의 상
• 임신 : 아들(가을)
• 소송 : 원고가 유리
□ 래정 : 관재·구설
• 구설 : 점차 해소(낮)
• 관재 : 점차 해소(밤)

甲午일

갑오일	
길신(구보)	
일덕	寅
일록	寅
역마	申
장생	亥
제왕	卯
순기	子
육의	甲午
귀인	주 未 / 야 丑
합(合)	
태(胎)	酉

흉신(팔살)	
형	
충	
파	
해	
귀살	申酉
묘신	未
敗/桃	子/卯
공망	辰巳
탈(脫)	巳午
사(死)	午
절(絶)	申

甲午일 제 7 국

공망 : 辰·巳 ○
낮 : 왼쪽천장, 밤 : 오른쪽 천장

- 과체 : 반음과
- 매사 유시무종의 상
- 결혼 : 불성
- 임신 : 불길
- 래정 : 직업
- 사업·직장 : 대흉

甲午일 제 8 국

공망 : 辰·巳 ○
낮 : 왼쪽천장, 밤 : 오른쪽 천장

- 과체 : 지일과
- 기로에서 가까운 사람·장소를 선택
- 소송 : 화해가 유리
- 가출인·유실물 : 근처
- 래정 : 사업, 사고
- 사업 : 실패
- 사고 : 대흉

甲午일 제 9 국

공망 : 辰·巳 ○
낮 : 왼쪽 천장, 밤 : 오른쪽 천장

- 과체 : 원수과
- 만사형통의 상
- 임신 : 아들(冬·春)
- 소송 : 원고가 유리
- 래정 : 직업
- 사업·직장 : 대흉

갑오일

갑오일	
길신(구보)	
일덕	寅
일록	寅
역마	申
장생	亥
제왕	卯
순기	子
육의	甲午
귀인	주 未 / 야 丑
합(合)	
태(胎)	酉

흉신(팔살)	
형	
충	
파	
해	
귀살	申酉
묘신	未
敗/桃	子/卯
공망	辰巳
탈(脫)	巳午
사(死)	午
절(絶)	申

甲午일 제 10 국

공망: 辰·巳 ○
낮: 왼쪽 천장, 밤: 오른쪽 천장

□ 과체: 지일과
• 기로에서 가까운 사람·장소를 선택
• 소송: 화해가 유리
• 가출인·유실물: 근처
□ 래정: 질병, 사업
• 질병: 치유
• 사업: 점차 개운

甲午일 제 11 국

공망: 辰·巳 ○
낮: 왼쪽 천장, 밤: 오른쪽 천장

□ 과체: 섭해과
• 희망사: 지체
• 결혼: 장애
• 출산: 난산
□ 래정: 매매, 사업
• 매매: 불성
• 사업: 실패

甲午일 제 12 국

공망: 辰·巳 ○
낮: 왼쪽 천장, 밤: 오른쪽 천장

□ 과체: 중심과
• 매사 심사숙고의 상
• 임신: 딸(冬·春)
• 소송: 재심이 유리
□ 래정: 매매, 사업
• 매매: 불성
• 사업: 실패

乙未일

을미일	
길신(구보)	
일덕	申
일록	卯
역마	巳
장생	亥
제왕	卯
순기	子
육의	甲午
귀인	주 申 / 야 子
합(合)	
태(胎)	酉

흉신(팔살)	
형	
충	
파	
해	
귀살	申酉
묘신	未
敗/桃	子/子
공망	辰巳
탈(脫)	巳午
사(死)	午
절(絶)	申

乙未일 제1국

공망 : 辰·巳 ○
낮 : 왼쪽 천장, 밤 : 오른쪽 천장

□ 과체 : 복음과
- 수구대신의 상
- 시험·승진 : 대길
- 질병·관재·소송 : 대흉
- 가출인·유실물 : 근처

□ 래정 : 사업, 부동산
- 사업 : 실패
- 부동산 매매 : 불성

乙未일 제2국

공망 : 辰·巳 ○
낮 : 왼쪽 천장, 밤 : 오른쪽 천장

□ 과체 : 묘성과
- 모망사 : 장애
- 여행 : 위험
- 질병 : 위독
- 관재 : 최흉
- 시험 : 최길

□ 래정 : 사업
- 사업 : 실패

乙未일 제3국

공망 : 辰·巳 ○
낮 : 왼쪽 천장, 밤 : 오른쪽 천장

□ 과체 : 묘성과
- 모망사 : 장애
- 여행 : 위험
- 질병 : 위독
- 관재 : 최흉
- 시험 : 최길

□ 래정 : 개업
- 개업 : 실패

을미일	
길신(구보)	
일덕	申
일록	卯
역마	巳
장생	亥
제왕	卯
순기	子
육의	甲午
귀인	주 申 / 야 子
합(合)	
태(胎)	酉

흉신(팔살)	
형	
충	
파	
해	
귀살	申酉
묘신	未
敗/桃	子/子
공망	辰巳
탈(脫)	巳午
사(死)	午
절(絶)	申

乙未일 제4국

공망: 辰·巳 ○
낮: 왼쪽 천장, 밤: 오른쪽 천장

辛	戊	乙
青丑蛇	朱戌陰	后未白
辰○	丑	戌
辛	戊	○ 辛
青丑蛇	朱戌陰	常辰勾 青丑蛇
○乙辰	丑	未 辰○

□ 과체: 중심과
• 매사 심사숙고의 상
• 임신: 딸(冬·春)
• 소송: 재심이 유리
□ 래정: 사업, 관재
• 사업: 실패
• 관재: 중형

乙未일 제5국

공망: 辰·巳 ○
낮: 왼쪽 천장, 밤: 오른쪽 천장

癸	己	乙
白卯合	合亥后	后未白
未	卯	亥
庚	丙	癸 己
勾子貴	貴申常	白卯合 合亥后
○乙辰	子	未 卯

□ 과체: 원수과
• 만사형통의 상
• 임신: 아들(冬·春)
• 소송: 원고가 유리
□ 래정: 직장, 사업
• 직장: 대흉
• 사업: 실패

乙未일 제6국

공망: 辰·巳 ○
낮: 왼쪽 천장, 밤: 오른쪽 천장

甲	辛	丙
陰午空	青丑后	貴申勾
亥	午	丑
己	甲	壬	丁
合亥蛇	陰午空	空寅陰 蛇酉合
○乙辰	亥	未 寅

□ 과체: 중심과
• 매사 심사숙고의 상
• 임신: 딸(秋·冬)
• 소송: 재심이 유리
□ 래정: 사업, 매매
• 사업: 만사형통
• 매매: 성사

을미일

길신(구보)	
일덕	申
일록	卯
역마	巳
장생	亥
제왕	卯
순기	子
육의	甲午
귀인	주 申 / 야 子
합(合)	
태(胎)	酉

흉신(팔살)	
형	
충	
파	
해	
귀살	申酉
묘신	未
敗/桃	子/子
공망	辰巳
탈(脫)	巳午
사(死)	午
절(絶)	申

乙未일 제7국

공망 : 辰 · 巳 ○
낮 : 왼쪽 천장, 밤 : 오른쪽 천장

- 과제 : 반음과
- 매사 유시무종의 상
- 결혼 : 불성
- 임신 : 불길
- 래정 : 사업, 관재
- 사업 : 실패
- 관재 : 해소

乙未일 제8국

공망 : 辰 · 巳 ○
낮 : 왼쪽 천장, 밤 : 오른쪽 천장

- 과제 : 지일과
- 기로에서 가까운 사람·장소를 선택
- 소송 : 화해가 유리
- 가출인·유실물 : 근처
- 래정 : 직장, 직장
- 시험 : 불합격
- 승진 : 불가

乙未일 제9국

공망 : 辰 · 巳 ○
낮 : 왼쪽 천장, 밤 : 오른쪽 천장

- 과제 : 중심과
- 매사 심사숙고의 상
- 임신 : 딸(여름)
- 소송 : 재심이 유리
- 래정 : 매매, 생업
- 매매 : 성사
- 생업 : 실패

乙未일

을미일	
길신(구보)	
일덕	申
일록	卯
역마	巳
장생	亥
제왕	卯
순기	子
육의	甲午
귀인	주 申 / 야 子
합(合)	
태(胎)	酉

흉신(팔살)	
형	
충	
파	
해	
귀살	申酉
묘신	未
敗/桃子/子	
공망	辰巳
탈(脫)	巳午
사(死)	午
절(絶)	申

乙未일 제 10 국

공망 : 辰·巳 ○
낮 : 왼쪽 천장, 밤 : 오른쪽 천장

□ 과체 : 중심과
• 매사 심사숙고의 상
• 임신 : 딸(冬·春)
• 소송 : 재심이 유리
□ 래정 : 사업, 부동산
• 사업 : 성공(겨울, 봄)
• 부동산 : 매매(여름)

乙未일 제 11 국

공망 : 辰·巳 ○
낮 : 왼쪽 천장, 밤 : 오른쪽 천장

□ 과체 : 중심과
• 매사 심사숙고의 상
• 임신 : 딸(春·夏)
• 소송 : 재심이 유리
□ 래정 : 시험·승진
• 시험·승진 : 불가
• 관재 : 해소

乙未일 제 12 국

공망 : 辰·巳 ○
낮 : 왼쪽 천장, 밤 : 오른쪽 천장

□ 과체 : 요극과(호시)
• 희망 : 점차 사라진다.
• 우환 : 점차 사라진다.
• 쟁송 : 피고가 유리
□ 래정 : 임신
• 임신 : 대길(낮)
• 임신 : 사생아(밤)

병신일	
길신(구보)	
일덕	巳
일록	巳
역마	寅
장생	寅
제왕	午
순기	子
육의	甲午
귀인	주 酉 / 야 亥
합(合)	
태(胎)	子

흉신(팔살)	
형	
충	
파	
해	
귀살	亥子
묘신	戌
敗/桃	卯/酉
공망	辰巳
탈(脫)	辰戌丑未
사(死)	酉
절(絶)	亥

丙申일 제1국

공망 : 辰·巳 ○
낮 : 왼쪽 천장, 밤 : 오른쪽 천장

○	丙	壬
勾 巳 空	蛇 申 玄	白 寅 合
巳 ○	申	寅

○	○	丙	丙
勾 巳 空	勾 巳 空	蛇 申 玄	蛇 申 玄
○丙巳	巳○	申	申

○ 勾 巳 空 巳 ○	甲 合 午 白 午	乙 朱 未 常 未	丙 蛇 申 玄 申
青 辰 青 辰 ○			丁 貴 酉 陰 酉
癸 空 卯 勾 卯			戊 后 戌 后 戌
壬 白 寅 合 寅	辛 常 丑 朱 丑	庚 玄 子 蛇 子	己 陰 亥 貴 亥

• 과체 : 복음과
• 수구대신의 상
• 질병·관재·소송 : 대흉
• 가출인·유실물 : 근처
• 래정 : 직업
• 시험·승진 : 대흉
• 사업 : 대흉

丙申일 제2국

공망 : 辰·巳 ○
낮 : 왼쪽 천장, 밤 : 오른쪽 천장

癸	壬	辛
空 卯 勾	白 寅 合	常 丑 朱
辰 ○	卯	寅

○	癸	乙	甲
青 辰 青	空 卯 勾	朱 未 常	合 午 白
○丙巳	辰○	申	未

○ 青 辰 青 巳	○ 勾 巳 空 午	甲 合 午 白 未	乙 朱 未 常 申
癸 空 卯 勾 辰 ○			丙 蛇 申 玄 酉
壬 白 寅 合 卯			丁 貴 酉 陰 戌
辛 常 丑 朱 寅	庚 玄 子 蛇 丑	己 陰 亥 貴 子	戊 后 戌 后 亥

• 과체 : 원수과
• 만사형통의 상
• 임신 : 아들(冬·春)
• 소송 : 원고가 유리
• 래정 : 사기, 소송
• 사기 : 패가망신수
• 소송 : 해소

丙申일 제3국

공망 : 辰·巳 ○
낮 : 왼쪽 천장, 밤 : 오른쪽 천장

辛	己	丁
勾 丑 朱	朱 亥 貴	貴 酉 陰
卯	丑	亥

癸	辛	甲	○
空 卯 勾	勾 丑 朱	玄 午 白	白 辰 青
○丙巳	卯	申	午

癸 空 卯 巳 ○	○ 白 辰 青 午	○ 常 巳 空 未	甲 玄 午 白 申
壬 青 寅 合 辰 ○			乙 陰 未 常 酉
辛 勾 丑 朱 卯			丙 后 申 玄 戌
庚 合 子 蛇 寅	己 朱 亥 貴 丑	戊 蛇 戌 后 子	丁 貴 酉 陰 亥

• 과체 : 중심과
• 매사 심사숙고의 상
• 임신 : 딸(冬·春)
• 소송 : 재심이 유리
• 래정 : 부동산
• 부동산 : 매각 성립

병신일

길신(구보)	
일덕	巳
일록	巳
역마	寅
장생	寅
제왕	午
순기	子
육의	甲午
귀인	주 酉 / 야 亥
합(合)	
태(胎)	子

흉신(팔살)	
형	
충	
파	
해	
귀살	亥子
묘신	戌
敗/桃	卯/酉
공망	辰巳
탈(脫)	辰戌丑未
사(死)	酉
절(絶)	亥

丙申일 제 4 국

공망: 辰·巳 ○
낮: 왼쪽 천장, 밤: 오른쪽 천장

○	壬	己
常 巳 空	青 寅 合	朱 亥 貴
申	巳 ○	寅

壬	己	○	壬
青 寅 合	朱 亥 貴	常 巳 空	青 寅 合
○丙巳	寅	申	巳 ○

壬寅青合	癸卯空午	○辰白未青	○巳常申空
辛丑勾辰朱			甲午玄酉白
庚子合卯蛇			乙未陰戌常
己亥朱貴寅	戊戌蛇后丑	丁酉貴陰子	丙申后玄亥

- 과체: 원수과
- 만사형통의 상
- 임신: 아들(春·夏)
- 소송: 원고가 유리
- 래정: 직업
- 시험·승진: 대흉
- 사업: 실패

丙申일 제 5 국

공망: 辰·巳 ○
낮: 왼쪽 천장, 밤: 오른쪽 천장

庚	丙	○
合 子 蛇	后 申 玄	白 辰 青
辰 ○	子	申

辛	丁	○	庚
勾 丑 朱	貴 酉 陰	白 辰 青	合 子 蛇
○丙巳	丑	申	辰

辛丑勾巳○	壬寅青午	癸卯空未	○辰白申青
庚子合辰○			○巳常酉空
己亥朱卯			甲午玄戌白
戊戌蛇寅	丁酉貴丑	丙申后子	乙未陰亥常

- 과체: 중심과
- 매사 심사숙고의 상
- 임신: 딸(여름)
- 소송: 재심이 유리
- 래정: 매매, 가정
- 매매: 불성
- 가정: 사고발생 예방

丙申일 제 6 국

공망: 辰·巳 ○
낮: 왼쪽 천장, 밤: 오른쪽 천장

戊	○	庚
蛇 戌 后	常 巳 空	合 子 蛇
卯	戌	巳 ○

庚	乙	癸	戊
合 子 蛇	陰 未 常	空 卯 勾	蛇 戌 后
○丙巳	子	申	卯

庚子合巳○	辛丑勾午	壬寅青未	癸卯空申
己亥朱辰			○辰勾酉青
戊戌蛇卯			○巳常戌
丁酉貴寅	丙申后丑	乙未陰子	甲午白亥

- 과체: 지일과
- 기로에서 가까운 사람·장소를 선택
- 소송: 화해가 유리
- 가출인·유실물: 근처
- 래정: 질병
- 질병: 중풍, 최흉

병신일	
길신(구보)	
일덕	巳
일록	巳
역마	寅
장생	寅
제왕	午
순기	子
육의	甲午
귀인	주 酉 / 야 亥
합(合)	
태(胎)	子

흉신(팔살)	
형	
충	
파	
해	
귀살	亥子
묘신	戌
敗/桃	卯/酉
공망	辰巳
탈(脫)	辰戌丑未
사(死)	酉
절(絶)	亥

丙申일 제 7 국

공망 : 辰·巳 ○
낮 : 왼쪽 천장, 밤 : 오른쪽 천장

□ 과체 : 반음과
• 매사 유시무종의 상
• 결혼 : 불성
• 임신 : 불길
□ 래정 : 사업
• 사업 : 실패

丙申일 제 8 국

공망 : 辰·巳 ○
낮 : 왼쪽 천장, 밤 : 오른쪽 천장

□ 과체 : 원수과
• 만사형통의 상
• 임신 : 아들(冬·春)
• 소송 : 원고가 유리
□ 래정 : 질병
• 질병 : 암

丙申일 제 9 국

공망 : 辰·巳 ○
낮 : 왼쪽 천장, 밤 : 오른쪽 천장

□ 과체 : 중심과
• 매사 심사숙고의 상
• 임신 : 딸(春·夏)
• 소송 : 재심이 유리
□ 래정 : 사업
• 사업 : 실패

병신일

길신(구보)	
일덕	巳
일록	巳
역마	寅
장생	寅
제왕	午
순기	子
육의	甲午
귀인	주 酉 / 야 亥
합(合)	
태(胎)	子

흉신(팔살)	
형	
충	
파	
해	
귀살	亥子
묘신	戌
敗/桃	卯/酉
공망	辰巳
탈(脫)	辰戌丑未
사(死)	酉
절(絶)	亥

丙申일 제 10 국

공망 : 辰·巳 ○
낮 : 왼쪽 천장, 밤 : 오른쪽 천장

□ 과체 : 중심과
· 매사 심사숙고의 상
· 임신 : 딸(春·夏)
· 소송 : 재심이 유리
□ 래정 : 사업, 질병
· 사업 : 실패
· 질병 : 위독(밤)

丙申일 제 11 국

공망 : 辰·巳 ○
낮 : 왼쪽 천장, 밤 : 오른쪽 천장

□ 과체 : 중심과
· 매사 심사숙고의 상
· 임신 : 딸(여름)
· 소송 : 재심이 유리
□ 래정 : 가정
· 가정 : 도난, 사기(낮)
· 가정 : 처의 불운(밤)

丙申일 제 12 국

공망 : 辰·巳 ○
낮 : 왼쪽 천장, 밤 : 오른쪽 천장

□ 과체 : 요극과(탄사)
· 희망 : 점차 사라진다.
· 우환 : 점차 사라진다.
· 쟁송 : 원고가 유리
□ 래정 : 사업
· 사업 : 성공

丁酉일 제 1 국

공망 : 辰·巳 ○
낮 : 왼쪽 천장, 밤 : 오른쪽 천장

정유일	
길신(구보)	
일덕	亥
일록	午
역마	亥
장생	寅
제왕	午
순기	子
육의	甲午
귀인	주 亥 / 야 酉
합(合)	
태(胎)	子

丁	乙	辛
陰酉貴	常未朱	朱丑常
酉	未	丑
乙	乙	丁	丁
---	---	---	---
常未朱	常未朱	陰酉貴	陰酉貴
丁未	未	酉	酉

○巳空 勾巳	甲午白 合午	乙未常 朱未	丙申玄 蛇申
青辰辰○			丁陰酉貴 酉
癸勾卯卯			戊后戌戌
壬合寅寅	辛白朱丑丑	庚常蛇子子	己貴陰亥亥

□ 과체 : 복음과
· 수구대신의 상
· 시험·승진 : 대길
· 질병·관재·소송 : 대흉
· 가출인·유실물 : 근처
□ 래정 : 사업
· 사업 : 성공(가을)

흉신(팔살)	
형	
충	
파	
해	
귀살	亥子
묘신	戌
敗 / 桃 卯 / 午	
공망	辰巳
탈(脫)	辰戌丑未
사(死)	酉
절(絶)	亥

丁酉일 제 2 국

공망 : 辰·巳 ○
낮 : 왼쪽 천장, 밤 : 오른쪽 천장

丙	乙	甲
玄申蛇	常未朱	白午合
酉	申	未
甲	○	丙	乙
---	---	---	---
白午合	空巳勾	玄申蛇	常未朱
丁未	午	酉	申

○辰青巳	○巳空勾午	甲午白合未	乙未朱申
癸勾卯卯辰○			丙玄申酉
壬合寅寅卯			丁陰酉戌
辛朱丑丑	庚蛇子子	己貴亥亥	戊后戌戌

□ 과체 : 요극과(탄사)
· 희망 : 점차 사라진다.
· 우환 : 점차 사라진다.
· 쟁송 : 원고가 유리
□ 래정 : 직장·사업
· 직장·사업 : 실패(낮)
· 직장·사업 : 성공(밤)

丁酉일 제 3 국

공망 : 辰·巳 ○
낮 : 왼쪽 천장, 밤 : 오른쪽 천장

辛	○	○
朱丑勾	空巳常	空巳常
卯	未	未
○	癸	乙	○
---	---	---	---
空巳常	勾卯空	常未陰	空巳常
丁未	巳○	酉	未

癸勾卯巳	○空辰青午	辰白空巳常未	甲午玄申
壬合寅寅辰			乙常未陰酉
辛朱丑卯			丙玄申后戌
蛇子合寅	己貴亥丑	戊后戌子	丁陰酉貴亥

□ 과체 : 별책과
· 만사 : 준비 부족
· 가정 : 음란
· 결혼 : 삼각관계
· 출산 : 지체
□ 래정 : 관재·구설
· 관재구설 : 해소

정유일	
길신(구보)	
일덕	亥
일록	午
역마	亥
장생	寅
제왕	午
순기	子
육의	甲午
귀인	주 亥 야 酉
합(合)	
태(胎)	子

흉신(팔살)	
형	
충	
파	
해	
귀살	亥子
묘신	戌
敗/桃	卯/午
공망	辰巳
탈(脫)	辰戌 丑未
사(死)	酉
절(絶)	亥

丁酉일 제4국

공망 : 辰·巳 ○
낮 : 왼쪽 천장, 밤 : 오른쪽 천장

□ 과체 : 원수과
• 만사형통의 상
• 임신 : 아들(春·夏)
• 소송 : 원고가 유리
□ 래정 : 직업
• 시험·승진 : 불리
• 사업 : 실패

丁酉일 제5국

공망 : 辰·巳 ○
낮 : 왼쪽 천장, 밤 : 오른쪽 천장

□ 과체 : 원수과
• 만사형통의 상
• 임신 : 아들(春·夏)
• 소송 : 원고가 유리
□ 래정 : 사업
• 사업 : 실패

丁酉일 제6국

공망 : 辰·巳 ○
낮 : 왼쪽 천장, 밤 : 오른쪽 천장

□ 과체 : 중심과
• 매사 심사숙고의 상
• 임신 : 딸(여름)
• 소송 : 재심이 유리
□ 래정 : 직장, 관재
• 시험·승진 : 대흉
• 관재 : 해소

정유일

길신(구보)	
일덕	亥
일록	午
역마	亥
장생	寅
제왕	午
순기	子
육의	甲午
귀인	주 亥 / 야 酉
합(合)	
태(胎)	子

흉신(팔살)	
형	
충	
파	
해	
귀살	亥子
묘신	戌
敗/桃	卯/午
공망	辰巳
탈(脫)	辰戌丑未
사(死)	酉
절(絶)	亥

丁酉일 제 7 국

공망 : 辰·巳 ○
낮 : 왼쪽 천장, 밤 : 오른쪽 천장

癸	丁	癸
常卯空	朱酉貴	常卯空
酉	卯	酉
辛	乙	癸	丁
陰丑勾	勾未陰	常卯空	朱酉貴
丁未	丑	酉	卯

己朱貴亥巳	庚后合子午	辛陰勾丑未	壬玄青寅申
戊蛇蛇戌辰			癸常空卯酉
丁朱貴酉卯			○白白辰戌
丙合合申寅	乙勾陰未丑	甲青玄午子	○空常巳亥

□ 과체 : 반음과
• 매사 유시무종의 상
• 결혼 : 불성
• 임신 : 불길
□ 래정 : 가정
• 가정 : 동요, 이별

丁酉일 제 8 국

공망 : 辰·巳 ○
낮 : 왼쪽 천장, 밤 : 오른쪽 천장

乙	庚	○
勾未陰	后子合	空巳常
寅	未	子
庚	○	壬	乙
后子合	空巳常	玄寅青	勾未陰
丁未	子	酉	寅

戊蛇蛇戌辰巳	己朱貴亥午	庚后合子未	辛陰勾丑申
丁朱貴酉辰			壬玄青寅酉
丙合后申卯			癸常空卯戌
乙勾陰未寅	甲青玄午丑	○空常巳子	○白白辰亥

□ 과체 : 섭해과
• 희망사 : 지체
• 결혼 : 장애
• 출산 : 난산
□ 래정 : 관재, 매매
• 관재 : 해소(낮)
• 매매 : 불성(밤)

丁酉일 제 9 국

공망 : 辰·巳 ○
낮 : 왼쪽 천장, 밤 : 오른쪽 천장

己	癸	乙
貴亥陰	常卯空	勾未朱
未	亥	卯
己	癸	辛	○
貴亥陰	常卯空	陰丑常	空巳勾
丁未	亥	酉	丑

丁朱貴酉巳	戊蛇后戌午	己貴陰亥未	庚后玄子申
丙合蛇申辰			辛陰常丑酉
乙勾朱未卯			壬玄白寅戌
甲青午合寅	○空巳勾丑	○白辰青子	癸常空卯亥

□ 과체 : 원수과
• 만사형통의 상
• 임신 : 아들(秋·冬)
• 소송 : 원고가 유리
□ 래정 : 시험·승진
• 시험 : 합격(겨울·봄)
• 승진 : 합격(겨울·봄)

정유일	
길신(구보)	
일덕	亥
일록	午
역마	亥
장생	寅
제왕	午
순기	子
육의	甲午
귀인	주 亥 / 야 酉
합(合)	
태(胎)	子

흉신(팔살)	
형	
충	
파	
해	
귀살	亥子
묘신	戌
敗/桃	卯/午
공망	辰巳
탈(脫)	辰戌丑未
사(死)	酉
절(絶)	亥

丁酉일 제 10국

공망 : 辰·巳 ○
낮 : 왼쪽 천장, 밤 : 오른쪽 천장

- □ 과체 : 요극과(호시)
- 희망 : 점차 사라진다.
- 우환 : 점차 사라진다.
- 쟁송 : 피고가 유리
- □ 래정 : 질병, 도난
- 질병 : 암(낮)
- 도난 : 체포 가능

丁酉일 제 11국

공망 : 辰·巳 ○
낮 : 왼쪽 천장, 밤 : 오른쪽 천장

- □ 과체 : 중심과
- 매사 심사숙고의 상
- 임신 : 딸(여름)
- 소송 : 재심이 유리
- □ 래정 : 사업
- 사업 : 성공

丁酉일 제 12국

공망 : 辰·巳 ○
낮 : 왼쪽 천장, 밤 : 오른쪽 천장

- □ 과체 : 지일과
- 기로에서 가까운 사람·장소를 선택
- 소송 : 화해가 유리
- 가출인·유실물 : 근처
- □ 래정 : 시험, 승진
- 시험 : 합격(秋·冬)
- 승진 : 합격(秋·冬)

무술일

길신(구보)	
일덕	巳
일록	巳
역마	申
장생	寅
제왕	午
순기	子
육의	甲午
귀인	주 丑 / 야 未
합(合)	
태(胎)	子

흉신(팔살)	
형	
충	
파	
해	
귀살	寅卯
묘신	戌
敗/桃	卯/卯
공망	辰巳
탈(脫)	申酉
사(死)	酉
절(絕)	亥

戊戌일 제1국

공망 : 辰·戌 ○
낮 : 왼쪽 천장, 밤 : 오른쪽 천장

- 과체 : 복음과
  - 수구대신의 상
  - 질병·관재·소송 : 대흉
  - 가출인·유실물 : 근처
- 래정 : 직업
  - 시험·승진 : 대흉
  - 사업 : 실패

戊戌일 제2국

공망 : 辰·巳 ○
낮 : 왼쪽 천장, 밤 : 오른쪽 천장

- 과체 : 원수과
  - 만사형통의 상
  - 임신 : 아들(冬·春)
  - 소송 : 원고가 유리
- 래정 : 관재, 구설
  - 관재 : 해소(밤)
  - 구설 : 해소(낮)

戊戌일 제3국

공망 : 辰·巳 ○
낮 : 왼쪽 천장, 밤 : 오른쪽 천장

- 과체 : 중심과
  - 매사 심사숙고의 상
  - 임신 : 딸
  - 소송 : 재심이 유리
- 래정 : 시험, 관재
  - 시험 : 불합격
  - 관재 : 해소

무술일	
길신(구보)	
일덕	巳
일록	巳
역마	申
장생	寅
제왕	午
순기	子
육의	甲午
귀인	주 丑 / 야 未
합(合)	
태(胎)	子

흉신(팔살)	
형	
충	
파	
해	
귀살	寅卯
묘신	戌
敗/桃	卯/卯
공망	辰巳
탈(脫)	申酉
사(死)	酉
절(絶)	亥

戊戌일 제4국

공망: 辰·巳 ○
낮: 왼쪽 천장, 밤: 오른쪽 천장

壬	己	丙
蛇寅青	陰亥常	白申后
巳○	寅	亥
壬	己	乙	○
蛇寅青	陰亥常	空未貴	合辰合
○戊巳	寅	戌	未

壬寅蛇巳○	癸卯朱午	○合辰合未	○巳朱申后
辛丑貴辰○			甲午青酉蛇
庚子后卯			乙未貴戌空
己亥陰寅	戊戌玄丑	丁酉常子玄	丙申后亥白

□ 과체: 원수과
· 만사형통의 상
· 임신: 아들(冬·春)
· 소송: 원고가 유리
□ 래정: 생업, 사업
· 생업: 初凶後吉
· 사업: 초흉후길

戊戌일 제5국

공망: 辰·巳 ○
낮: 왼쪽 천장, 밤: 오른쪽 천장

壬	戊	甲
后寅白	合戌合	白午后
午	寅	戌
辛	丁	甲	壬
貴丑空	勾酉朱	白午后	后寅白
○戊巳	丑	戌	午

辛丑貴巳○	壬寅后午	癸卯陰未常	○辰玄申玄
庚子蛇辰○			○巳酉陰常
己亥朱卯			甲午后戌白
戊戌合寅	丁酉勾丑朱	丙申青子蛇	乙未貴亥空

□ 과체: 요극과(호시)
· 희망: 점차 사라진다.
· 우환: 점차 사라진다.
· 쟁송: 피고가 유리
□ 래정: 가정
· 가정: 음란사(주야)
· 연애: 성공

戊戌일 제6국

공망: 辰·巳 ○
낮: 왼쪽 천장, 밤: 오른쪽 천장

庚	乙	壬
蛇子青	空未貴	后寅白
巳○	子	未
庚	乙	○	庚
蛇子青	空未貴	常巳陰	蛇子青
○戊巳	子	戌	巳○

庚子蛇巳○	辛丑貴午空	壬寅后未白	癸卯常申陰
己亥朱辰			○辰玄酉玄
戊戌合卯			○巳陰戌常
丁酉勾寅朱	丙申青丑蛇	乙未貴子空	甲午后亥白

□ 과체: 중심과
· 매사 심사숙고의 상
· 임신: 딸
· 소송: 재심이 유리
□ 래정: 사업, 직장
· 사업: 실패
· 직장: 강등운, 퇴직운

무술일	
길신(구보)	
일덕	巳
일록	巳
역마	申
장생	寅
제왕	午
순기	子
육의	甲午
귀인	주 丑 / 야 未
합(合)	
태(胎)	子

흉신(팔살)	
형	
충	
파	
해	
귀살	寅卯
묘신	戌
敗/桃	卯/卯
공망	辰巳
탈(脫)	申酉
사(死)	酉
절(絶)	亥

戊戌일　제7국

공망: 辰·巳 ○
낮: 왼쪽 천장, 밤: 오른쪽 천장

己	○	己
朱亥勾	常巳陰	朱亥勾
巳	○亥	巳
己	○	○	戊
朱亥勾	常巳陰	玄辰玄	合戌合
○戊巳	亥	戊	辰

己朱亥巳	庚勾子午	辛貴丑未	壬空寅申 白
戊合戌辰○			癸陰卯酉 常
丁勾酉卯○			○玄辰戌 玄
丙青申寅	乙空未丑 貴	甲白午子 后	○常巳亥 陰

□ 과체: 반음과
• 매사 유시무종의 상
• 결혼: 불성
• 임신: 불길
□ 래정: 관재·구설
• 관재: 해소(밤)
• 탄핵: 해소(낮)

戊戌일　제8국

공망: 辰·巳 ○
낮: 왼쪽 천장, 밤: 오른쪽 천장

丙	辛	甲
青申蛇	貴丑空	白午后
卯	申	丑
戊	癸	癸	丙
合戌合	陰卯常	陰卯常	青申蛇
○戊巳	戌	戌	卯

戊合戌巳○	己朱亥午	庚蛇子未 青	辛貴丑申 空
丁勾酉辰○			壬后寅酉 白
丙青申卯 蛇			癸陰卯戌 常
乙空未寅 貴	甲白午丑 后	○常巳子 陰	○玄辰亥 玄

□ 과체: 지일과
• 기로에서 가까운 사람·장소를 선택
• 소송: 화해가 유리
• 가출인·유실물: 근처
□ 래정: 매매
• 매매: 불성

戊戌일　제9국

공망: 辰·巳 ○
낮: 왼쪽 천장, 밤: 오른쪽 천장

壬	甲	戊
后寅白	白午后	合戌合
戌	寅	午
丁	辛	壬	甲
勾酉朱	貴丑空	后寅白	白午后
○戊巳	酉	戌	寅

丁勾酉巳○	戊合戌午	己朱亥未 勾	庚蛇子申 青
丙青申辰 蛇			辛貴丑酉 空
乙空未卯 貴			壬后寅戌 白
甲白午寅 后	○常巳丑 陰	○玄辰子 玄	癸陰卯亥 常

□ 과체: 원수과
• 만사형통의 상
• 임신: 아들(冬·春)
• 소송: 원고가 유리
□ 래정: 가정
• 가정: 음란
• 결혼: 삼각관계, 파혼

무술일	
길신(구보)	
일덕	巳
일록	巳
역마	申
장생	寅
제왕	午
순기	子
육의	甲午
귀인	주 丑 / 야 未
합(合)	
태(胎)	子

흉신(팔살)	
형	
충	
파	
해	
귀살	寅卯
묘신	戌
敗/桃	卯/卯
공망	辰巳
탈(脫)	申酉
사(死)	酉
절(絶)	亥

戊戌일 제 10 국

공망 : 辰·巳 ○
낮 : 왼쪽 천장, 밤 : 오른쪽 천장

- 과제 : 요극과(탄사)
  - 희망 : 점차 사라진다.
  - 우환 : 점차 약해진다.
  - 쟁송 : 원고가 유리
- 래정 : 관재, 구설
  - 관재 : 중형(밤)
  - 구설·면책 : 심화(낮)

戊戌일 제 11 국

공망 : 辰·巳 ○
낮 : 왼쪽 천장, 밤 : 오른쪽 천장

- 과제 : 중심과
  - 매사 심사숙고의 상
  - 임신 : 딸
  - 소송 : 재심이 유리
- 래정 : 결혼, 질병
  - 결혼 : 불성
  - 질병(아내) : 위독

戊戌일 제 12 국

공망 : 辰·巳 ○
낮 : 왼쪽 천장, 밤 : 오른쪽 천장

- 과제 : 중심과
  - 매사 심사숙고의 상
  - 임신 : 딸(여름)
  - 소송 : 재심이 유리
- 래정 : 여자, 사업
  - 여자(아내) : 음란
  - 사업 : 성공(여름)

기해일	
길신(구보)	
일덕	寅
일록	午
역마	巳
장생	寅
제왕	午
순기	子
육의	甲午
귀인	주 子 / 야 申
합(合)	
태(胎)	子

흉신(팔살)	
형	
충	
파	
해	
귀살	寅卯
묘신	戌
敗/桃	卯/子
공망	辰巳
탈(脫)	申酉
사(死)	酉
절(絶)	亥

己亥일 제1국

공망: 辰·巳 ○
낮: 왼쪽 천장, 밤: 오른쪽 천장

- 과체: 복음과
  - 수구대신의 상
  - 질병·관재·소송: 대흉
  - 가출인·유실물: 근처
- 래정: 결혼, 사업
  - 결혼: 성사(낮)
  - 사업: 실패(밤)

己亥일 제2국

공망: 辰·巳 ○
낮: 왼쪽 천장, 밤: 오른쪽 천장

- 과체: 원수과
  - 만사형통의 상
  - 임신: 아들(여름)
  - 소송: 원고가 유리
- 래정: 직업
  - 사업: 실패
  - 직장: 불리

己亥일 제3국

공망: 辰·巳 ○
낮: 왼쪽 천장, 밤: 오른쪽 천장

- 과체: 요극과(호시)
  - 희망: 점차 사라진다.
  - 우환: 점차 약해진다.
  - 쟁송: 피고가 유리
- 래정: 매매, 결혼
  - 매매: 불성(낮)
  - 결혼: 불성(밤)

기해일

기해일	
길신(구보)	
일덕	寅
일록	午
역마	巳
장생	寅
제왕	午
순기	子
육의	甲午
귀인	주 子 / 야 申
합(合)	
태(胎)	子

흉신(팔살)	
형	
충	
파	
해	
귀살	寅卯
묘신	戌
敗/桃	卯/子
공망	辰巳
탈(脫)	申酉
사(死)	酉
절(絶)	亥

己亥일 제4국

공망: 辰·巳 ○
낮: 왼쪽 천장, 밤: 오른쪽 천장

○	壬	己
青巳玄	朱寅空	后亥合
申	巳○	寅
○	辛	丙	○
勾辰常	蛇丑青	常申貴	青巳玄
己未	辰○	亥	申

壬寅巳朱	癸卯午空	○辰未合	○巳申常
辛丑辰蛇			甲午酉空
庚子卯貴			乙未戌白
己亥寅后	戊戌丑陰	丁酉子朱	丙申亥常

□ 과체: 원수과
· 만사형통의 상
· 임신: 아들(春·夏)
· 소송: 원고가 유리
□ 래정: 개업, 부모
· 사업: 실패
· 부모: 위독

己亥일 제5국

공망: 辰·巳 ○
낮: 왼쪽 천장, 밤: 오른쪽 천장

乙	癸	己
白未后	合卯白	后亥合
亥	未	卯
癸	己	乙	癸
合卯白	后亥合	白未后	合卯白
己未	卯	亥	未

辛丑巳蛇	壬寅午朱	癸卯未合	○辰申勾
庚子辰貴			○巳酉青
己亥卯后			甲午戌空
戊戌寅陰	丁酉丑朱	丙申子常	乙未亥白

□ 과체: 섭해과
· 희망사: 지체
· 결혼: 장애
· 출산: 난산
□ 래정: 질병, 매매
· 질병: 위독
· 매매(결혼): 불성

己亥일 제6국

공망: 辰·巳 ○
낮: 왼쪽 천장, 밤: 오른쪽 천장

甲	辛	丙
空午陰	后丑青	勾申貴
亥	午	丑
壬	丁	甲	辛
陰寅空	合酉蛇	空午陰	后丑青
己未	寅	亥	午

庚子巳貴	辛丑午后	壬寅未陰	癸卯申玄
己亥辰蛇			○辰酉常
戊戌卯朱			○巳戌白
丁酉寅合	丙申丑勾	乙未子青	甲午亥空

□ 과체: 중심과
· 매사 심사숙고의 상
· 임신: 딸(秋·冬)
· 소송: 재심이 유리
□ 래정: 직업
· 시험·승진: 대흉
· 사업: 대흉

기해일

길신(구보)	
일덕	寅
일록	午
역마	巳
장생	寅
제왕	午
순기	子
육의	甲午
귀인	주 子 / 야 申
합(合)	
태(胎)	子

흉신(팔살)	
형	
충	
파	
해	
귀살	寅卯
묘신	戌
敗/桃	卯/子
공망	辰巳
탈(脫)	申酉
사(死)	酉
절(絶)	亥

기해일 제7국

공망 : 辰·巳 ○
낮 : 왼쪽 천장, 밤 : 오른쪽 천장

□ 과체 : 반음과
· 매사 유시무종의 상
· 결혼 : 불성
· 임신 : 불길
□ 래정 : 창업, 임신
· 창업 : 실패
· 임신 : 실패

기해일 제8국

공망 : 辰·巳 ○
낮 : 왼쪽 천장, 밤 : 오른쪽 천장

□ 과체 : 지일과
· 기로에서 가까운 사람·장소를 선택
· 소송 : 화해가 유리
· 가출인·유실물 : 근처
□ 래정 : 시험, 승진
· 시험 : 불합격
· 승진 : 불가

기해일 제9국

공망 : 辰·巳 ○
낮 : 왼쪽 천장, 밤 : 오른쪽 천장

□ 과체 : 섭해과
· 희망사 : 지체
· 결혼 : 장애
· 출산 : 난산
□ 래정 : 사업, 매매
· 사업 : 실패
· 매매 : 불성

기해일

길신(구보)	
일덕	寅
일록	午
역마	巳
장생	寅
제왕	午
순기	子
육의	甲午
귀인	주 子 / 야 申
합(合)	
태(胎)	子

흉신(팔살)	
형	
충	
파	
해	
귀살	寅卯
묘신	戌
敗/桃	卯/子
공망	辰巳
탈(脫)	申酉
사(死)	酉
절(絶)	亥

己亥일 제 10 국

공망 : 辰·巳 ○
낮 : 왼쪽 천장, 밤 : 오른쪽 천장

□ 과체 : 요극과(호시)
· 희망 : 점차 사라진다.
· 우환 : 점차 약해진다.
· 쟁송 : 피고가 유리
□ 래정 : 생업, 임신
· 생업 : 초흉후길
· 임신 : 실패

己亥일 제 11 국

공망 : 辰·巳 ○
낮 : 왼쪽 천장, 밤 : 오른쪽 천장

□ 과체 : 섭해과
· 희망사 : 지체
· 결혼 : 장애
· 출산 : 난산
□ 래정 : 가정
· 가정(아내) : 어려움
· 가정(질병) : 위독

己亥일 제 12 국

공망 : 辰·巳 ○
낮 : 왼쪽 천장, 밤 : 오른쪽 천장

□ 과체 : 원수과
· 만사형통의 상
· 임신 : 아들(여름)
· 소송 : 원고가 유리
□ 래정 : 결혼, 가정
· 결혼 : 성사
· 가정(질병) : 위독

경자일	
길신(구보)	
일덕	申
일록	申
역마	寅
장생	巳
제왕	酉
순기	子
육의	甲午
귀인	주 丑 / 야 未
합(合)	
태(胎)	卯

흉신(팔살)	
형	
충	
파	
해	
귀살	巳午
묘신	丑
敗 / 桃	午 / 酉
공망	辰巳
탈(脫)	亥子
사(死)	子
절(絶)	寅

庚子일 제1국

공망: 辰·巳 ○
낮: 왼쪽 천장, 밤: 오른쪽 천장

丙	壬	○
白申后	蛇寅青	勾巳朱
申	寅	巳○
丙	丙	庚	庚
白申后	白申后	后子白	后子白
庚申	申	子	子

勾巳○	朱午甲午	蛇未乙未	空申丙申后
合辰合辰			陰酉丁酉
朱卯癸卯			玄戌戊戌玄
蛇寅壬寅	青丑辛丑貴	空子庚子白	常亥己亥陰

□ 과체: 복음과
• 수구대신의 상
• 질병·관재·소송: 대흉
• 가출인·유실물: 근처
□ 래정: 직업
• 시험: 불합격
• 승진: 실패

庚子일 제2국

공망: 辰·巳 ○
낮: 왼쪽 천장, 밤: 오른쪽 천장

戊	丁	丙
玄戌玄	常酉陰	白申后
亥	戌	酉
乙	甲	己	戊
空未貴	青午蛇	陰亥常	玄戌玄
庚申	未	子	亥

合辰巳○	勾巳朱午	朱午青未	蛇未空申 乙未貴
朱卯癸卯○			白申后 丙申酉
蛇寅壬寅			陰酉丁酉戌
貴丑辛丑	空子庚子白	陰亥己亥常	玄戌戊戌玄

□ 과체: 원수과
• 만사형통의 상
• 임신: 아들(여름)
• 소송: 원고가 유리
□ 래정: 가정, 매사
• 가정: 도난·사기 예방
• 매사: 장애, 지체

庚子일 제3국

공망: 辰·巳 ○
낮: 왼쪽 천장, 밤: 오른쪽 천장

甲	○	壬
青午蛇	合辰合	蛇寅青
申	午	辰○
甲	○	戊	丙
青午蛇	合辰合	玄戌玄	白申后
庚申	午	子	戌

朱卯癸卯巳○	合辰巳○ 勾午	勾巳朱未	青午甲午蛇
蛇寅壬寅辰○			空未乙未貴
貴丑辛丑卯			白申后丙申戌
后子庚子白	陰亥己亥常	玄戌戊戌玄	常酉丁酉陰

□ 과체: 섭해과
• 희망사: 지체
• 결혼: 장애
• 출산: 난산
□ 래정: 직장운
• 직장운: 어둡다.

경자일

길신(구보)	
일덕	申
일록	申
역마	寅
장생	巳
제왕	酉
순기	子
육의	甲午
귀인	주 丑 / 야 未
합(合)	
태(胎)	卯

흉신(팔살)	
형	
충	
파	
해	
귀살	巳午
묘신	丑
敗/桃	午 / 酉
공망	辰巳
탈(脫)	亥子
사(死)	子
절(絶)	寅

庚子일 제 4 국

공망 : 辰·巳 ○
낮 : 왼쪽 천장, 밤 : 오른쪽 천장

- 과체 : 지일과
- 기로에서 가까운 사람·장소를 선택
- 소송 : 화해가 유리
- 가출인·유실물 : 근처
- 래정 : 시험, 승진
- 시험 : 합격
- 승진 : 가능

庚子일 제 5 국

공망 : 辰·巳 ○
낮 : 왼쪽 천장, 밤 : 오른쪽 천장

- 과체 : 중심과
- 매사 심사숙고의 상
- 임신 : 딸(여름)
- 소송 : 재심이 유리
- 래정 : 사업, 직장
- 사업 : 실패
- 시험·직장 : 불길

庚子일 제 6 국

공망 : 辰·巳 ○
낮 : 왼쪽 천장, 밤 : 오른쪽 천장

- 과체 : 지일과
- 기로에서 가까운 사람·장소를 선택
- 소송 : 화해가 유리
- 가출인·유실물 : 근처
- 래정 : 매매, 결혼
- 매매·결혼 : 성사

庚子일 제 7 국

공망 : 辰·巳 ○
낮 : 왼쪽 천장, 밤 : 오른쪽 천장

壬	丙	壬
后寅白	青申蛇	后寅白
申	寅	申
壬	丙	甲	庚
后寅白	青申蛇	白午后	蛇子青
庚申	寅	子	午

己朱亥巳○	庚蛇子午	辛貴丑未	壬后寅申白
戊合戌辰○			癸陰卯酉常
丁勾酉卯○朱			○玄辰戌
丙青申蛇寅	乙空未貴丑	甲白午后子	○常巳陰亥

□ 과체 : 반음과
· 매사 유시무종의 상
· 결혼 : 불성
· 임신 : 불길
□ 래정 : 창업, 임신
· 창업 : 실패
· 임신 : 실패

庚子일 제 8 국

공망 : 辰·巳 ○
낮 : 왼쪽 천장, 밤 : 오른쪽 천장

○	戊	癸
常巳陰	合戌合	陰卯常
子	巳○	戌
辛	甲	○	戊
貴丑空	白午后	常巳陰	合戌合
庚申	丑	子	巳○

戊合戌巳○	己朱亥午	庚蛇子未	辛貴丑申空
丁勾酉辰○朱			壬后寅酉白
丙青申卯蛇			癸陰卯戌常
乙空未寅貴	甲白午丑后	○常巳子陰	○玄辰亥

□ 과체 : 중심과
· 매사 심사숙고의 상
· 임신 : 딸(秋·冬)
· 소송 : 재심이 유리
□ 래정 : 시험, 승진
· 시험 : 불합격
· 승진 : 불가

庚子일 제 9 국

공망 : 辰·巳 ○
낮 : 왼쪽 천장, 밤 : 오른쪽 천장

○	丙	庚
玄辰玄	青申蛇	蛇子青
子	辰○	申
庚	○	○	丙
蛇子青	玄辰玄	玄辰玄	青申蛇
庚申	子	子	辰○

丁勾酉巳○	戊合戌午合	己朱亥未	庚青子申
丙青申辰蛇			辛貴丑酉空
乙空未卯貴			壬后寅戌白
甲白午寅后	○常巳丑陰	○玄辰子玄	癸陰卯亥常

□ 과체 : 원수과
· 만사형통의 상
· 임신 : 아들(여름)
· 소송 : 원고가 유리
□ 래정 : 사업, 취직
· 사업 : 실패
· 취직 : 실패

경자일

길신(구보)

일덕	申
일록	申
역마	寅
장생	巳
제왕	酉
순기	子
육의	甲午
귀인	주 丑 / 야 未
합(合)	
태(胎)	卯

흉신(팔살)

형	
충	
파	
해	
귀살	巳午
묘신	丑
敗 / 桃	午 / 酉
공망	辰巳
탈(脫)	亥子
사(死)	子
절(絶)	寅

육임을 알면 미래가 보인다

경자일	
길신(구보)	
일덕	申
일록	申
역마	寅
장생	巳
제왕	酉
순기	子
육의	甲午
귀인	주 丑 / 야 未
합(合)	
태(胎)	卯

흉신(팔살)	
형	
충	
파	
해	
귀살	巳午
묘신	丑
敗/桃	午/酉
공망	辰巳
탈(脫)	亥子
사(死)	子
절(絶)	寅

庚子일 제 10 국

공망 : 辰·巳 ○
낮 : 왼쪽 천장, 밤 : 오른쪽 천장

甲	丁	庚	
白午	后 勾酉 朱	蛇子 青	
卯	午	酉	
己	壬	癸	甲
朱亥 勾	后寅 白	陰卯 常	白午 后
庚申	亥	子	卯

丙青申巳○	丁蛇勾酉朱	戊合戌未	己朱亥勾申
乙空未貴辰○			庚蛇子青酉
甲白午后卯			辛貴丑空戌
○常巳陰寅	○玄辰玄丑	癸陰卯常子	壬后寅白亥

□ 과체 : 요극과(호시)
· 희망 : 점차 사라진다.
· 우환 : 점차 약해진다.
· 쟁송 : 피고가 유리
□ 래정 : 질병, 가정
· 질병 : 점차 치유
· 가정 : 음란사(낮)

庚子일 제 11 국

공망 : 辰·巳 ○
낮 : 왼쪽 천장, 밤 : 오른쪽 천장

○	甲	丙	
合辰 合	青午 蛇	白申 后	
寅	辰○	午	
戊	庚	壬	○
玄戌 玄	后子 白	蛇寅 青	合辰 合
庚申	戌	子	寅

乙空未貴巳○	丙白申后午	丁常酉陰未	戊玄戌玄申
甲青午蛇辰○			己陰亥常酉
○勾巳朱卯			庚后子白戌
合辰合寅	癸朱卯勾丑	壬蛇寅青子	辛貴丑空亥

□ 과체 : 섭해과
· 희망사 : 지체
· 결혼 : 장애
· 출산 : 난산
□ 래정 : 매매, 결혼
· 매매 : 불성
· 결혼 : 불성

庚子일 제 12 국

공망 : 辰·巳 ○
낮 : 왼쪽 천장, 밤 : 오른쪽 천장

壬	癸	○	
蛇寅 青	朱卯 勾	合辰 合	
丑	寅	卯	
丁	戊	辛	壬
常酉 陰	玄戌 玄	青丑 空	蛇寅 青
庚申	酉	子	丑

甲青午蛇巳○	乙空未貴午	丙白申后未	丁常酉陰申
○勾巳朱辰○			戊玄戌玄酉
○合辰合卯			己陰亥常戌
癸朱卯勾寅	壬蛇寅青丑	辛貴丑空子	庚后子白亥

□ 과체 : 지일과
· 기로에서 가까운
사람·장소를 선택
· 소송 : 화해가 유리
· 가출인·유실물 : 근처
□ 래정 : 사업
· 사업 : 실패(冬·春)
    성공(秋)

신축일

길신(구보)

일덕	巳
일록	酉
역마	亥
장생	巳
제왕	酉
순기	子
육의	甲午
귀인	주 寅 / 야 午
합(合)	
태(胎)	卯

흉신(팔살)

형	
충	
파	
해	
귀살	巳午
묘신	丑
敗/桃	午/午
공망	辰巳
탈(脫)	亥子
사(死)	子
절(絶)	寅

辛丑일 제1국

공망: 辰·巳 ○
낮: 왼쪽 천장, 밤: 오른쪽 천장

- 과체: 복음과
  - 수구대신의 상
  - 질병·관재·소송: 대흉
  - 가출인·유실물: 근처
- 래정: 여자, 부동산
  - 여자: 사고
  - 부동산: 매매 가능

辛丑일 제2국

공망: 辰·巳 ○
낮: 왼쪽 천장, 밤: 오른쪽 천장

- 과체: 중심과
  - 매사 심사숙고의 상
  - 임신: 딸(여름)
  - 소송: 재심이 유리
- 래정: 사업, 시험
  - 사업: 대흉
  - 시험·승진: 불리

辛丑일 제3국

공망: 辰·巳 ○
낮: 왼쪽 천장, 밤: 오른쪽 천장

- 과체: 중심과
  - 매사 심사숙고의 상
  - 임신: 딸(여름)
  - 소송: 재심이 유리
- 래정: 가정, 질병
  - 가정: 도난
  - 질병: 치유

신축일	
길신(구보)	
일덕	巳
일록	酉
역마	亥
장생	巳
제왕	酉
순기	子
육의	甲午
귀인	주 寅 / 야 午
합(合)	
태(胎)	卯

흉신(팔살)	
형	
충	
파	
해	
귀살	巳午
묘신	丑
敗 / 桃	午 / 午
공망	辰巳
탈(脫)	亥子
사(死)	子
절(絶)	寅

辛丑일 제4국

공망: 辰·巳 ○
낮: 왼쪽 천장, 밤: 오른쪽 천장

□ 과체: 별책과
・만사: 준비 부족
・가정: 음란
・결혼: 삼각관계
・출산: 지체
□ 래정: 창업
・창업: 실패

辛丑일 제5국

공망: 辰·巳 ○
낮: 왼쪽 천장, 밤: 오른쪽 천장

□ 과체: 지일과
・기로에서 가까운 사람·장소를 선택
・소송: 화해가 유리
・가출인·유실물: 근처
□ 래정: 창업
・창업: 실패

辛丑일 제6국

공망: 辰·巳 ○
낮: 왼쪽 천장, 밤: 오른쪽 천장

□ 과체: 중심과
・매사 심사숙고의 상
・임신: 딸(가을)
・소송: 재심이 유리
□ 래정: 시험, 취직
・시험: 불합격
・취직: 불가

신축일

길신(구보)

일덕	巳
일록	酉
역마	亥
장생	巳
제왕	酉
순기	子
육의	甲午
귀인	주 寅 야 午
합(合)	
태(胎)	卯

흉신(팔살)

형	
충	
파	
해	
귀살	巳午
묘신	丑
敗/桃	午/午
공망	辰巳
탈(脫)	亥子
사(死)	子
절(絶)	寅

辛丑일 제7국

공망: 辰·巳 ○
낮: 왼쪽 천장, 밤: 오른쪽 천장

己	乙	○	
合亥青	白未蛇	陰辰陰	
巳	○	丑	戌
○	戌	乙	辛
陰辰陰	勾戌勾	白未蛇	蛇丑白
辛戌	辰○	丑	未

合亥青 巳○	朱子空 午	蛇丑白 未	貴寅常 申
勾戌勾 辰○			后卯玄 酉
青酉合 卯			陰辰陰 戌
空申朱 寅	白未蛇 丑	常午貴 子	玄巳后 亥

□ 과체: 반음과
  • 매사 유시무종의 상
  • 결혼: 불성
  • 임신: 불길
□ 래정: 매매, 결혼
  • 매매: 불성
  • 결혼: 불성

辛丑일 제8국

공망: 辰·巳 ○
낮: 왼쪽 천장, 밤: 오른쪽 천장

癸	丙	辛	
后卯玄	空申朱	蛇丑白	
戌	卯	申	
癸	丙	甲	己
后卯玄	空申朱	常午貴	合亥青
辛戌	卯	丑	午

勾戌勾 巳○	合亥青 午	朱子空 未	蛇丑白 申
青酉合 辰○			貴寅常 酉
空申朱 卯			后卯玄 戌
白未蛇 寅	常午貴 丑	玄巳后 子	陰辰陰 亥

□ 과체: 중심과
  • 매사 심사숙고의 상
  • 임신: 딸(여름)
  • 소송: 재심이 유리
□ 래정: 사업, 결혼
  • 사업: 실패
  • 결혼: 실패

辛丑일 제9국

공망: 辰·巳 ○
낮: 왼쪽 천장, 밤: 오른쪽 천장

丁	辛	○	
青酉合	蛇丑白	玄巳后	
巳○	酉	丑	
壬	甲	○	丁
貴寅常	常午貴	玄巳后	青酉合
辛戌	寅	丑	巳○

青酉合 巳○	勾戌勾 午	合亥青 未	朱子空 申
空申朱 辰○			蛇丑白 酉
白未蛇 卯			貴寅常 戌
常午貴 寅	玄巳后 丑	陰辰陰 子	后卯玄 亥

□ 과체: 지일과
  • 기로에서 가까운
  사람·장소를 선택
  • 소송: 화해가 유리
  • 가출인·유실물: 근처
□ 래정: 직업
  • 사업: 실패
  • 시험·승진: 실패

신축일	
길신(구보)	
일덕	巳
일록	酉
역마	亥
장생	巳
제왕	酉
순기	子
육의	甲午
귀인	주 寅 / 야 午
합(合)	
태(胎)	卯

흉신(팔살)	
형	
충	
파	
해	
귀살	巳午
묘신	丑
敗/桃	午/午
공망	辰巳
탈(脫)	亥子
사(死)	子
절(絶)	寅

辛丑일 제 10 국

공망 : 辰·巳 ○
낮 : 왼쪽 천장, 밤 : 오른쪽 천장

○	辛	辛
合巳后	后丑白	后丑白
寅	戌	戌
辛	○	○	乙
后丑白	朱辰陰	朱辰陰	青未蛇
辛戌	丑	丑	辰○

丙空申巳○	丁白酉午	戊合戌未	己玄亥申 青
乙青未辰○			庚陰子酉 空
甲勾午卯貴			辛后丑戌 白
○合巳寅	○后辰丑朱	癸蛇卯子玄	壬貴寅亥常

□ 과체 : 별책과
· 만사: 준비 부족
· 가정 : 음란
· 결혼 : 삼각관계
· 출산 : 지체
□ 래정 : 사업
· 사업 : 실패

辛丑일 제 11 국

공망 : 辰·巳 ○
낮 : 왼쪽 천장, 밤 : 오른쪽 천장

癸	○	乙
蛇卯玄	合巳后	青未蛇
丑	卯	巳○
庚	壬	癸	○
陰子空	貴寅常	蛇卯玄	合巳后
辛戌	子	丑	卯

乙青未巳○	丙空申午朱	丁白酉未合	戊常戌申勾
甲勾午辰貴			己玄亥酉青
○合巳卯			庚陰子戌空
朱辰寅 陰	癸蛇卯丑玄	壬貴寅子常	辛后丑亥白

□ 과체 : 원수과
· 만사형통의 상
· 임신 : 아들(冬·春)
· 소송 : 원고가 유리
□ 래정 : 사업, 가정
· 사업 : 실패
· 가정 : 도난 예방

辛丑일 제 12 국

공망 : 辰·巳 ○
낮 : 왼쪽 천장, 밤 : 오른쪽 천장

壬	癸	○
貴寅勾	蛇卯合	朱辰朱
丑	寅	卯
己	庚	壬	癸
玄亥白	陰子空	貴寅勾	蛇卯合
辛戌	亥	丑	寅

甲勾午巳○	乙青未午后	丙空申未陰	丁白酉申玄
○合巳辰蛇			戊常戌酉常
○朱辰卯朱			己玄亥戌白
癸蛇卯寅合	壬貴寅丑勾	辛后丑子青	庚陰子亥空

□ 과체 : 원수과
· 만사형통의 상
· 임신 : 아들(冬·春)
· 소송 : 원고가 유리
□ 래정 : 사업
· 사업 : 성공(가을)
· 관재 : 해소

壬寅일

임인일	
길신(구보)	
일덕	亥
일록	亥
역마	申
장생	申
제왕	子
순기	子
육의	甲午
귀인	주 卯 / 야 巳
합(合)	
태(胎)	午

흉신(팔살)	
형	
충	
파	
해	
귀살	辰戌 丑未
묘신	辰
敗/桃	酉/卯
공망	辰巳
탈(脫)	寅卯
사(死)	卯
절(絶)	巳

壬寅일 제1국

공망: 辰·巳 ○
낮: 왼쪽 천장, 밤: 오른쪽 천장

- 과체: 복음과
  - 수구대신의 상
  - 질병·관재·소송: 대흉
  - 가출인·유실물: 근처
- 래정: 직장
  - 시험: 합격
  - 승진: 가능

壬寅일 제2국

공망: 辰·巳 ○
낮: 왼쪽 천장, 밤: 오른쪽 천장

- 과체: 지일과
  - 기로에서 가까운 사람·장소를 선택
  - 소송: 화해가 유리
  - 가출인·유실물: 근처
- 래정: 질병
  - 질병: 갑상선, 위장병

壬寅일 제3국

공망: 辰·巳 ○
낮: 왼쪽 천장, 밤: 오른쪽 천장

- 과체: 원수과
  - 만사형통의 상
  - 임신: 아들(여름)
  - 소송: 원고가 유리
- 래정: 사업, 질병
  - 사업: 장애
  - 질병: 위장병, 갑상선

임인일

길신(구보)	
일덕	亥
일록	亥
역마	申
장생	申
제왕	子
순기	子
육의	甲午
귀인	주 卯 / 야 巳
합(合)	
태(胎)	午

흉신(팔살)	
형	
충	
파	
해	
귀살	辰戌丑未
묘신	辰
敗/桃	酉/卯
공망	辰巳
탈(脫)	寅卯
사(死)	卯
절(絶)	巳

壬寅일 제4국

공망: 辰·巳 ○
낮: 왼쪽 천장, 밤: 오른쪽 천장

□ 과체: 원수과
· 만사형통의 상
· 임신: 아들(春·夏)
· 소송: 원고가 유리
□ 래정: 사업, 임신
· 사업: 실패
· 임신: 실패

壬寅일 제5국

공망: 辰·巳 ○
낮: 왼쪽 천장, 밤: 오른쪽 천장

□ 과체: 중심과
· 매사 심사숙고의 상
· 임신: 딸(冬·春)
· 소송: 재심이 유리
□ 래정: 사업, 질병
· 사업: 성공(秋·冬)
· 질병: 위장병(밤)

壬寅일 제6국

공망: 辰·巳 ○
낮: 왼쪽 천장, 밤: 오른쪽 천장

□ 과체: 중심과
· 매사 심사숙고의 상
· 임신: 딸(秋·冬)
· 소송: 재심이 유리
□ 래정: 사업, 결혼
· 사업: 실패
· 결혼·임신: 실패

임인일

길신(구보)	
일덕	亥
일록	亥
역마	申
장생	申
제왕	子
순기	子
육의	甲午
귀인	주 卯 / 야 巳
합(合)	
태(胎)	午

흉신(팔살)	
형	
충	
파	
해	
귀살	辰戌 丑未
묘신	辰
패/도	酉/卯
공망	辰巳
탈(脫)	寅卯
사(死)	卯
절(絶)	巳

壬寅일 제 7국

공망 : 辰·巳 ○
낮 : 왼쪽 천장, 밤 : 오른쪽 천장

壬	丙	壬
蛇寅玄	白申合	蛇寅玄
申	寅	申
○	己	丙	壬
陰巳貴	勾亥空	白申合	蛇寅玄
壬亥	巳○	寅	申

己勾亥巳	庚合子午	辛朱丑未	壬蛇寅申
戊青戌辰			癸陰卯酉
丁空酉卯			○后辰戌
丙白申寅	乙常未丑	甲玄午子	○貴巳亥

□ 과체 : 반음과
• 매사 유시무종의 상
• 결혼 : 불성
• 임신 : 불길
□ 래정 : 창업, 임신
• 창업 : 실패
• 임신 : 실패

壬寅일 제 8국

공망 : 辰·巳 ○
낮 : 왼쪽 천장, 밤 : 오른쪽 천장

庚	○	戊
合子白	陰巳貴青	戌青
未	子	巳○
○	丁	乙	庚
后辰后	空酉勾	常未朱	合子白
壬亥	辰○	寅	未

戊青戌巳	己勾亥午	庚合子未	辛朱丑申
丁空酉辰			壬蛇寅酉
丙白申卯			癸陰卯戌
乙常未寅	甲玄午丑	○貴巳子	○后辰亥

□ 과체 : 지일과
• 기로에서 가까운 사람·장소를 선택
• 소송 : 화해가 유리
• 가출인·유실물 : 근처
□ 래정 : 매매, 질병
• 매매 : 불성
• 질병 : 위독

壬寅일 제 9국

공망 : 辰·巳 ○
낮 : 왼쪽 천장, 밤 : 오른쪽 천장

乙	己	癸
勾未朱	常亥空	貴卯陰
卯	未	亥
癸	乙	甲	戊
貴卯陰	勾未朱	合午蛇	白戌青
壬亥	卯	寅	午

丁空酉巳	戊白戌午	己常亥未	庚玄子申
丙青申辰			辛陰丑酉
乙勾未卯			壬后寅戌
甲合午寅	○朱巳丑	○蛇辰子	癸陰卯亥

□ 과체 : 중심과
• 매사 심사숙고의 상
• 임신 : 딸(冬·春)
• 소송 : 재심이 유리
□ 래정 : 관재, 구설
• 관재 : 손재수
• 구설 : 손재수

임인일	
길신(구보)	
일덕	亥
일록	亥
역마	申
장생	申
제왕	子
순기	子
육의	甲午
귀인	주 卯 / 야 巳
합(合)	
태(胎)	午

흉신(팔살)	
형	
충	
파	
해	
귀살	辰戌 丑未
묘신	辰
敗/桃	酉/卯
공망	辰巳
탈(脫)	寅卯
사(死)	卯
절(絶)	巳

壬寅일   제 10 국

공망 : 辰·巳 ○
낮 : 왼쪽 천장, 밤 : 오른쪽 천장

丙	己	壬
青申合	常亥空	后寅玄
巳○	申	亥
壬	○	○	丙
后寅玄	朱巳貴	朱巳貴	青申合
壬亥	寅	寅	巳○

丙青申巳○	丁空酉午	戊白戌未	己常亥申○
乙勾未辰			庚玄子酉
甲合午卯			辛陰壬戌
○朱巳貴寅	○蛇辰后丑	癸貴卯陰子	三寅玄亥

□ 과체 : 중심과
• 매사 심사숙고의 상
• 임신 : 딸(春·夏)
• 소송 : 재심이 유리
□ 래정 : 생업, 매매
• 생업 : 실패
• 매매·결혼 : 불성

壬寅일   제 11 국

공망 : 辰·巳 ○
낮 : 왼쪽 천장, 밤 : 오른쪽 천장

○	甲	丙
蛇辰后	合午蛇	青申合
寅	辰○	午
辛	癸	○	甲
陰丑常	貴卯陰	蛇辰后	合午蛇
壬亥	丑	寅	辰○

乙勾未巳○	丙青申午	丁空酉未	戊白戌申
甲合午辰			己常亥酉
○朱巳貴卯			庚玄子戌
○蛇辰后寅	癸貴卯陰丑	壬后寅玄子	辛陰丑常亥

□ 과체 : 중심과
• 매사 심사숙고의 상
• 임신 : 딸(冬·春)
• 소송 : 재심이 유리
□ 래정 : 승진, 가정
• 승진 : 불가
• 가정 : 음란

壬寅일   제 12 국

공망 : 辰·巳 ○
낮 : 왼쪽 천장, 밤 : 오른쪽 천장

○	○	甲
蛇辰后	朱巳貴	合午蛇
卯	辰○	巳○
庚	辛	癸	○
玄子白	陰丑常	貴卯陰	蛇辰后
壬亥	子	寅	卯

甲合午巳○	乙勾未午	丙青申未	丁空酉申
○朱巳貴辰			戊白戌酉
○蛇辰后卯			己常亥戌
癸貴卯陰寅	壬后寅玄丑	辛陰丑常子	庚玄子白亥

□ 과체 : 중심과
• 매사 심사숙고의 상
• 임신 : 딸(冬·春)
• 소송 : 재심이 유리
□ 래정 : 질병, 가정
• 질병 : 위독(여자,밤)
• 가정 : 암울, 공허

계묘일	
길신(구보)	
일덕	巳
일록	子
역마	巳
장생	申
제왕	子
순기	子
육의	甲午
귀인	주 巳 / 야 卯
합(合)	
태(胎)	午

흉신(팔살)	
형	
충	
파	
해	
귀살	辰戌丑未
묘신	辰
敗/桃	酉/子
공망	辰巳
탈(脫)	寅卯
사(死)	卯
절(絶)	巳

癸卯일 제1국

공망: 辰·巳 ○
낮: 왼쪽 천장, 밤: 오른쪽 천장

辛	戊		乙
勾丑陰	白戌白		陰未勾
丑	戌		未
辛	辛	癸	癸
勾丑陰	勾丑陰	朱卯貴	朱卯貴
癸丑	丑	卯	卯

○貴巳朱巳○	甲后午午合	乙陰未未勾	丙玄申申青
蛇辰蛇辰○			丁常酉酉空
癸朱卯貴卯○			戊白戌戌白
壬合寅后寅	辛勾丑陰丑	庚青子玄子	己空亥常亥

□ 과체: 복음과
• 수구대신의 상
• 질병·관재·소송: 대흉
• 가출인·유실물: 근처
□ 래정: 관재, 부동산
• 관재: 중형
• 부동산: 매매 불가

癸卯일 제2국

공망: 辰·巳 ○
낮: 왼쪽 천장, 밤: 오른쪽 천장

辛	庚		己
勾丑陰	青子玄		空亥常
寅	丑		子
庚	己	壬	辛
青子玄	空亥常	合寅后	勾丑陰
癸丑	子	卯	寅

蛇辰巳○	○貴巳朱午	甲后午合未	乙陰未申
朱卯貴辰○			丙玄申青酉
壬合寅后卯			丁常酉空戌
辛勾丑陰寅	庚青子玄丑	己空亥常子	戊白戌亥

□ 과체: 중심과
• 매사 심사숙고의 상
• 임신: 딸(冬·春)
• 소송: 재심이 유리
□ 래정: 관재
• 관재: 해소
• 가정: 도난, 손실

癸卯일 제3국

공망: 辰·巳 ○
낮: 왼쪽 천장, 밤: 오른쪽 천장

己	丁		乙
空亥勾	常酉空		陰未常
丑	亥		酉
己	丁	辛	己
空亥勾	常酉空	勾丑朱	空亥勾
癸丑	亥	卯	丑

癸朱卯貴巳○	蛇辰后午	○貴巳陰未	甲午玄申
壬合寅蛇辰○			乙陰未常酉
辛勾丑朱卯			丙玄申白戌
庚青子合寅	己空亥勾丑	戊白戌青子	丁常酉空亥

□ 과체: 섭해과
• 희망사: 지체
• 결혼: 장애
• 출산: 난산
□ 래정: 가정
• 소송: 해소
• 구설: 해소

계묘일

길신(구보)	
일덕	巳
일록	子
역마	巳
장생	申
제왕	子
순기	子
육의	甲午
귀인	주 巳 / 야 卯
합(合)	
태(胎)	午

흉신(팔살)	
형	
충	
파	
해	
귀살	辰戌 丑未
묘신	辰
敗/桃	酉/子
공망	辰巳
탈(脫)	寅卯
사(死)	卯
절(絶)	巳

癸卯일 제 4 국

공망 : 辰·巳 ○
낮 : 왼쪽 천장, 밤 : 오른쪽 천장

戊	乙	○
白戌青	陰未常	蛇辰后
丑	戌	未
戊	乙	庚 丁
白戌青	陰未常	青子合 常酉空
癸丑	戌	卯 子

壬寅 合巳	癸卯 朱貴 蛇午	○ 蛇辰 未	○ 貴巳 陰申
辛丑 勾辰○			甲午 后酉玄戌
庚子 青卯合			乙未 陰戌常
己亥 空寅	戊戌 勾白丑	丁 常酉空子	丙 玄申白亥

□ 과체 : 원수과
· 만사형통의 상
· 임신 : 아들(여름)
· 소송 : 원고가 유리
□ 래정 : 질병, 사업
· 질병 : 위장병, 위독
· 사업 : 실패

癸卯일 제 5 국

공망 : 辰·巳 ○
낮 : 왼쪽 천장, 밤 : 오른쪽 천장

乙	癸	己
陰未常	朱卯貴	空亥勾
亥	未	卯
丁	○	己 乙
常酉空	貴巳陰	空亥勾 陰未常
癸丑	酉	卯 亥

辛丑 勾巳	壬寅 合午	癸卯 朱貴未	○ 蛇辰申
庚子 青辰○			○ 貴巳陰酉
己亥 空卯			甲午 后戌玄
戊戌 白寅	丁 常酉空丑	丙 玄申白子	乙 陰未常亥

□ 과체 : 섭해과
· 희망사 : 지체
· 결혼 : 장애
· 출산 : 난산
□ 래정 : 가정, 생계
· 가정 : 소인의 해(낮)
· 가정 : 부모상(밤)

癸卯일 제 6 국

공망 : 辰·巳 ○
낮 : 왼쪽 천장, 밤 : 오른쪽 천장

癸	戊	○
朱卯貴	白戌青	貴巳陰
申	卯	戌
丙	癸	戊 ○
玄申白	朱卯貴	白戌青 貴巳陰
癸丑	申	卯 戌

庚子 青巳合	辛丑 勾午朱	壬寅 合未蛇	癸卯 朱貴申
己亥 空辰勾			○ 蛇辰后酉
戊戌 白青卯			○ 貴巳陰戌
丁 常酉空寅	丙 玄申白丑	乙 陰未常子	甲午 后玄亥

□ 과체 : 지일과
· 기로에서 가까운
사람·장소를 선택
· 소송 : 화해가 유리
· 가출인·유실물 : 근처
□ 래정 : 시험, 승진
· 시험 : 불리
· 승진 : 불가

계묘일

길신(구보)	
일덕	巳
일록	子
역마	巳
장생	申
제왕	子
순기	子
육의	甲午
귀인	주 巳 / 야 卯
합(合)	
태(胎)	午

흉신(팔살)	
형	
충	
파	
해	
귀살	辰戌 丑未
묘신	辰
敗/桃	酉/子
공망	辰巳
탈(脫)	寅卯
사(死)	卯
절(絶)	巳

癸卯일 제 7 국

공망 : 辰·巳 ○
낮 : 왼쪽 천장, 밤 : 오른쪽 천장

癸	丁	癸
陰卯貴	勾酉空	陰卯貴
酉	卯	酉
乙	辛	丁	癸
朱未常	常丑朱	勾酉空	陰卯貴
癸丑	未	卯	酉

己空巳○	庚白子合午	辛常丑朱未	壬玄寅蛇申
戊青戌辰○			癸陰卯貴酉
丁勾酉空卯			○后辰后戌
丙合申寅	乙朱未常丑	甲蛇午玄子	○貴巳陰亥

□ 과체 : 반음과
• 매사 유시무종의 상
• 결혼 : 불성
• 임신 : 불길
□ 래정 : 가정
• 가정 : 음란

癸卯일 제 8 국

공망 : 辰·巳 ○
낮 : 왼쪽 천장, 밤 : 오른쪽 천장

甲	己	○
蛇午玄	空亥勾	后辰后
丑	午	亥
甲	己	丙	辛
蛇午玄	空亥勾	合申白	常丑朱
癸丑	午	卯	申

戊青戌巳○	己空亥勾午	庚白子合未	辛常丑朱申
丁勾酉空辰			壬玄寅蛇酉
丙合申卯			癸陰卯貴戌
乙朱未常寅	甲蛇午玄丑	○貴巳陰子	○后辰后亥

□ 과체 : 중심과
• 매사 심사숙고의 상
• 임신 : 딸(겨울)
• 소송 : 재심이 유리
□ 래정 : 임신
• 임신 : 성공(낮)
• 임신 : 실패(밤)

癸卯일 제 9 국

공망 : 辰·巳 ○
낮 : 왼쪽 천장, 밤 : 오른쪽 천장

丁	辛	○
勾酉空	常丑陰	貴巳朱
巳○	酉	丑
○	丁	乙	己
貴巳朱	勾酉空	朱未勾	空亥常
癸丑	巳○	卯	未

丁勾酉空巳○	戊青戌白午	己空亥常未	庚白子玄申
丙合申青辰			辛常丑陰酉
乙朱未勾卯			壬玄寅后戌
蛇午合寅	○貴巳朱丑	○后辰蛇子	癸陰卯貴亥

□ 과체 : 섭해과
• 희망사 : 지체
• 결혼 : 장애
• 출산 : 난산
□ 래정 : 관재, 시험
• 관재 : 해소
• 시험 : 불합격

계묘일

길신(구보)	
일덕	巳
일록	子
역마	巳
장생	申
제왕	子
순기	子
육의	甲午
귀인	주 巳 / 야 卯
합(合)	
태(胎)	午

흉신(팔살)	
형	
충	
파	
해	
귀살	辰戌丑未
묘신	辰
敗/桃	酉/子
공망	辰巳
탈(脫)	寅卯
사(死)	卯
절(絶)	巳

癸卯일 제 10 국

공망 : 辰·巳 ○
낮 : 왼쪽 천장, 밤 : 오른쪽 천장

□ 과체 : 중심과
· 매사 심사숙고의 상
· 임신 : 딸(春·夏)
· 소송 : 재심이 유리
□ 래정 : 가정, 소송
· 가정 : 문란
· 소송 : 불리

癸卯일 제 11 국

공망 : 辰·巳 ○
낮 : 왼쪽 천장, 밤 : 오른쪽 천장

□ 과체 : 요극과(호시)
· 희망 : 점차 사라진다.
· 우환 : 점차 약해진다.
· 쟁송 : 피고가 유리
□ 래정 : 구설, 관재
· 구설·탄핵 : 해소
· 관재 : 해소

癸卯일 제 12 국

공망 : 辰·巳 ○
낮 : 왼쪽 천장, 밤 : 오른쪽 천장

□ 과체 : 중심과
· 매사 심사숙고의 상
· 임신 : 딸(冬·春)
· 소송 : 재심이 유리
□ 래정 : 가정
· 질병(아내) : 위독
· 질병·사고 : 점차 해소

육임을 알면 미래가 보인다

甲辰일

갑진일	
길신(구보)	
일덕	寅
일록	寅
역마	寅
장생	亥
제왕	卯
순기	亥
육의	甲辰
귀인	주 未 / 야 丑
합(合)	
태(胎)	酉

흉신(팔살)	
형	
충	
파	
해	
귀살	申酉
묘신	未
敗/桃	子/酉
공망	寅卯
탈(脫)	巳午
사(死)	午
절(絶)	申

甲辰일 제 1 국

공망 : 寅·卯 ○
낮 : 왼쪽 신장, 밤 : 오른쪽 신장

□ 과체 : 복음과
· 수구대신의 상
· 질병·관재·소송 : 대흉
· 가출인·유실물 : 근처
□ 래정 : 직업
· 시험·승진 : 대흉
· 사업 : 실패

甲辰일 제 2 국

공망 : 寅·卯 ○
낮 : 왼쪽 천장, 밤 : 오른쪽 천장

□ 과체 : 지일과
· 기로에서 가까운 사람·장소를 선택
· 소송 : 화해가 유리
· 가출인·유실물 : 근처
□ 래정 : 질병, 결혼
· 질병 : 치유
· 결혼 : 성사

甲辰일 제 3 국

공망 : 寅·卯 ○
낮 : 왼쪽 천장, 밤 : 오른쪽 천장

□ 과체 : 섭해과
· 희망사 : 지체
· 결혼 : 장애
· 출산 : 난산
□ 래정 : 직업
· 시험·승진 : 대흉
· 직장운 : 대흉

갑진일	
길신(구보)	
일덕	寅
일록	寅
역마	寅
장생	亥
제왕	卯
순기	亥
육의	甲辰
귀인	주 未 / 야 丑
합(合)	
태(胎)	酉

흉신(팔살)	
형	
충	
파	
해	
귀살	申酉
묘신	未
敗 / 桃	子 / 酉
공망	寅卯
탈(脫)	巳午
사(死)	午
절(絶)	申

甲辰일 제4국

공망 : 寅·卯 ○
낮 : 왼쪽 천장, 밤 오른쪽 천장

戊	乙	○
后申白	朱巳勾	青寅蛇
亥	申	巳
辛	戊	癸	庚
常亥陰	后申白	空丑貴	玄戌玄
○甲寅	亥	辰	丑

○青寅蛇巳	○勾卯朱午	甲合辰合未	乙朱巳勾申
空癸丑貴辰			丙蛇午青酉
壬白子后卯○			丁貴未空戌
辛常亥陰寅○	庚玄戌玄丑	己陰酉常子	戊后申白亥

□ 과체 : 요극과(호시)
· 희망 : 점차 사라진다.
· 우환 : 점차 약해진다.
· 쟁송 : 피고가 유리
□ 래정 : 시험, 질병
· 시험 : 불합격
· 질병 : 수술수

甲辰일 제5국

공망 : 寅·卯 ○
낮 : 왼쪽 천장, 밤 : 오른쪽 천장

壬	戊	甲
青子蛇	蛇申青	玄辰玄
辰	子	申
庚	丙	壬	戊
合戌合	后午白	青子蛇	蛇申青
○甲寅	戌	辰	子

空癸丑貴巳	○白寅后午	○常卯陰未	甲玄辰白申
青壬子蛇辰			乙陰巳常酉
辛勾亥朱卯○			丙后午戌
庚合戌合寅○	己朱酉勾丑	戊蛇申青子	丁貴未空亥

□ 과체 : 섭해과
· 희망사 : 지체
· 결혼 : 장애
· 출산 : 난산
□ 래정 : 시험, 매매
· 시험 : 합격
· 매매 : 불성

甲辰일 제6국

공망 : 寅·卯 ○
낮 : 왼쪽 천장, 밤 : 오른족 천장

丙	癸	戊
后午白	空丑貴	蛇申青
亥	午	丑
己	甲	辛	丙
朱酉勾	玄辰玄	勾亥朱	后午白
○甲寅	酉	辰	亥

青壬子蛇巳	空癸丑貴午	○白寅后未	○常卯陰申
勾辛亥朱辰			甲玄辰玄酉
庚合戌合卯○			乙陰巳常戌
己朱酉勾寅○	戊蛇申青丑	丁貴未空子	丙后午白亥

□ 과체 : 지일과
· 기로에서 가까운
사람·장소를 선택
· 소송 : 화해가 유리
· 가출인·유실물 : 근처
□ 래정 : 관재, 질병
· 관재 : 중형
· 질병 : 심화

갑진일 길신(구보)

일덕	寅
일록	寅
역마	寅
장생	亥
제왕	卯
순기	亥
육의	甲辰
귀인	주 未 / 야 丑
합(合)	
태(胎)	酉

흉신(팔살)

형	
충	
파	
해	
귀살	申酉
묘신	未
敗/桃	子/酉
공망	寅卯
탈(脫)	巳午
사(死)	午
절(絶)	申

甲辰일 제 7 국

공망 : 寅·卯 ○
낮 : 왼쪽 천장, 밤 : 오른쪽 천장

□ 과체 : 반음과
· 매사 유시무종의 상
· 결혼 : 불성
· 임신 : 불길
□ 래정 : 직업
· 사업 : 실패
· 시험·승진 : 불가

甲辰일 제 8 국

공망 : 寅·卯 ○
낮 : 왼쪽천장, 밤 : 오른쪽 천장

□ 과체 : 섭해과
· 희망사 : 지체
· 결혼 : 장애
· 출산 : 난산
□ 래정 : 시험, 질병
· 시험 : 불합격(낮)
· 질병 : 치유(밤)

甲辰일 제 9 국

공망 : 寅·卯 ○
낮 : 왼쪽 천장, 밤 : 오른쪽 천장

□ 과체 : 요극과(호시)
· 희망 : 점차 사라진다.
· 우환 : 점차 약해진다.
· 쟁송 : 피고가 유리
□ 래정 : 질병, 시험
· 질병 : 치유
· 시험 : 불합격

갑진일

길신(구보)	
일덕	寅
일록	寅
역마	寅
장생	亥
제왕	卯
순기	亥
육의	甲辰
귀인	주 未 / 야 丑
합(合)	
태(胎)	酉

흉신(팔살)	
형	
충	
파	
해	
귀살	申酉
묘신	未
敗/桃	子/酉
공망	寅卯
탈(脫)	巳午
사(死)	午
절(絶)	申

甲辰일 제 10 국

공망 : 寅·卯 ○
낮 : 왼쪽 천장, 밤 : 오른쪽천장

- 과체 : 중심과
  - 매사 심사숙고의 상
  - 임신 : 딸(春·夏)
  - 소송 : 재심이 유리
- 래정 : 질병, 관직
  - 질병 : 위험
  - 시험 : 불합격

甲辰일 제 11 국

공망 : 寅·卯 ○
낮 : 왼쪽 천장, 밤 : 오른쪽 천장

- 과체 : 섭해과
  - 희망사 : 지체
  - 결혼 : 장애
  - 출산 : 난산
- 래정 : 매매, 결혼
  - 매매 : 불성
  - 결혼 : 불성

甲辰일 제 12 국

공망 : 寅·卯 ○
낮 : 왼쪽 천장, 밤 : 오른쪽 천장

- 과체 : 중심과
  - 매사 심사숙고의 상
  - 임신 : 딸(冬·春)
  - 소송 : 재심이 유리
- 래정 : 매매, 관재
  - 매매·결혼 : 불성
  - 관재 : 해소

을사일

길신(구보)	
일덕	申
일록	卯
역마	亥
장생	亥
제왕	卯
순기	亥
육의	甲辰
귀인	주 申 / 야 子
합(合)	
태(胎)	酉

흉신(팔살)	
형	
충	
파	
해	
귀살	申酉
묘신	未
敗/桃子/午	
공망	寅卯
탈(脫)	巳午
사(死)	午
절(絶)	申

乙巳일 제1국

공망 : 寅·卯 ○
낮 : 왼쪽 천장, 밤 : 오른쪽 천장

□ 과체 : 복음과
· 수구대신의 상
· 질병·관재·소송 : 대흉
· 가출인·유실물 : 근처
□ 래정 : 관재
· 관재 : 심화

乙巳일 제2국

공망 : 寅·卯 ○
낮 : 왼쪽 천장, 밤 : 오른쪽 천장

□ 과체 : 원수과
· 만사형통의 상
· 임신 : 아들(冬·春)
· 소송 : 원고가 유리
□ 래정 : 직업
· 시험·승진 : 불가
· 사업 : 실패

乙巳일 제3국

공망 : 寅·卯 ○
낮 : 왼쪽 천장, 밤 : 오른쪽 천장

□ 과체 : 중심과
· 매사 심사숙고의 상
· 임신 : 딸(冬·春)
· 소송 : 재심이 유리
□ 래정 : 사업
· 사업 : 실패

을사일	
길신(구보)	
일덕	申
일록	卯
역마	亥
장생	亥
제왕	卯
순기	亥
육의	甲辰
귀인	주 申 / 야 子
합(合)	
태(胎)	酉

흉신(팔살)	
형	
충	
파	
해	
귀살	申酉
묘신	未
敗 / 桃	子 / 午
공망	寅卯
탈(脫)	巳午
사(死)	午
절(絶)	申

乙巳일 제 4 국

공망 : 寅·卯 ○
낮 : 왼쪽 천장, 밤 : 오른쪽 천장

- 과체 : 중심과
- 매사 심사숙고의 상
- 임신 : 딸(여름)
- 소송 : 재심이 유리
- 래정 : 사업, 부동산
- 사업 : 성공(冬·春)
- 부동산 : 매매(冬·春)

乙巳일 제 5 국

공망 : 寅·卯 ○
낮 : 왼쪽 천장, 밤 : 오른쪽 천장

- 과체 : 요극과(호시)
- 희망 : 점차 사라진다.
- 우환 : 점차 약해진다.
- 쟁송 : 피고가 유리
- 래정 : 시험, 승진
- 시험 : 합격(가을)
- 승진 : 가능(가을)

乙巳일 제 6 국

공망 : 寅·卯 ○
낮 : 왼쪽 천장, 밤 : 오른쪽 천장

- 과체 : 중심과
- 매사 심사숙고의 상
- 임신 : 딸(秋·冬)
- 소송 : 재심이 유리
- 래정 : 사업
- 사업 : 성공

을사일

길신(구보)	
일덕	申
일록	卯
역마	亥
장생	亥
제왕	卯
순기	亥
육의	甲辰
귀인	주 申 / 야 子
합(合)	
태(胎)	酉

흉신(팔살)	
형	
충	
파	
해	
귀살	申酉
묘신	未
敗/桃	子/午
공망	寅卯
탈(脫)	巳午
사(死)	午
절(絶)	申

乙巳일 제 7국

공망 : 寅·卯 ○
낮 : 왼쪽 천장, 밤 : 오른쪽 천장

□ 과체 : 반음과
• 매사 유시무종의 상
• 결혼 : 불성
• 임신 : 불길
□ 래정 : 가정
• 가정 : 도난 예방(낮)
• 가정 : 질병 예방(밤)

乙巳일 제 8국

공망 : 寅·卯 ○
낮 : 왼쪽 천장, 밤 : 오른쪽 천장

□ 과체 : 중심과
• 매사 심사숙고의 상
• 임신 : 딸(가을)
• 소송 : 재심이 유리
□ 래정 : 동업, 사업
• 동업 : 불가
• 사업 : 실패

乙巳일 제 9국

공망 : 寅·卯 ○
낮 : 왼쪽 천장, 밤 : 오른쪽 천장

□ 과체 : 중심과
• 매사 심사숙고의 상
• 임신 : 딸(春·夏)
• 소송 : 재심이 유리
□ 래정 : 시험, 승진
• 시험 : 합격(가을)
• 승진 : 가능(가을)

을사일	
길신(구보)	
일덕	申
일록	卯
역마	亥
장생	亥
제왕	卯
순기	亥
육의	甲辰
귀인	주 申 / 야 子
합(合)	
태(胎)	酉

흉신(팔살)	
형	
충	
파	
해	
귀살	申酉
묘신	未
敗 / 桃	子 / 午
공망	寅卯
탈(脫)	巳午
사(死)	午
절(絶)	申

乙巳일 제 10 국

공망: 寅·卯 ○
낮: 왼쪽 천장, 밤: 오른쪽 천장

□ 과체: 지일과
· 기로에서 가까운 사람·장소를 선택
· 소송: 화해가 유리
· 가출인·유실물: 근처
□ 래정: 사업, 부동산
· 사업: 성공(겨울, 봄)
· 부동산: 매매(冬·春)

乙巳일 제 11 국

공망: 寅·卯 ○
낮: 왼쪽 천장, 밤: 오른쪽 천장

□ 과체: 중심과
· 매사 심사숙고의 상
· 임신: 딸(春·夏)
· 소송: 재심이 유리
□ 래정: 시험, 관재
· 시험: 불합격(낮)
· 관재: 해소(밤)

乙巳일 제 12 국

공망: 寅·卯 ○
낮: 왼쪽 천장, 밤: 오른쪽 천장

□ 과체: 요극과(탄사)
· 희망: 점차 사라진다.
· 우환: 점차 약해진다.
· 쟁송: 원고가 유리
□ 래정: 사고, 질병
· 사고: 위험
· 질병: 위독

병오일

길신(구보)

일덕	巳
일록	巳
역마	申
장생	寅
제왕	午
순기	亥
육의	甲辰
귀인	주 酉 / 야 亥
합(合)	
태(胎)	子

흉신(팔살)

형	
충	
파	
해	
귀살	亥子
묘신	戌
敗 / 桃	卯 / 卯
공망	寅卯
탈(脫)	辰戌丑未
사(死)	酉
절(絶)	亥

丙午일 제1국

공망 : 寅·卯 ○
낮 : 왼쪽 천장, 밤 : 오른쪽 천장

乙	戊	○
勾巳空	蛇申玄	白寅合
巳	申	寅 ○

乙	乙	丙	丙
勾巳空	勾巳空	合午白	合午白
丙巳	巳	午	午

乙巳 勾	丙午 合	丁未 朱	戊申 玄
甲辰 青			己酉 陰
○卯 勾			庚戌 后
白寅 合	癸丑 常	壬子 玄	辛亥 陰

□ 과체 : 복음과
· 수구대신의 상
· 질병·관재·소송 : 대흉
· 가출인·유실물 : 근처
□ 래정 : 소송, 시험
· 소송 : 중형
· 시험 : 불합격(밤)

丙午일 제2국

공망 : 寅·卯 ○
낮 : 왼쪽 천장, 밤 : 오른쪽 천장

○	○	癸
空卯 勾	白寅 合	常丑 朱
辰	卯 ○	寅

甲	○	乙	甲
青辰青	空卯勾	勾巳空	青辰青
丙巳	辰	午	巳

甲辰 青	乙巳 空	丙午 合	丁未 常
○卯 勾			戊申 玄
白寅 合			己酉 陰
癸丑 常	壬子 玄	辛亥 陰	庚戌 后

□ 과체 : 원수과
· 만사형통의 상
· 임신 : 아들(冬·春)
· 소송 : 원고가 유리
□ 래정 : 직장, 가정
· 직장 : 이동수, 좌천
· 신상 : 손재수

丙午일 제3국

공망 : 寅·卯 ○
낮 : 왼쪽 천장, 밤 : 오른쪽 천장

癸	辛	己
勾丑 朱	朱亥 貴	貴酉 陰
卯 ○	丑	亥

○	癸	甲	○
空卯勾	勾丑朱	白辰青	青寅合
丙巳	卯 ○	午	辰

○巳 空	甲辰 白	乙未 常	丙午 玄
○寅 合			丁未 陰
癸丑 朱			戊戌 后
壬子 合	辛亥 蛇	庚戌 后	己酉 陰

□ 과체 : 중심과
· 매사 심사숙고의 상
· 임신 : 딸(冬·春)
· 소송 : 재심이 유리
□ 래정 : 관재, 구설
· 관재 : 해소
· 구설 : 해소

병오일	
길신(구보)	
일덕	巳
일록	巳
역마	申
장생	寅
제왕	午
순기	亥
육의	甲辰
귀인	주 酉 / 야 亥
합(合)	
태(胎)	子

흉신(팔살)	
형	
충	
파	
해	
귀살	亥子
묘신	戌
敗/桃	卯/卯
공망	寅卯
탈(脫)	辰戌丑未
사(死)	酉
절(絶)	亥

丙午일 제4국

공망 : 寅·卯 ○
낮 : 왼쪽 천장, 밤 : 오른쪽 천장

- 과체 : 요극과(호시)
- 희망 : 점차 사라진다.
- 우환 : 점차 약해진다.
- 쟁송 : 피고가 유리
- 래정 : 결혼, 가정
- 결혼 : 불성
- 가정 : 음란

丙午일 제5국

공망 : 寅·卯 ○
낮 : 왼쪽 천장, 밤 : 오른쪽 천장

- 과체 : 중심과
- 매사 심사숙고의 상
- 임신 : 딸(冬·春)
- 소송 : 재심이 유리
- 래정 : 질병, 여자
- 질병 : 암
- 여자 : 곤경

丙午일 제6국

공망 : 寅·卯 ○
낮 : 왼쪽 천장, 밤 : 오른쪽 천장

- 과체 : 지일과
- 기로에서 가까운 사람·장소를 선택
- 소송 : 화해가 유리
- 가출인·유실물 : 근처
- 래정 : 결혼, 우환
- 결혼 : 성사
- 사고·질병 : 위급

병오일	
길신(구보)	
일덕	巳
일록	巳
역마	申
장생	寅
제왕	午
순기	亥
육의	甲辰
귀인	주 酉 / 야 亥
합(合)	
태(胎)	子

흉신(팔살)	
형	
충	
파	
해	
귀살	亥子
묘신	戌
敗/桃	卯/卯
공망	寅卯
탈(脫)	辰戌丑未
사(死)	酉
절(絶)	亥

丙午일 제7국

공망 : 寅·卯 ○
낮 : 왼쪽 천장, 밤 : 오른쪽 천장

□ 과체 : 반음과
• 매사 유시무종의 상
• 결혼 : 불성
• 임신 : 불길
□ 래정 : 사업, 시험
• 사업 : 손재수, 실패
• 시험 : 불합격

丙午일 제8국

공망 : 寅·卯 ○
낮 : 왼쪽 천장, 밤 : 오른쪽 천장

□ 과체 : 지일과
• 기로에서 가까운 사람·장소를 선택
• 소송 : 화해가 유리
• 가출인·유실물 : 근처
□ 래정 : 질병
• 질병 : 치유

丙午일 제9국

공망 : 寅·卯 ○
낮 : 왼쪽 천장, 밤 : 오른쪽 천장

□ 과체 : 중심과
• 매사 심사숙고의 상
• 임신 : 딸(春·夏)
• 소송 : 재심이 유리
□ 래정 : 사업
• 사업 : 성공(春·夏)

병오일

길신(구보)	
일덕	巳
일록	巳
역마	申
장생	寅
제왕	午
순기	亥
육의	甲辰
귀인	주 酉 / 야 亥
합(合)	
태(胎)	子

흉신(팔살)	
형	
충	
파	
해	
귀살	亥子
묘신	戌
敗/桃	卯/卯
공망	寅卯
탈(脫)	辰戌丑未
사(死)	酉
절(絶)	亥

丙午일 제 10 국

공망 : 寅·卯 ○
낮 : 왼쪽 천장, 밤 : 오른쪽 천장

□ 과체 : 지일과
- 기로에서 가까운 사람·장소를 선택
- 소송 : 화해가 유리
- 가출인·유실물 : 근처

□ 래정 : 질병, 사업
- 질병 : 위독(낮)
- 사업 : 성공(밤)

丙午일 제 11 국

공망 : 寅·卯 ○
낮 : 왼쪽 천장, 밤 : 오른쪽 천장

□ 과체 : 중심과
- 매사 심사숙고의 상
- 임신 : 딸(春·夏)
- 소송 : 재심이 유리

□ 래정 : 질병, 사업
- 질병 : 위독(낮)
- 사업 : 성공(밤)

丙午일 제 12 국

공망 : 寅·卯 ○
낮 : 왼쪽 천장, 밤 : 오른쪽 천장

□ 과체 : 요극과(탄사)
- 희망 : 점차 사라진다.
- 우환 : 점차 약해진다.
- 쟁송 : 원고가 유리

□ 래정 : 사업
- 사업 : 성공(여름)

丁未일

정미일	
길신(구보)	
일덕	亥
일록	午
역마	巳
장생	寅
제왕	午
순기	亥
육의	甲辰
귀인	주 亥 / 야 酉
합(合)	
태(胎)	子

흉신(팔살)	
형	
충	
파	
해	
귀살	亥子
묘신	戌
敗/桃	卯/子
공망	寅卯
탈(脫)	辰戌丑未
사(死)	酉

丁未일 제1국

공망 : 寅·卯 ○
낮 : 왼쪽 천장, 밤 : 오른쪽 천장

□ 과체 : 복음과
· 수구대신의 상
· 질병·관재·소송 : 대흉
· 가출인·유실물 : 근처
□ 래정 : 부동산, 소송
· 부동산 : 매매(여름)
· 소송 : 손재수

丁未일 제2국

공망 : 寅·卯 ○
낮 : 왼쪽 천장, 밤 : 오른쪽 천장

□ 팔전과
· 부부 : 음란
· 부자 : 불화
· 가출·유실물 : 근처
· 음일 : 자식·여자 유리
□ 래정 : 관재
· 관재 : 해소

丁未일 제3국

공망 : 寅·卯 ○
낮 : 왼쪽 천장, 밤 : 오른쪽 천장

□ 팔전과
· 부부 : 음란
· 부자 : 불화
· 가출·유실물 : 근처
· 음일 : 자식·여자 유리
□ 래정 : 관재·구설
· 관재·구설 : 해소

정미일

길신(구보)	
일덕	亥
일록	午
역마	巳
장생	寅
제왕	午
순기	亥
육의	甲辰
귀인	주 亥 / 야 酉
합(合)	
태(胎)	子

흉신(팔살)	
형	
충	
파	
해	
귀살	亥子
묘신	戌
敗/桃	卯/子
공망	寅卯
탈(脫)	辰戌丑未
사(死)	酉

丁未일 제4국

공망: 寅·卯 ○
낮: 왼쪽 천장, 밤: 오른쪽 천장

辛	甲	甲
貴亥朱	青辰白	青辰白
寅○	未	未
甲	癸	甲	癸
青辰白	朱丑勾	青辰白	朱丑勾
丁未	辰	未	辰

□ 팔전과
- 부부(夫婦): 음란
- 부자(父子): 불화
- 가출·유실물: 근처
- 음일: 자식·여자 유리
□ 래정: 직장, 관재
- 시험·승진: 불리
- 관재·구설: 해소

丁未일 제5국

공망: 寅·卯 ○
낮: 왼쪽 천장, 밤: 오른쪽 천장

○	辛	丁
勾卯空	貴亥朱	常未陰
未	卯○	亥
○	辛	辛
勾卯空	貴亥朱	勾卯空	貴亥朱
丁未	卯○	未	卯○

□ 과체: 원수과
- 만사형통의 상
- 임신: 아들(冬·春)
- 소송: 원고가 유리
□ 래정: 관재, 시험
- 관재: 해소
- 시험: 불합격

丁未일 제6국

공망: 寅·卯 ○
낮: 왼쪽 천장, 밤: 오른쪽 천장

己	甲	辛
陰酉貴	青辰白	貴亥朱
寅○	酉	辰
○	己	○	己
合寅青	陰酉貴	合寅青	陰酉貴
丁未	寅○	未	寅○

□ 과체: 지일과
- 기로에서 가까운 사람·장소를 선택
- 소송: 화해가 유리
- 가출인·유실물: 근처
□ 래정: 사업, 시험
- 사업: 실패
- 시험: 불합격

丁未일　제7국

공망 : 寅·卯 ○
낮 : 왼쪽 천장, 밤 : 오른쪽 천장

정미일	
길신(구보)	
일덕	亥
일록	午
역마	巳
장생	寅
제왕	午
순기	亥
육의	甲辰
귀인	주 亥 / 야 酉
합(合)	
태(胎)	子

乙	癸	癸
空巳常	陰丑勾	陰丑勾
亥	未	未
癸	丁	癸	丁
陰丑勾 勾未陰	陰丑勾 勾未陰
丁未	丑	未	丑

辛貴亥巳朱	壬后子午合	癸陰丑未勾	○玄寅申青
庚蛇戌辰 蛇			○常卯酉空
己朱酉卯貴 ○			甲白辰戌白
戊合申寅 ○	丁勾未丑陰	丙青午子玄	乙空巳亥常

□ 과체 : 반음과
· 매사 유시무종의 상
· 결혼 : 불성
· 임신 : 불길
□ 래정 : 부동산, 소송
· 부동산 : 매매 불성
· 소송 : 손재수 예방

丁未일　제8국

공망 : 寅·卯 ○
낮 : 왼쪽 천장, 밤 : 오른쪽 천장

흉신(팔살)	
형	
충	
파	
해	
귀살	亥子
묘신	戌
敗/桃	卯/子
공망	寅卯
탈(脫)	辰戌丑未
사(死)	酉

乙	庚	○
空巳常	蛇戌蛇	常卯空
子	巳	戌
壬	乙	壬	乙
后子合 空巳常	后子合 空巳常
丁未	子	未	子

庚蛇戌巳	辛貴亥午朱	壬后子未合	癸陰丑申勾
己朱酉辰貴			○玄寅酉青
戊合申卯 后 ○			○常卯戌空
丁勾未寅陰	丙青午丑玄	乙空巳子常	甲白辰亥白

□ 과체 : 지일과
· 기로에서 가까운 사람·장소를 선택
· 소송 : 화해가 유리
· 가출인·유실물 : 근처
□ 래정 : 시험, 승진
· 시험 : 불합격
· 승진 : 불가

丁未일　제9국

공망 : 寅·卯 ○
낮 : 왼쪽 천장, 밤 : 오른쪽 천장

辛	○	丁
貴亥陰	常卯空	勾未朱
未	亥	卯
辛	○	辛	○
貴亥陰 常卯空	貴亥陰 常卯空
丁未	亥	未	亥

己朱酉巳	庚蛇戌午后	辛貴亥未陰	壬后子申玄
戊合申辰 蛇			癸陰丑酉常
丁勾未卯 朱 ○			○玄寅戌白
丙青午寅	乙空巳丑	甲白辰子	○常卯亥空

□ 과체 : 중심과
· 매사 심사숙고의 상
· 임신 : 딸(여름)
· 소송 : 재심이 유리
□ 래정 : 시험, 승진
· 시험 : 합격(1차)
· 승진 : 불가

정미일

길신(구보)	
일덕	亥
일록	午
역마	巳
장생	寅
제왕	午
순기	亥
육의	甲辰
귀인	주 亥 / 야 酉
합(合)	
태(胎)	子

흉신(팔살)	
형	
충	
파	
해	
귀살	亥子
묘신	戌
敗 / 桃	卯 / 子
공망	寅卯
탈(脫)	辰戌 丑未
사(死)	酉

丁未일 제 10 국

공망 : 寅·卯 ○
낮 : 왼쪽 천장, 밤 : 오른쪽 천장

□ 팔전과
• 부부 : 음란
• 부자 : 불화
• 가출·유실물 : 근처
• 음일 : 자식·여자 유리
□ 래정 : 시험
• 시험 : 불합격
• 승진 : 불가

丁未일 제 11 국

공망 : 寅·卯 ○
낮 : 왼쪽 천장, 밤 : 오른쪽 천장

□ 과체 : 중심과
• 매사 심사숙고의 상
• 임신 : 딸(여름)
• 소송 : 재심이 유리
□ 래정 : 사업
• 사업 : 실패

丁未일 제 12 국

공망 : 寅·卯 ○
낮 : 왼쪽 천장, 밤 : 오른쪽 천장

□ 과체 : 중심과
• 매사 심사숙고의 상
• 임신 : 딸(여름)
• 소송 : 재심이 유리
□ 래정 : 사업
• 사업 : 실패

무신일	
길신(구보)	
일덕	巳
일록	巳
역마	寅
장생	寅
제왕	午
순기	亥
육의	甲辰
귀인	주 丑 / 야 未
합(合)	
태(胎)	子

흉신(팔살)	
형	
충	
파	
해	
귀살	寅卯
묘신	戊
敗/桃	卯/酉
공망	寅卯
탈(脫)	申酉
사(死)	酉
절(絶)	亥

戊申일 제1국

공망 : 寅·卯 ○
낮 : 왼쪽 천장, 밤 : 오른쪽 천장

- 과체 : 복음과
- 수구대신의 상
- 질병·관재·소송 : 대흉
- 가출인·유실물 : 근처
- 래정 : 소송, 시험
- 소송 : 중형(낮)
- 시험 : 불합격(밤)

戊申일 제2국

공망 : 寅·卯 ○
낮 : 왼쪽 천장, 밤 : 오른쪽 천장

- 과체 : 원수과
- 만사형통의 상
- 임신 : 아들(冬·春)
- 소송 : 원고가 유리
- 래정 : 구설, 소송
- 구설 : 해소
- 소송 : 해소

戊申일 제3국

공망 : 寅·卯 ○
낮 : 왼쪽 천장, 밤 : 오른쪽 천장

- 과체 : 중심과
- 매사 심사숙고의 상
- 임신 : 딸(冬·春)
- 소송 : 재심이 유리
- 래정 : 부동산
- 부동산 : 매매 불성

무신일	
길신(구보)	
일덕	巳
일록	巳
역마	寅
장생	寅
제왕	午
순기	亥
육의	甲辰
귀인	주 丑 / 야 未
합(合)	
태(胎)	子

흉신(팔살)	
형	
충	
파	
해	
귀살	寅卯
묘신	戌
敗 / 桃	卯 / 酉
공망	寅卯
탈(脫)	申酉
사(死)	酉
절(絶)	亥

戊申일 제 4 국

공망 : 寅·卯 ○
낮 : 왼쪽 천장, 밤 : 오른쪽 천장

□ 과체 : 지일과
• 기로에서 가까운 사람·장소를 선택
• 소송 : 화해가 유리
• 가출인·유실물 : 근처
□ 래정 : 질병, 사업
• 질병 : 치유
• 사업 : 실패

戊申일 제 5 국

공망 : 寅·卯 ○
낮 : 왼쪽 천장, 밤 : 오른쪽 천장

□ 과체 : 중심과
• 매사 심사숙고의 상
• 임신 : 딸(여름)
• 소송 : 재심이 유리
□ 래정 : 사업
• 사업 : 성공(여름)

戊申일 제 6 국

공망 : 寅·卯 ○
낮 : 왼쪽 천장, 밤 : 오른쪽 천장

□ 과체 : 섭해과
• 희망사 : 지체
• 결혼 : 장애
• 출산 : 난산
□ 래정 : 사업
• 사업 : 실패

무신일

길신(구보)	
일덕	巳
일록	巳
역마	寅
장생	寅
제왕	午
순기	亥
육의	甲辰
귀인	주 丑 / 야 未
합(合)	
태(胎)	子

흉신(팔살)	
형	
충	
파	
해	
귀살	寅卯
묘신	戌
敗/桃	卯/酉
공망	寅卯
탈(脫)	申酉
사(死)	酉
절(絶)	亥

戊申일 제7국

공망 : 寅·卯 ○
낮 : 왼쪽 천장, 밤 : 오른쪽 천장

□ 과체 : 반음과
• 매사 유시무종의 상
• 결혼 : 불성
• 임신 : 불길
□ 래정 : 결혼, 질병
• 결혼 : 실패(낮)
• 질병 : 해소(밤)

戊申일 제8국

공망 : 寅·卯 ○
낮 : 왼쪽 천장, 밤 : 오른쪽 천장

□ 과체 : 원수과
• 만사형통의 상
• 임신 : 아들(冬·春)
• 소송 : 원고가 유리
□ 래정 : 연애, 직장
• 연애 : 실패
• 시험·승진 : 대흉

戊申일 제9국

공망 : 寅·卯 ○
낮 : 왼쪽 천장, 밤 : 오른쪽 천장

□ 과체 : 원수과
• 만사형통의 상
• 임신 : 아들(여름)
• 소송 : 원고가 유리
□ 래정 : 사업
• 사업 : 성공(가을)

육임을 알면 미래가 보인다

무신일

길신(구보)
일덕	巳
일록	巳
역마	寅
장생	寅
제왕	午
순기	亥
육의	甲辰
귀인	주 丑 / 야 未
합(合)	
태(胎)	子

흉신(팔살)
형	
충	
파	
해	
귀살	寅卯
묘신	戌
敗/桃	卯/酉
공망	寅卯
탈(脫)	申酉
사(死)	酉
절(絶)	亥

戊申일 제10국

공망 : 寅·卯 ○
낮 : 왼쪽 천장, 밤 : 오른쪽 천장

○	乙	戊
后 寅 白	常 巳 陰	青 申 蛇
亥	寅○	巳
戊	辛	辛	○
青 申 蛇	朱 亥 勾	朱 亥 勾	后 寅 白
戊 巳	申	申	亥

戊青申蛇巳	己勾酉朱午	庚合戌合未	辛朱亥勾申
丁空未貴辰			壬蛇子青酉
丙白午后卯			癸貴丑空戌
乙常巳陰寅	甲陰辰玄丑	○玄卯常子	○后寅白亥

- 과체 : 요극과(호시)
- 희망 : 점차 사라진다.
- 우환 : 점차 약해진다.
- 쟁송 : 피고가 유리
- 래정 : 결혼, 질병
- 결혼 : 실패
- 질병 : 치유

戊申일 제11국

공망 : 寅·卯 ○
낮 : 왼쪽 천장, 밤 : 오른쪽 천장

壬	○	甲
后 子 白	蛇 寅 青	合 辰 合
戌	子	寅○
丁	己	庚	壬
空 未 貴	常 酉 陰	玄 戌 玄	后 子 白
戊巳	未	申	戌

丁空未貴巳	戊白申后午	己常酉陰未	辰玄戌玄申
丙青午蛇辰			辛陰亥常酉
乙勾巳朱卯			壬后子白戌
甲合辰合寅	○朱卯勾丑	○蛇寅青子	癸貴丑空亥

- 과체 : 중심과
- 매사 심사숙고의 상
- 임신 : 딸(여름)
- 소송 : 재심이 유리
- 래정 : 결혼, 질병
- 결혼 : 실패
- 질병 : 치유

戊申일 제12국

공망 : 寅·卯 ○
낮 : 왼쪽 천장, 밤 : 오른쪽 천장

庚	己	丙
玄 戌 玄	常 酉 陰	青 午 蛇
酉	申	巳
丙	丁	己	庚
青 午 蛇	空 未 貴	常 酉 陰	玄 戌 玄
戊巳	午	申	酉

丙青午蛇巳	丁空未貴午	戊白申后未	己常酉陰申
乙勾巳朱辰			庚玄戌玄酉
甲合辰合卯			辛陰亥常戌
○朱卯勾寅	○蛇寅青丑	癸貴丑空子	壬后子白亥

- 과체 : 묘성과
- 모망사 : 장애
- 여행 : 위험
- 질병 : 위독
- 관재 : 최흉
- 시험 : 최길
- 래정 : 가정
- 가정 : 도난

기유일

길신(구보)	
일덕	寅
일록	午
역마	亥
장생	寅
제왕	午
순기	亥
육의	甲辰
귀인	주 子 / 야 申
합(合)	
태(胎)	子

흉신(팔살)	
형	
충	
파	
해	
귀살	寅卯
묘신	戌
敗 / 桃	卯 / 午
공망	寅卯
탈(脫)	申酉
사(死)	酉
절(絕)	亥

己酉일 제1국

공망 : 寅·卯 ○
낮 : 왼쪽 천장, 밤 : 오른쪽 천장

己	丁	癸
玄酉后	白未蛇	蛇丑白
酉	未	丑
丁	丁	己	己
白未蛇	白未蛇	玄酉后	玄酉后
己未	未	酉	酉

乙巳 青巳	丙午 空午 朱	丁未 朱未 蛇	戊申 常申 貴
甲辰 勾辰			己酉 玄酉 后
○卯 合卯 青			庚戌 陰戌 陰
○寅 朱寅 空	癸丑 蛇丑 白	壬子 貴子 常	辛亥 后亥 玄

□ 과체 : 복음과
• 수구대신의 상
• 질병·관재·소송 : 대흉
• 가출인·유실물 : 근처
□ 래정 : 가정, 질병
• 가정 : 도난 예방
• 질병 : 장기화(낮)

己酉일 제2국

공망 : 寅·卯 ○
낮 : 왼쪽 천장, 밤 : 오른쪽 천장

庚	丙	戊
陰戌陰	空午朱	常申貴
亥	未	酉
丙	乙	戊	丁
空午朱	青巳合	常申貴	白未蛇
己未	午	酉	申

甲辰 勾辰 巳	乙巳 青巳 午	丙午 空午 未	丁未 白未 蛇申
○卯 合卯 青辰			戌 常申 貴酉
○寅 朱寅 空卯			己酉 玄酉 后戌
癸丑 蛇丑 寅	壬子 貴子 常丑	辛亥 后亥 玄子	庚戌 陰戌 陰亥

□ 과체 : 묘성과
• 여행 : 위험
• 질병 : 위독
• 관재 : 최흉
□ 래정 : 직장
• 직장 : 대흉(낮)
• 직장 : 대길(밤)

己酉일 제3국

공망 : 寅·卯 ○
낮 : 왼쪽 천장, 밤 : 오른쪽 천장

○	癸	辛
合卯青	蛇丑白	后亥玄
巳	卯	丑
乙	○	丁	乙
青巳合	合卯青	白未蛇	青巳合
己未	巳	酉	未

○卯 合卯 巳	甲辰 勾辰 青午	乙巳 青巳 合未	丙午 空午 朱申
朱寅 ○寅 空辰			丁未 白未 蛇酉
癸丑 蛇丑 白卯			戊 常申 貴戌
壬子 貴子 寅	辛亥 后亥 丑	庚戌 陰戌 玄子	己酉 玄酉 后亥

□ 과체 : 요극과(호시)
• 희망 : 점차 사라진다.
• 우환 : 점차 약해진다.
• 쟁송 : 피고가 유리
□ 래정 : 매매, 결혼
• 매매·결혼 : 불성
• 시험 : 불합격

기유일

길신(구보)	
일덕	寅
일록	午
역마	亥
장생	寅
제왕	午
순기	亥
육의	甲辰
귀인	주 子 / 야 申
합(合)	
태(胎)	子

흉신(팔살)	
형	
충	
파	
해	
귀살	寅卯
묘신	戌
敗/桃	卯/午
공망	寅卯
탈(脫)	申酉
사(死)	酉
절(絶)	亥

己酉일 제 4 국

공망 : 寅·卯 ○
낮 : 왼쪽 천장, 밤 : 오른쪽 천장

丙	○	壬
空午陰	合卯白	貴子勾
酉	午	卯
甲	癸	丙	○
勾辰常	蛇丑青	空午陰	合卯白
己未	辰	酉	午

朱寅巳空	○合卯午	甲勾辰未常	乙青巳申玄
蛇丑青辰			丙空午陰酉
壬貴子勾卯			丁白未后戌
辛后亥陰寅	庚陰戌朱丑	己玄酉蛇子	戊常申貴亥

□ 과체 : 원수과
• 만사형통의 상
• 임신 : 아들(春·夏)
• 소송 : 원고가 유리
□ 래정 : 직업
• 시험·승진 : 대흉

己酉일 제 5 국

공망 : 寅·卯 ○
낮 : 왼쪽 천장, 밤 : 오른쪽 천장

○	辛	丁
合卯白	后亥合	白未后
未	卯	亥
○	辛	乙	癸
合卯白	后亥合	青巳玄	蛇丑青
己未	卯	酉	巳

癸蛇丑巳	○朱寅午	合卯未	甲勾辰申常
壬貴子勾辰			乙青巳玄酉
辛后亥合卯			丙空午陰戌
庚陰戌朱寅	己玄酉蛇丑	戊常申貴子	丁白未后亥

□ 과체 : 섭해과
• 희망사 : 지체
• 결혼 : 장애
• 출산 : 난산
□ 래정 : 결혼, 질병
• 결혼 : 실패(낮)
• 질병 : 치유(밤)

己酉일 제 6 국

공망 : 寅·卯 ○
낮 : 왼쪽 천장, 밤 : 오른쪽 천장

辛	丙	癸
蛇亥合	空午陰	后丑青
辰	亥	午
○	己	甲	辛
陰寅空	合酉蛇	常辰常	蛇亥合
己未	寅	○酉	辰

壬貴子巳勾	癸后丑午青	○陰寅未空	○玄卯申白
辛蛇亥合辰			甲常辰酉常
庚朱戌朱卯			乙白巳玄戌
己合酉寅	戊勾申丑貴	丁青未子后	丙空午陰亥

□ 과체 : 중심과
• 매사 심사숙고의 상
• 임신 : 딸(여름)
• 소송 : 재심이 유리
□ 래정 : 사업
• 사업 : 실패

기유일	
길신(구보)	
일덕	寅
일록	午
역마	亥
장생	寅
제왕	午
순기	亥
육의	甲辰
귀인	주 子 / 야 申
합(合)	
태(胎)	子

흉신(팔살)	
형	
충	
파	
해	
귀살	寅卯
묘신	戌
敗/桃	卯/午
공망	寅卯
탈(脫)	申酉
사(死)	酉
절(絶)	亥

己酉일 제7국

공망 : 寅·卯 ○
낮 : 왼쪽 천장, 밤 : 오른쪽 천장

- □ 과체 : 반음과
- 매사 유시무종의 상
- 결혼 : 불성
- 임신 : 불길
- □ 래정 : 가정, 질병
- 가정 : 도난 예방(낮)
- 질병 : 치유

己酉일 제8국

공망 : 寅·卯 ○
낮 : 왼쪽 천장, 밤 : 오른쪽 천장

- □ 과체 : 섭해과
- 희망사 : 지체
- 결혼 : 장애
- 출산 : 난산
- □ 래정 : 사업, 여자
- 사업 : 성공(겨울)
- 여자 : 이별수

己酉일 제9국

공망 : 寅·卯 ○
낮 : 왼쪽 천장, 밤 : 오른쪽 천장

- □ 과체 : 중심과
- 매사 심사숙고의 상
- 임신 : 딸(여름)
- 소송 : 재심이 유리
- □ 래정 : 사업, 매매
- 사업 : 初吉後凶(낮)
- 매매 : 불성(밤)

기유일

길신(구보)	
일덕	寅
일록	午
역마	亥
장생	寅
제왕	午
순기	亥
육의	甲辰
귀인	주 子 / 야 申
합(合)	
태(胎)	子

흉신(팔살)	
형	
충	
파	
해	
귀살	寅卯
묘신	戌
敗/桃	卯/午
공망	寅卯
탈(脫)	申酉
사(死)	酉
절(絶)	亥

己酉일   제 10 국

공망 : 寅·卯 ○
낮 : 왼쪽 천장, 밤 : 오른쪽 천장

□ 과체 : 요극과(호시)
· 희망 : 점차 사라진다.
· 우환 : 점차 약해진다.
· 쟁송 : 피고가 유리
□ 래정 : 가정, 사업
· 가정 : 도난 예방
· 사업 : 실패

己酉일   제 11 국

공망 : 寅·卯 ○
낮 : 왼쪽 천장, 밤 : 오른쪽 천장

□ 과체 : 원수과
· 만사형통의 상
· 임신 : 아들(여름)
· 소송 : 원고가 유리
□ 래정 : 부동산, 질병
· 부동산 : 매매 불성
· 질병 : 점차 치유

己酉일   제 12 국

공망 : 寅·卯 ○
낮 : 왼쪽 천장, 밤 : 오른쪽 천장

□ 과체 : 중심과
· 매사 심사숙고의 상
· 임신 : 딸(여름)
· 소송 : 재심이 유리
□ 래정 : 결혼, 사업
· 결혼 : 좋은 배우자
· 사업 : 성공(여름)

경술일

길신(구보)

일덕	申
일록	申
역마	申
장생	巳
제왕	酉
순기	亥
육의	甲辰
귀인	주 丑 / 야 未
합(合)	
태(胎)	卯

흉신(팔살)

형	
충	
파	
해	
귀살	巳午
묘신	丑
敗 / 桃	午 / 卯
공망	寅卯
탈(脫)	亥子
사(死)	子
절(絶)	寅

庚戌일 제1국

공망 : 寅·卯 ○
낮 : 왼쪽 천장, 밤 : 오른쪽 천장

戊	○	乙
白申后	蛇寅青	勾巳朱
申	寅○	巳
戊	戊	庚	庚
---	---	---	---
白申后	白申后	玄戌玄	玄戌玄
庚申	申	戌	戌

乙勾巳	丙朱午	丁蛇未	戊空申
甲合辰○朱卯○	合辰		己貴酉 庚陰戌 辛常亥
蛇寅○ 青寅○	貴丑空	壬后子	

□ 과체 : 복음과
• 수구대신의 상
• 질병·관재·소송 : 대흉
• 가출인·유실물 : 근처
□ 래정 : 질병, 직장운
• 질병 : 치유
• 직장운 : 나쁨

庚戌일 제2국

공망 : 寅·卯 ○
낮 : 왼쪽 천장, 밤 : 오른쪽 천장

丙	乙	甲
青午蛇	勾巳朱	合辰合
未	午	巳
丁	丙	己	戊
---	---	---	---
空未貴	青午蛇	常酉陰	白申后
庚申	未	戌	酉

甲合辰巳	乙勾巳午	丙朱午未	丁空未申
朱卯辰○			白申酉后
蛇寅卯○			常酉戌陰
貴丑寅○	壬后子丑	辛陰亥子常	庚玄戌亥

□ 과체 : 요극과(호시)
• 희망 : 점차 사라진다.
• 우환 : 점차 약해진다.
• 쟁송 : 피고가 유리
□ 래정 : 직장, 질병
• 직장운 : 쇠퇴
• 질병 : 점차 치유

庚戌일 제3국

공망 : 寅·卯 ○
낮 : 왼쪽 천장, 밤 : 오른쪽 천장

丙	甲	○
青午蛇	合辰合	蛇寅青
申	午	辰
丙	甲	戊	丙
---	---	---	---
青午蛇	合辰合	白申后	青午蛇
庚申	午	戌	申

朱卯巳	甲合辰午	乙勾巳未	丙青午申蛇
蛇寅○辰			丁空未酉貴
癸貴丑卯○			戊白申戌后
壬后子寅○	辛陰亥丑	庚玄戌子	己常酉亥

□ 과체 : 원수과
• 만사형통의 상
• 임신 : 아들(春·夏)
• 소송 : 원고가 유리
□ 래정 : 직장, 질병
• 직장운 : 쇠퇴
• 질병 : 점차 치유

경술일

길신(구보)	
일덕	申
일록	申
역마	申
장생	巳
제왕	酉
순기	亥
육의	甲辰
귀인	주 丑 / 야 未
합(合)	
태(胎)	卯

흉신(팔살)	
형	
충	
파	
해	
귀살	巳午
묘신	丑
敗/桃	午/卯
공망	寅卯
탈(脫)	亥子
사(死)	子
절(絶)	寅

庚戌일 제4국

공망: 寅·卯 ○
낮: 왼쪽 천장, 밤: 오른쪽 천장

□ 과체: 원수과
· 만사형통의 상
· 임신: 아들(春·夏)
· 소송: 원고가 유리
□ 래정: 관재, 시험
· 관재: 점차 경미
· 시험: 불합격

庚戌일 제5국

공망: 寅·卯 ○
낮: 왼쪽 천장, 밤: 오른쪽 천장

□ 과체: 중심과
· 매사 심사숙고의 상
· 임신: 딸(여름)
· 소송: 재심이 유리
□ 래정: 투자
· 투자: 실패

庚戌일 제6국

공망: 寅·卯 ○
낮: 왼쪽 천장, 밤: 오른쪽 천장

□ 과체: 지일과
· 기로에서 가까운 사람·장소를 선택
· 소송: 화해가 유리
· 가출인·유실물: 근처
□ 래정: 매매, 결혼
· 매매: 불성
· 결혼: 불성

경술일	
길신(구보)	
일덕	申
일록	申
역마	申
장생	巳
제왕	酉
순기	亥
육의	甲辰
귀인	주 丑 / 야 未
합(合)	
태(胎)	卯

흉신(팔살)	
형	
충	
파	
해	
귀살	巳午
묘신	丑
敗/桃	午/卯
공망	寅卯
탈(脫)	亥子
사(死)	子
절(絶)	寅

庚戌일 제7국

공망 : 寅·卯 ○
낮 : 왼쪽 천장, 밤 : 오른쪽 천장

□ 과체 : 반음과
• 매사 유시무종의 상
• 결혼 : 불성
• 임신 : 불길
□ 래정 : 결혼, 질병
• 결혼 : 실패(낮)
• 질병 : 치유(밤)

庚戌일 제8국

공망 : 寅·卯 ○
낮 : 왼쪽 천장, 밤 : 오른쪽 천장

□ 과체 : 지일과
• 기로에서 가까운 사람·장소를 선택
• 소송 : 화해가 유리
• 가출인·유실물 : 근처
□ 래정 : 직업
• 시험·승진 : 불가
• 사업 : 실패

庚戌일 제9국

공망 : 寅·卯 ○
낮 : 왼쪽 천장, 밤 : 오른쪽 천장

□ 과체 : 섭해과
• 희망사 : 지체
• 결혼 : 장애
• 출산 : 난산
□ 래정 : 사업
• 사업 : 실패

경술일

길신(구보)	
일덕	申
일록	申
역마	申
장생	巳
제왕	酉
순기	亥
육의	甲辰
귀인	주 丑 / 야 未
합(合)	
태(胎)	卯

흉신(팔살)	
형	
충	
파	
해	
귀살	巳午
묘신	丑
敗/桃	午/卯
공망	寅卯
탈(脫)	亥子
사(死)	子
절(絶)	寅

庚戌일 제 10 국

공망: 寅·卯 ○
낮: 왼쪽 천장, 밤: 오른쪽 천장

○	乙	戊
后 寅 白	常 巳 陰	青 申 蛇
亥	寅 ○	巳
辛	○	癸	甲
朱 亥 勾	后 寅 白	貴 丑 空	玄 辰 玄
庚申	亥	戌	丑

戊青申蛇巳	己勾酉朱午	庚合戌合未	辛朱亥勾申
丁空未貴辰			壬蛇子青酉
丙白午后卯			癸貴丑空戌
乙常巳陰寅	甲玄辰玄丑	○陰卯常子	○后寅白亥

□ 과체: 요극과(탄사)
• 희망: 점차 사라진다.
• 우환: 점차 약해진다.
• 쟁송: 원고가 유리
□ 래정: 결혼, 질병
• 결혼: 실패
• 질병: 치유

庚戌일 제 11 국

공망: 寅·卯 ○
낮: 왼쪽 천장, 밤: 오른쪽 천장

壬	○	甲
后 子 白	蛇 寅 青	合 辰 合
戌	子	寅 ○
庚	壬	壬	○
玄 戌 玄	后 子 白	后 子 白	蛇 寅 青
庚申	戌	戌	子

丁空未貴巳	戊白申后午	己常酉陰未	庚玄戌玄申
丙青午蛇辰			辛陰亥常酉
乙勾巳朱卯			壬后子白戌
甲合辰合寅	○朱卯勾丑	○蛇寅青子	癸貴丑空亥

□ 과체: 중심과
• 매사 심사숙고의 상
• 임신: 딸(여름)
• 소송: 재심이 유리
□ 래정: 결혼, 질병
• 결혼: 실패
• 질병: 치유

庚戌일 제 12 국

공망: 寅·卯 ○
낮: 왼쪽 천장, 밤: 오른쪽 천장

辛	壬	癸
陰 亥 常	后 子 白	貴 丑 空
戌	亥	子
己	庚	辛	壬
常 酉 陰	玄 戌 玄	陰 亥 常	后 子 白
庚申	酉	戌	亥

丙青午蛇巳	丁空未貴午	戊白申后未	己常酉陰申
乙勾巳朱辰			庚玄戌玄酉
甲合辰合卯			辛陰亥常戌
○朱卯勾寅	○勾 蛇寅青丑	癸貴丑空子	壬后子白亥

□ 과체: 중심과
• 매사 심사숙고의 상
• 임신: 딸(여름)
• 소송: 재심이 유리
□ 래정: 직장
• 시험: 합격(겨울)
• 승진: 합격(겨울)

신해일	
길신(구보)	
일덕	巳
일록	酉
역마	巳
장생	巳
제왕	酉
순기	亥
육의	甲辰
귀인	주 寅 / 야 午
합(合)	
태(胎)	卯

흉신(팔살)	
형	
충	
파	
해	
귀살	巳午
묘신	丑
敗/桃	午/子
공망	寅卯
탈(脫)	亥子
사(死)	子
절(絶)	寅

辛亥일 제1국

공망 : 寅·卯 ○
낮 : 왼쪽 천장, 밤 : 오른쪽 천장

□ 과체 : 복음과
• 수구대신의 상
• 질병·관재·소송 : 대흉
• 가출인·유실물 : 근처
□ 래정 : 가정
• 가정 : 도난 예방(낮)
• 가정 : 질병 예방(밤)

辛亥일 제2국

공망 : 寅·卯 ○
낮 : 왼쪽 천장, 밤 : 오른쪽 천장

□ 과체 : 원수과
• 만사형통의 상
• 임신 : 아들(여름)
• 소송 : 원고가 유리
□ 래정 : 가정, 직업
• 가정 : 모친상(5월)
• 직장 : 이동 불리

辛亥일 제3국

공망 : 寅·卯 ○
낮 : 왼쪽 천장, 밤 : 오른쪽 천장

□ 과체 : 원수과
• 만사형통의 상
• 임신 : 아들(春·夏)
• 소송 : 원고가 유리
□ 래정 : 관재, 직장
• 관재 : 점차 경미
• 승진 : 불가

신해일	
길신(구보)	
일덕	巳
일록	酉
역마	巳
장생	巳
제왕	酉
순기	亥
육의	甲辰
귀인	주 寅 / 야 午
합(合)	
태(胎)	卯

흉신(팔살)	
형	
충	
파	
해	
귀살	巳午
묘신	丑
敗/桃	午/子
공망	寅卯
탈(脫)	亥子
사(死)	子
절(絶)	寅

辛亥일 제4국

공망 : 寅·卯 ○
낮 : 왼쪽 천장, 밤 : 오른쪽 천장

□ 과체 : 원수과
- 만사형통의 상
- 임신 : 아들(春·夏)
- 소송 : 원고가 유리

□ 래정 : 시험, 직장
- 시험 : 불합격
- 승진 : 불가

辛亥일 제5국

공망 : 寅·卯 ○
낮 : 왼쪽 천장, 밤 : 오른쪽 천장

□ 과체 : 섭해과
- 희망사 : 지체
- 결혼 : 장애
- 출산 : 난산

□ 래정 : 시험, 직장
- 시험 : 합격(낮)
- 승진 : 가능(밤)

辛亥일 제6국

공망 : 寅·卯 ○
낮 : 왼쪽 천장, 밤 : 오른쪽 천장

□ 과체 : 중심과
- 매사 심사숙고의 상
- 임신 : 딸(秋·冬)
- 소송 : 재심이 유리

□ 래정 : 시험, 직장
- 시험 : 합격
- 승진 : 가능

辛亥일 제 7 국

공망 : 寅·卯 ○
낮 : 왼쪽 천장, 밤 : 오른쪽 천장

신해일	
길신(구보)	
일덕	巳
일록	酉
역마	巳
장생	巳
제왕	酉
순기	亥
육의	甲辰
귀인	주 寅 / 야 午
합(合)	
태(胎)	卯

乙	辛	乙
玄 巳 后	合 亥 青	玄 巳 后
亥	巳	亥
甲	庚	乙	辛
陰 辰 陰	勾 戌 勾	玄 巳 后	合 亥 青
辛 戌	辰	亥	巳

辛合巳	壬朱子午	癸空丑未	○蛇貴寅申常
庚勾戌辰			○后卯玄酉
己青酉卯○			甲陰辰陰戌
戊空申寅	丁白未蛇	丙蛇午常貴子	乙玄巳后亥

□ 과체 : 반음과
• 매사 유시무종의 상
• 결혼 : 불성
• 임신 : 불길
□ 래정 : 생업, 여자
• 생업 : 곤란
• 결혼 : 불가

흉신(팔살)	
형	
충	
파	
해	
귀살	巳午
묘신	丑
敗/桃	午/子
공망	寅卯
탈(脫)	亥子
사(死)	子
절(絶)	寅

辛亥일 제 8 국

공망 : 寅·卯 ○
낮 : 왼쪽 천장, 밤 : 오른쪽 천장

○	戊	癸
后 卯 玄	空 申 朱	蛇 丑 白
戌	卯○	申
○	戊	甲	己
后 卯 玄	空 申 朱	陰 辰 陰	青 酉 合
辛 戌	卯○	亥	辰

庚勾戌巳	辛合亥午	壬朱子未	癸蛇丑申白
己青酉辰			○貴寅常酉
戊空申卯○			○后卯玄戌
丁白未蛇寅	丙蛇午常貴丑	乙玄巳后子	甲陰辰陰亥

□ 과체 : 중심과
• 매사 심사숙고의 상
• 임신 : 딸(여름)
• 소송 : 재심이 유리
□ 래정 : 결혼, 사업
• 결혼 : 불성
• 사업 : 실패

辛亥일 제 9 국

공망 : 寅·卯 ○
낮 : 왼쪽 천장, 밤 : 오른쪽 천장

丁	辛	○
白 未 蛇	合 亥 青	后 卯 玄
卯○	未	亥
○	丙	○	丁
貴 寅 常	常 午 貴	后 卯 玄	白 未 蛇
辛 戌	寅○	亥	卯○

己青酉巳	庚勾戌午	辛合亥未	壬朱子申空
戊空申辰			癸蛇丑酉
丁白未蛇卯○			○貴寅常戌
丙常午貴寅	乙玄巳后丑	甲陰辰陰子	○后卯玄亥

□ 과체 : 지일과
• 기로에서 가까운 사람·장소를 선택
• 소송 : 화해가 유리
• 가출인·유실물 : 근처
□ 래정 : 질병, 사업
• 질병 : 치유
• 사업 : 실패

신해일	
길신(구보)	
일덕	巳
일록	酉
역마	巳
장생	巳
제왕	酉
순기	亥
육의	甲辰
귀인	주 寅 / 야 午
합(合)	
태(胎)	卯

흉신(팔살)	
형	
충	
파	
해	
귀살	巳午
묘신	丑
敗 / 桃	午 / 子
공망	寅卯
탈(脫)	亥子
사(死)	子
절(絶)	寅

辛亥일 제 10 국

공망 : 寅·卯 ○
낮 : 왼쪽 천장, 밤 : 오른쪽 천장

□ 과체 : 요극과(호시)
· 희망 : 점차 사라진다.
· 우환 : 점차 약해진다.
· 쟁송 : 피고가 유리
□ 래정 : 매매, 결혼
· 매매 : 불성(낮)
· 결혼 : 불성(밤)

辛亥일 제 11 국

공망 : 寅·卯 ○
낮 : 왼쪽 천장, 밤 : 오른쪽 천장

□ 과체 : 섭해과
· 희망사 : 지체
· 결혼 : 장애
· 출산 : 난산
□ 래정 : 결혼, 질병
· 결혼 : 불길
· 질병(부모) : 위독

辛亥일 제 12 국

공망 : 寅·卯 ○
낮 : 왼쪽 천장, 밤 : 오른쪽 천장

□ 과체 : 원수과
· 만사형통의 상
· 임신 : 아들(여름)
· 소송 : 원고가 유리
□ 래정 : 부모, 사업
· 질병(부모) : 위독
· 사업 : 실패(밤)

임자일

길신(구보)	
일덕	亥
일록	亥
역마	寅
장생	申
제왕	子
순기	亥
육의	甲辰
귀인	주 卯 / 야 巳
합(合)	
태(胎)	午

흉신(팔살)	
형	
충	
파	
해	
귀살	辰戌 丑未
묘신	辰
敗/桃	酉/酉
공망	寅卯
탈(脫)	寅卯
사(死)	卯
절(絶)	巳

壬子일 제1국

공망: 寅·卯 ○
낮: 왼쪽 천장, 밤: 오른쪽 천장

□ 과체: 복음과
- 수구대신의 상
- 질병·관재·소송: 대흉
- 가출인·유실물: 근처

□ 래정: 시험·승진
- 시험·승진: 합격(낮)
- 승진·승진: 불가(밤)

壬子일 제2국

공망: 寅·卯 ○
낮: 왼쪽 천장, 밤: 오른쪽 천장

□ 과체: 원수과
- 만사형통의 상
- 임신: 아들(여름)
- 소송: 원고가 유리

□ 래정: 질병
- 질병: 갑상선, 위장병

壬子일 제3국

공망: 寅·卯 ○
낮: 왼쪽 천장, 밤: 오른쪽 천장

□ 과체: 원수과
- 만사형통의 상
- 임신: 아들(여름)
- 소송: 원고가 유리

□ 래정: 직장, 질병
- 직장: 취직, 승진
- 질병: 갑상선, 위장병

임자일	
길신(구보)	
일덕	亥
일록	亥
역마	寅
장생	申
제왕	子
순기	亥
육의	甲辰
귀인	주 卯 / 야 巳
합(合)	
태(胎)	午

흉신(팔살)	
형	
충	
파	
해	
귀살	辰戌 丑未
묘신	辰
敗/桃	酉/酉
공망	寅卯
탈(脫)	寅卯
사(死)	卯
절(絶)	巳

壬子일 제4국

공망: 寅·卯 ○
낮: 왼쪽 천장, 밤: 오른쪽 천장

丙	○		壬
玄午后	貴卯朱		合子青
酉	午		卯 ○
戊	乙	己	丙
白申玄	陰巳貴	空酉常	玄午后
壬亥	申	子	酉

蛇寅巳合	○貴卯午朱	甲辰后未	乙巳陰申貴
朱癸丑辰			丙午玄酉后
合壬子卯			丁未常戌陰
勾辛亥寅	空庚戌丑	常己酉子	玄戊申亥

□ 과체: 지일과
· 기로에서 가까운 사람·장소를 선택
· 소송: 화해가 유리
· 가출인·유실물: 근처
□ 래정: 결혼, 임신
· 결혼: 실패(낮)
· 결혼: 성공(밤)

壬子일 제5국

공망: 寅·卯 ○
낮: 왼쪽 천장, 밤: 오른쪽 천장

丁	○		辛
常未陰	貴卯朱	勾亥空	
亥	未		卯 ○
丁	○	戊	甲
常未陰	貴卯朱	白申玄	后辰蛇
壬亥	未	子	申

朱癸丑巳	○蛇寅午合	○貴卯未朱	甲辰后申蛇
合壬子辰			乙巳陰酉貴
勾辛亥卯			丙午玄戌后
青庚戌寅	空己酉丑	白戊申子	常丁未亥

□ 과체: 섭해과
· 희망사: 지체
· 결혼: 장애
· 출산: 난산
□ 래정: 부모, 여자
· 부모: 부모상(묘월)
· 여자: 음해 예방

壬子일 제6국

공망: 寅·卯 ○
낮: 왼쪽 천장, 밤: 오른쪽 천장

丙	癸	戊	
玄午后	朱丑勾	白申玄	
亥	午	丑	
丙	癸	丁	○
玄午后	朱丑勾	常未陰	蛇寅合
壬亥	午	子	未

合壬子巳	青朱丑午勾	○蛇寅未合	○貴卯申朱
勾辛亥辰			甲辰后酉蛇
青庚戌卯			乙巳陰戌貴
空己酉寅	白戊申丑	常丁未子	玄丙午亥

□ 과체: 중심과
· 매사 심사숙고의 상
· 임신: 딸(秋·冬)
· 소송: 재심이 유리
□ 래정: 결혼·임신
· 결혼·임신: 실패

壬子일

임자일

길신(구보)	
일덕	亥
일록	亥
역마	寅
장생	申
제왕	子
순기	亥
육의	甲辰
귀인	주 卯 / 야 巳
합(合)	
태(胎)	午

흉신(팔살)	
형	
충	
파	
해	
귀살	辰戌 丑未
묘신	辰
敗/桃	酉 / 酉
공망	寅卯
탈(脫)	寅卯
사(死)	卯
절(絶)	巳

壬子일 제 7 국

공망 : 寅·卯 ○
낮 : 왼쪽 천장, 밤 : 오른쪽 천장

	丙	壬	丙
	玄午蛇	合子白	玄午蛇
	子	午	子
乙	辛	丙	壬
陰巳貴	勾亥空	玄午蛇	合子白
壬亥	巳	子	午

辛勾亥巳	壬空子午	癸合丑未	○朱寅申
庚青戌辰			○蛇卯酉
己空酉卯			甲陰辰戌
戊白申寅	丁常未丑	丙玄午子	乙貴巳亥

- 과제 : 반음과
- 매사 유시무종의 상
- 결혼 : 불성
- 임신 : 불길
- 래정 : 결혼·임신
- 결혼·임신 : 실패

壬子일 제 8 국

공망 : 寅·卯 ○
낮 : 왼쪽 천장, 밤 : 오른쪽 천장

	乙	庚	○
	陰巳貴	青戌青	貴卯陰
	子	巳	戌
甲	己	乙	庚
后辰后	空酉勾	陰巳貴	青戌青
壬亥	辰	子	巳

庚青戌巳	辛勾亥午	壬空子未	癸合丑申
己空酉辰			○蛇寅酉
戊白申卯			○貴卯戌
丁常未寅	丙玄午丑	乙陰巳子	甲后辰亥

- 과제 : 중심과
- 매사 심사숙고의 상
- 임신 : 딸(秋·冬)
- 소송 : 재심이 유리
- 래정 : 직업
- 사업 : 실패
- 시험·승진 : 실패

壬子일 제 9 국

공망 : 寅·卯 ○
낮 : 왼쪽 천장, 밤 : 오른쪽 천장

	丁	辛	○
	勾未朱	常亥空	貴卯陰
	卯	○未	亥
○	丁	甲	戊
貴卯陰	勾未朱	蛇辰后	青申合
壬亥	卯	○子	辰

己空酉巳	庚白戌午	辛常亥未	壬玄子申
戊青申辰			癸陰丑酉
丁勾未卯			○后寅戌
丙合午寅	乙朱巳丑	甲蛇辰子	○貴卯亥

- 과제 : 중심과
- 매사 심사숙고의 상
- 임신 : 딸(冬·春)
- 소송 : 재심이 유리
- 래정 : 관재·구설
- 관재·구설 : 해소

壬子일

임자일	
길신(구보)	
일덕	亥
일록	亥
역마	寅
장생	申
제왕	子
순기	亥
육의	甲辰
귀인	주 卯 / 야 巳
합(合)	
태(胎)	午

흉신(팔살)	
형	
충	
파	
해	
귀살	辰戌 丑未
묘신	辰
敗/桃	酉/酉
공망	寅卯
탈(脫)	寅卯
사(死)	卯
절(絶)	巳

壬子일 제10국

공망 : 寅·卯 ○
낮 : 왼쪽 천장, 밤 : 오른쪽 천장

□ 과체 : 요극과(탄사)
• 희망 : 점차 사라진다.
• 우환 : 점차 약해진다.
• 쟁송 : 원고가 유리
□ 래정 : 결혼, 사업
• 결혼·임신 : 실패
• 사업 : 실패

壬子일 제11국

공망 : 寅·卯 ○
낮 : 왼쪽 천장, 밤 : 오른쪽 천장

□ 과체 : 중심과
• 매사 심사숙고의 상
• 임신 : 딸(冬·春)
• 소송 : 재심이 유리
□ 래정 : 질병, 여자
• 질병 : 위독
• 여자 : 생사이별

壬子일 제12국

공망 : 寅·卯 ○
낮 : 왼쪽 천장, 밤 : 오른쪽 천장

□ 과체 : 지일과
• 기로에서 가까운 사람·장소를 선택
• 소송 : 화해가 유리
• 가출인·유실물 : 근처
□ 래정 : 활동
• 활동 : 지체, 무소득

癸丑일

계축일	
길신(구보)	
일덕	巳
일록	子
역마	亥
장생	申
제왕	子
순기	亥
육의	甲辰
귀인	주 巳 / 야 卯
합(合)	
태(胎)	午

흉신(팔살)	
형	
충	
파	
해	
귀살	辰戌 丑未
묘신	辰
敗/桃	酉/午
공망	寅卯
탈(脫)	寅卯
사(死)	卯
절(絶)	巳

癸丑일 제1국

공망 : 寅·卯 ○
낮 : 왼쪽 천장, 밤 : 오른쪽 천장

□ 과체 : 복음과
· 수구대신의 상
· 질병·관재·소송 : 대흉
· 가출인·유실물 : 근처
□ 래정 : 관재, 승진
· 관재구설 : 최흉
· 시험·선거 : 합격(秋)

癸丑일 제2국

공망 : 寅·卯 ○
낮 : 왼쪽 천장, 밤 : 오른쪽 천장

□ 과체 : 중심과
· 매사 심사숙고의 상
· 임신 : 딸(여름)
· 소송 : 재심이 유리
□ 래정 : 결혼, 직장
· 결혼 : 성사
· 시험·선거 : 합격(冬)

癸丑일 제3국

공망 : 寅·卯 ○
낮 : 왼쪽 천장, 밤 : 오른쪽 천장

□ 과체 : 중심과
· 매사 심사숙고의 상
· 임신 : 딸(여름)
· 소송 : 재심이 유리
□ 래정 : 시험·직장
· 시험 : 합격(겨울)
· 직장 : 승진(겨울)

계축일	
길신(구보)	
일덕	巳
일록	子
역마	亥
장생	申
제왕	子
순기	亥
육의	甲辰
귀인	주 巳 / 야 卯
합(合)	
태(胎)	午

흉신(팔살)	
형	
충	
파	
해	
귀살	辰戌 丑未
묘신	辰
敗/桃	酉/午
공망	寅卯
탈(脫)	寅卯
사(死)	卯
절(絶)	巳

癸丑일 제 4국

공망 : 寅·卯 ○
낮 : 왼쪽 천장, 밤 : 오른쪽 천장

□ 과체 : 원수과
• 만사형통의 상
• 임신 : 아들(여름)
• 소송 : 원고가 유리
□ 래정 : 질병, 직장
• 질병 : 위장병, 갑상선
• 직장 : 승진

癸丑일 제 5국

공망 : 寅·卯 ○
낮 : 왼쪽 천장, 밤 : 오른쪽 천장

□ 과체 : 원수과
• 만사형통의 상
• 임신 : 아들(春·夏)
• 소송 : 원고가 유리
□ 래정 : 시험, 직장
• 시험 : 합격(가을)
• 승진 : 가능(가을)

癸丑일 제 6국

공망 : 寅·卯 ○
낮 : 왼쪽 천장, 밤 : 오른쪽 천장

□ 과체 : 중심과
• 매사 심사숙고의 상
• 임신 : 딸(가을)
• 소송 : 재심이 유리
□ 래정 : 시험, 직장
• 시험 : 불합격
• 승진 : 불가

계축일

길신(구보)	
일덕	巳
일록	子
역마	亥
장생	申
제왕	子
순기	亥
육의	甲辰
귀인	주 巳 / 야 卯
합(合)	
태(胎)	午

흉신(팔살)	
형	
충	
파	
해	
귀살	辰戌丑未
묘신	辰
敗/桃	酉/午
공망	寅卯
탈(脫)	寅卯
사(死)	卯
절(絶)	巳

癸丑일 제7국

공망 : 寅·卯 ○
낮 : 왼쪽 천장, 밤 : 오른쪽 천장

丁	癸	丁	
朱未常	常丑朱	朱未常	
丑	未	丑	
丁	癸	丁	癸
朱未常	常丑朱	朱未常	常丑朱
癸丑	未	丑	未

辛空亥巳	壬勾白子午	癸合常丑未	○玄寅蛇申
庚青戌辰			○陰卯貴酉
己勾酉卯○			甲后辰戌
戊合申寅○	丁朱未常丑	丙蛇午玄子	乙貴巳陰亥

□ 과체 : 반음과
• 매사 유시무종의 상
• 결혼 : 불성
• 임신 : 불길
□ 래정 : 시험, 부모
• 시험 : 합격
• 부모 : 부모상(2월)

癸丑일 제8국

공망 : 寅·卯 ○
낮 : 왼쪽 천장, 밤 : 오른쪽 천장

丙	辛	甲	
蛇午玄	空亥勾	后辰后	
丑	午	亥	
丙	辛	丙	辛
蛇午玄	空亥勾	蛇午玄	空亥勾
癸丑	午	丑	午

庚青戌巳	辛空亥午	壬白子未	癸常丑申
己勾酉辰			○玄寅蛇酉
戊合申卯○			○陰卯貴戌
丁朱未常寅	丙蛇午玄丑	乙貴巳陰子	甲后辰戌亥

□ 과체 : 중심과
• 매사 심사숙고의 상
• 임신 : 딸(여름)
• 소송 : 재심이 유리
□ 래정 : 사업, 임신
• 사업 : 실패
• 결혼·임신 : 실패

癸丑일 제9국

공망 : 寅·卯 ○
낮 : 왼쪽 천장, 밤 : 오른쪽 천장

己	癸	乙	
勾酉空	常丑陰	貴巳朱	
巳	酉	丑	
乙	己	乙	己
貴巳朱	勾酉空	貴巳朱	勾酉空
癸丑	巳	丑	巳

己勾酉巳	庚青戌午	辛空亥未	壬白子申
戊合申辰			癸常丑酉
丁朱未卯○			○玄寅后戌
丙蛇午合寅○	乙貴巳朱丑	甲后辰蛇子	○陰卯貴亥

□ 과체 : 섭해과
• 희망사 : 지체
• 결혼 : 장애
• 출산 : 난산
□ 래정 : 시험, 직장
• 시험 : 합격(가을)
• 승진 : 가능(가을)

계축일	
길신(구보)	
일덕	巳
일록	子
역마	亥
장생	申
제왕	子
순기	亥
육의	甲辰
귀인	주 巳 / 야 卯
합(合)	
태(胎)	午

흉신(팔살)	
형	
충	
파	
해	
귀살	辰戌 丑未
묘신	辰
敗 / 桃	酉 / 午
공망	寅卯
탈(脫)	寅卯
사(死)	卯
절(絶)	巳

癸丑일 제 10국

공망 : 寅·卯 ○
낮 : 왼쪽 천장, 밤 : 오른쪽 천장

□ 과체 : 원수과
- 만사형통의 상
- 임신 : 아들(여름)
- 소송 : 원고가 유리

□ 래정 : 질병, 직장
- 질병(여자) : 위독
- 승진 : 가능(여름)

癸丑일 제 11국

공망 : 寅·卯 ○
낮 : 왼쪽 천장, 밤 : 오른쪽 천장

□ 과체 : 원수과
- 만사형통의 상
- 임신 : 아들(冬·春)
- 소송 : 원고가 유리

□ 래정 : 여자, 직장
- 여자 : 암해 예방
- 시험·승진 : 실패

癸丑일 제 12국

공망 : 寅·卯 ○
낮 : 왼쪽 천장, 밤 : 오른쪽 천장

□ 과체 : 원수과
- 만사형통의 상
- 임신 : 아들(冬·春)
- 소송 : 원고가 유리

□ 래정 : 사업, 여자
- 사업 : 실패
- 여자 : 생사이별

갑인일	
길신(구보)	
일덕	寅
일록	寅
역마	申
장생	亥
제왕	卯
순기	亥
육의	甲寅
귀인	주 未 / 야 丑
합(合)	
태(胎)	酉

흉신(팔살)	
형	
충	
파	
해	
귀살	申酉
묘신	未
敗/桃	子/卯
공망	子丑
탈(脫)	巳午
사(死)	午
절(絶)	申

甲寅일 제1국

공망: 子·丑 ○
낮: 왼쪽 신장, 밤: 오른쪽 신장

□ 과체: 복음과
- 수구대신의 상
- 질병·관재·소송: 대흉
- 가출인·유실물: 근처

□ 래정: 직장
- 시험: 합격
- 승진: 가능

甲寅일 제2국

공망: 子·丑 ○
낮: 왼쪽 천장, 밤: 오른쪽 천장

□ 과체: 지일과
- 기로에서 가까운 사람·장소를 선택
- 소송: 화해가 유리
- 가출인·유실물: 근처

□ 래정: 부모, 사업
- 부모: 위독
- 결혼: 실패

甲寅일 제3국

공망: 子·丑 ○
낮: 왼쪽 천장, 밤: 오른쪽 천장

□ 과체: 원수과
- 만사형통의 상
- 임신: 아들(여름)
- 소송: 원고가 유리

□ 래정: 사업
- 사업: 실패

갑인일	
길신(구보)	
일덕	寅
일록	寅
역마	申
장생	亥
제왕	卯
순기	亥
육의	甲寅
귀인	주 未 / 야 丑
합(合)	
태(胎)	酉

흉신(팔살)	
형	
충	
파	
해	
귀살	申酉
묘신	未
敗/桃	子/卯
공망	子丑
탈(脫)	巳午
사(死)	午
절(絶)	申

甲寅일 제 4 국

공망 : 子·丑 ○
낮 : 왼쪽 천장, 밤 : 오른쪽 천장

□ 팔전과
· 부부 : 음란
· 부자 : 불화
· 가출·유실물 : 근처
· 양일 : 부모·남자 유리
□ 래정 : 사업
· 사업 : 실패

甲寅일 제 5 국

공망 : 子·丑 ○
낮 : 왼쪽 천장, 밤 : 오른쪽 천장

□ 과체 : 중심과
· 매사 심사숙고의 상
· 임신 : 딸(冬·春)
· 소송 : 재심이 유리
□ 래정 : 사업, 결혼
· 사업(매매) : 실패
· 결혼 : 실패

甲寅일 제 6 국

공망 : 子·丑 ○
낮 : 왼쪽 천장, 밤 : 오른족 천장

□ 과체 : 원수과
· 만사형통의 상
· 임신 : 아들(가을)
· 소송 : 원고가 유리
□ 래정 : 관재, 구설
· 관재 : 점차 해소
· 구설 : 점차 해소

甲寅일

갑인일

길신(구보)	
일덕	寅
일록	寅
역마	申
장생	亥
제왕	卯
순기	亥
육의	甲寅
귀인	주 未 / 야 丑
합(合)	
태(胎)	酉

흉신(팔살)	
형	
충	
파	
해	
귀살	申酉
묘신	未
敗/桃	子/卯
공망	子丑
탈(脫)	巳午
사(死)	午
절(絶)	申

甲寅일 제 7 국

공망 : 子·丑 ○
낮 : 왼쪽천장, 밤 : 오른쪽 천장

□ 과체 : 반음과
- 매사 유시무종의 상
- 결혼 : 불성
- 임신 : 불길

□ 래정 : 질병, 결혼
- 질병 : 해소
- 결혼 : 실패

甲寅일 제 8 국

공망 : 子·丑 ○
낮 : 왼쪽천장, 밤 : 오른쪽 천장

□ 과체 : 지일과
- 기로에서 가까운 사람·장소를 선택
- 소송 : 화해가 유리
- 가출인·유실물 : 근처

□ 래정 : 시험, 사업
- 시험 : 불합격
- 사업 : 실패

甲寅일 제 9 국

공망 : 子·丑 ○
낮 : 왼쪽 천장, 밤 : 오른쪽 천장

□ 팔전과
- 부부 : 음란
- 부자 : 불화
- 가출·유실물 : 근처
- 양일 : 부모·남자 유리

□ 래정 : 직장
- 시험·승진 : 실패(낮)
- 시험 : 성공(밤)

甲寅일 제 10 국

공망 : 子·丑 ○
낮 : 왼쪽 천장, 밤 : 오른쪽천장

庚	癸	甲
蛇申青 勾亥朱 白寅后		
巳	申	亥
丁	庚	丁	庚
陰巳常 蛇申青 陰巳常 蛇申青			
甲寅	巳	寅	巳

	庚申巳	辛酉午	壬戌未	癸亥申	
	蛇青貴	朱勾空	合合	勾朱	
己未辰					○子酉 青蛇
戊午卯 后白					C丑戌 空貴
丁巳寅 陰常	丙辰丑○ 玄玄	乙卯子 常陰	日寅亥 白后		

- 과체 : 중심과
- 매사 심사숙고의 상
- 임신 : 딸(春·夏)
- 소송 : 재심이 유리
- 래정 : 직장
- 시험·승진 : 대길

갑인일

길신(구보)

일덕	寅
일록	寅
역마	申
장생	亥
제왕	卯
순기	亥
육의	甲寅
귀인	주 未 / 야 丑
합(合)	
태(胎)	酉

흉신(팔살)

형	
충	
파	
해	
귀살	申酉
묘신	未
敗 / 桃子 / 卯	
공망	子丑
탈(脫)	巳午
사(死)	午
절(絶)	申

甲寅일 제 11 국

공망 : 子·丑 ○
낮 : 왼쪽 천장, 밤 : 오른쪽 천장

丙	戊	庚
合辰合 蛇午青 后申白		
寅	辰	午
丙	戊	丙	戊
合辰合 蛇午青 合辰合 蛇午青			
甲寅	辰	寅	辰

- 과체 : 중심과
- 매사 심사숙고의 상
- 임신 : 딸(冬·春)
- 소송 : 재심이 유리
- 래정 : 사업
- 사업 : 실패

甲寅일 제 12 국

공망 : 子·丑 ○
낮 : 왼쪽 천장, 밤 : 오른쪽 천장

丙	丁	戊
合辰合 朱巳勾 蛇午青		
卯	辰	巳
乙	丙	乙	丙
勾卯朱 合辰合 勾卯朱 合辰合			
甲寅	卯	寅	卯

- 과체 : 중심과
- 매사 심사숙고의 상
- 임신 : 딸(冬·春)
- 소송 : 재심이 유리
- 래정 : 사업
- 사업 : 실패

을묘일

길신(구보)	
일덕	申
일록	卯
역마	巳
장생	亥
제왕	卯
순기	亥
육의	甲寅
귀인	주 申 / 야 子
합(合)	
태(胎)	酉

흉신(팔살)	
형	
충	
파	
해	
귀살	申酉
묘신	未
敗/桃	子/子
공망	子丑
탈(脫)	巳午
사(死)	午
절(絶)	申

乙卯일 제1국

공망 : 子·丑 ○
낮 : 왼쪽 천장, 밤 : 오른쪽 천장

□ 과체 : 복음과
· 수구대신의 상
· 질병·관재·소송 : 대흉
· 가출인·유실물 : 근처
□ 래정 : 직장
· 직장운 : 전근, 좌천

乙卯일 제2국

공망 : 子·丑 ○
낮 : 왼쪽 천장, 밤 : 오른쪽 천장

□ 과체 : 중심과
· 매사 심사숙고의 상
· 임신 : 딸(冬·春)
· 소송 : 재심이 유리
□ 래정 : 질병, 사업
· 질병(아내) : 위독
· 사업 : 실패

乙卯일 제3국

공망 : 子·丑 ○
낮 : 왼쪽 천장, 밤 : 오른쪽 천장

□ 과체 : 섭해과
· 희망사 : 지체
· 결혼 : 장애
· 출산 : 난산
□ 래정 : 가정
· 가정 : 손재수

乙卯일 제4국

공망 : 子·丑 ○
낮 : 왼쪽 천장, 밤 : 오른쪽 천장

□ 과체 : 중심과
· 매사 심사숙고의 상
· 임신 : 딸
· 소송 : 재심이 유리
□ 래정 : 사업
· 사업 : 실패

乙卯일 제5국

공망 : 子·丑 ○
낮 : 왼쪽 천장, 밤 : 오른쪽 천장

□ 과체 : 원수과
· 만사형통의 상
· 임신 : 아들(여름)
· 소송 : 원고가 유리
□ 래정 : 사업, 질병
· 사업 : 실패
· 질병(아내) : 치유

乙卯일 제6국

공망 : 子·丑 ○
낮 : 왼쪽 천장, 밤 : 오른쪽 천장

□ 과체 : 섭해과
· 희망사 : 지체
· 결혼 : 지체
· 출산 : 지체
□ 래정 : 투자
· 투자 : 실패

을묘일

길신(구보)	
일덕	申
일록	卯
역마	巳
장생	亥
제왕	卯
순기	亥
육의	甲寅
귀인	주 申 / 야 子
합(合)	
태(胎)	酉

흉신(팔살)	
형	
충	
파	
해	
귀살	申酉
묘신	未
敗/桃	子/子
공망	子丑
탈(脫)	巳午
사(死)	午
절(絶)	申

을묘일

길신(구보)	
일덕	申
일록	卯
역마	巳
장생	亥
제왕	卯
순기	亥
육의	甲寅
귀인	주 申 / 야 子
합(合)	
태(胎)	酉

흉신(팔살)	
형	
충	
파	
해	
귀살	申酉
묘신	未
敗/桃	子/子
공망	子丑
탈(脫)	巳午
사(死)	午
절(絶)	申

乙卯일 제7국
공망 : 子·丑 ○
낮 : 왼쪽 천장, 밤 : 오른쪽 천장

- 과체 : 반음과
  - 매사 유시무종의 상
  - 결혼 : 불성
  - 임신 : 불길
- 래정 : 직업
  - 시험·승진 : 불가
  - 사업 : 실패

乙卯일 제8국
공망 : 子·丑 ○
낮 : 왼쪽 천장, 밤 : 오른쪽 천장

- 과체 : 중심과
  - 매사 심사숙고의 상
  - 임신 : 딸
  - 소송 : 재심이 유리
- 래정 : 사업, 직장
  - 사업 : 성공(초길)
  - 직장 : 대길(봄)

乙卯일 제9국
공망 : 子·丑 ○
낮 : 왼쪽 천장, 밤 : 오른쪽 천장

- 과체 : 섭해과
  - 희망사 : 지체
  - 결혼 : 장애
  - 출산 : 난산
- 래정 : 결혼, 가정
  - 결혼 : 성사
  - 가정 : 음란

을묘일

길신(구보)	
일덕	申
일록	卯
역마	巳
장생	亥
제왕	卯
순기	亥
육의	甲寅
귀인	주 申 / 야 子
합(合)	
태(胎)	酉

흉신(팔살)	
형	
충	
파	
해	
귀살	申酉
묘신	未
敗/桃子/子	
공망	子丑
탈(脫)	巳午
사(死)	午
절(絶)	申

乙卯일 제 10 국

공망 : 子·丑 ○
낮 : 왼쪽 천장, 밤 : 오른쪽 천장

□ 과체 : 섭해과
· 희망사 : 지체
· 결혼 : 장애
· 출산 : 난산
□ 래정 : 가정
· 가정 : 음란 예방

乙卯일 제 11 국

공망 : 子·丑 ○
낮 : 왼쪽 천장, 밤 : 오른쪽 천장

□ 과체 : 중심과
· 매사 심사숙고의 상
· 임신 : 딸
· 소송 : 재심이 유리
□ 래정 : 직장, 관재
· 승진 : 불가
· 관재 : 해소

乙卯일 제 12 국

공망 : 子·丑 ○
낮 : 왼쪽 천장, 밤 : 오른쪽 천장

□ 과체 : 중심과
· 매사 심사숙고의 상
· 임신 : 딸
· 소송 : 재심이 유리
□ 래정 : 부동산, 관재
· 매매(땅) : 성사
· 관재 : 가중, 험난

병진일	
길신(구보)	
일덕	巳
일록	巳
역마	寅
장생	寅
제왕	午
순기	亥
육의	甲寅
귀인	주 酉 / 야 亥
합(合)	
태(胎)	子

흉신(팔살)	
형	
충	
파	
해	
귀살	亥子
묘신	戌
敗/桃	卯/酉
공망	子丑
탈(脫)	辰戌丑未
사(死)	酉
절(絶)	亥

丙辰일 제1국

공망 : 子·丑 ○
낮 : 왼쪽 천장, 밤 : 오른쪽 천장

- 과체 : 복음과
- 수구대신의 상
- 질병·관재·소송 : 대흉
- 가출인·유실물 : 근처
- 래정 : 시험, 관재
- 시험 : 합격
- 관재 : 가중

丙辰일 제2국

공망 : 子·丑 ○
낮 : 왼쪽 천장, 밤 : 오른쪽 천장

- 과체 : 원수과
- 만사형통의 상
- 임신 : 아들(冬·春)
- 소송 : 원고가 유리
- 래정 : 원조, 관재
- 원조 : 불가(낮)
- 관재 : 유리

丙辰일 제3국

공망 : 子·丑 ○
낮 : 왼쪽 천장, 밤 : 오른쪽 천장

- 과체 : 중심과
- 매사 심사숙고의 상
- 임신 : 딸(冬·春)
- 소송 : 재심이 유리
- 래정 : 소송
- 소송 : 해소

丙辰일

병진일	
길신(구보)	
일덕	巳
일록	巳
역마	寅
장생	寅
제왕	午
순기	亥
육의	甲寅
귀인	주 酉 / 야 亥
합(合)	
태(胎)	子

흉신(팔살)	
형	
충	
파	
해	
귀살	亥子
묘신	戌
敗/桃/卯/酉	
공망	子丑
탈(脫)	辰戌丑未
사(死)	酉
절(絶)	亥

丙辰일 제4국

공망 : 子·丑 ○
낮 : 왼쪽 천장, 밤 : 오른쪽 천장

- 과체 : 요극과(호시)
- 희망 : 점차 사라진다.
- 우환 : 점차 약해진다.
- 쟁송 : 피고가 유리
- 래정 : 관재, 관직
- 관재 : 불리
- 관직 : 불리

丙辰일 제5국

공망 : 子·丑 ○
낮 : 왼쪽 천장, 밤 : 오른쪽 천장

- 과체 : 중심과
- 매사 심사숙고의 상
- 임신 : 딸(여름)
- 소송 : 재심이 유리
- 래정 : 관재, 교제
- 관재 : 해소, 손재수
- 결혼·매매 : 불성(낮)

丙辰일 제6국

공망 : 子·丑 ○
낮 : 왼쪽 천장, 밤 : 오른쪽 천장

- 과체 : 지일과
- 기로에서 가까운 사람·장소를 선택
- 소송 : 화해가 유리
- 가출인·유실물 : 근처
- 래정 : 가정
- 가정 : 손재수
- 질병 : 점차 경미

병진일	
길신(구보)	
일덕	巳
일록	巳
역마	寅
장생	寅
제왕	午
순기	亥
육의	甲寅
귀인	주 酉 / 야 亥
합(合)	
태(胎)	子

흉신(팔살)	
형	
충	
파	
해	
귀살	亥子
묘신	戌
敗/桃	卯/酉
공망	子丑
탈(脫)	辰戌丑未
사(死)	酉
절(絶)	亥

丙辰일 제7국

공망: 子·丑 ○
낮: 왼쪽 천장, 밤: 오른쪽 천장

- 과체: 반음과
- 매사 유시무종의 상
- 결혼: 불성
- 임신: 불길
- 래정: 직장, 관재
- 시험·승진: 불가
- 관재: 해소

丙辰일 제8국

공망: 子·丑 ○
낮: 왼쪽 천장, 밤: 오른쪽 천장

- 과체: 중심과
- 매사 심사숙고의 상
- 임신: 딸(가을)
- 소송: 재심이 유리
- 래정: 질병, 생업
- 질병: 암
- 생계: 절망

丙辰일 제9국

공망: 子·丑 ○
낮: 왼쪽 천장, 밤: 오른쪽 천장

- 과체: 중심과
- 매사 심사숙고의 상
- 임신: 딸(春·夏)
- 소송: 재심이 유리
- 래정: 사업
- 사업: 성공(가을)

병진일

길신(구보)	
일덕	巳
일록	巳
역마	寅
장생	寅
제왕	午
순기	亥
육의	甲寅
귀인	주 酉 / 야 亥
합(合)	
태(胎)	子

흉신(팔살)	
형	
충	
파	
해	
귀살	亥子
묘신	戌
敗 / 桃	卯 / 酉
공망	子丑
탈(脫)	辰戌丑未
사(死)	酉
절(絶)	亥

丙辰일 제10국

공망 : 子·丑 ○
낮 : 왼쪽 천장, 밤 : 오른쪽 천장

□ 과체 : 중심과
• 매사 심사숙고의 상
• 임신 : 딸(春·夏)
• 소송 : 재심이 유리
□ 래정 : 직장, 사업
• 직장 : 승진
• 사업 : 발달, 성공

丙辰일 제11국

공망 : 子·丑 ○
낮 : 왼쪽 천장, 밤 : 오른쪽 천장

□ 과체 : 중심과
• 매사 심사숙고의 상
• 임신 : 딸(春·夏)
• 소송 : 재심이 유리
□ 래정 : 직장, 사업
• 승진 : 불가
• 사업 : 실패

丙辰일 제12국

공망 : 子·丑 ○
낮 : 왼쪽 천장, 밤 : 오른쪽 천장

□ 과체 : 별책과
• 만사 ; 준비 부족
• 가정 : 음란
• 결혼 : 삼각관계
• 출산 : 지체
□ 래정 : 가정, 직장
• 가정 : 음란
• 직장 : 전근, 좌천

육임을 알면 미래가 보인다

丁巳일

정사일

길신(구보)	
일덕	亥
일록	午
역마	亥
장생	寅
제왕	午
순기	亥
육의	甲寅
귀인	주 亥 / 야 酉
합(合)	
태(胎)	子

흉신(팔살)	
형	
충	
파	
해	
귀살	亥子
묘신	戌
敗 / 桃	卯 / 午
공망	子丑
탈(脫)	辰戌丑未
사(死)	酉
절(絶)	亥

丁巳일 제1국

공망 : 子·丑 ○
낮 : 왼쪽 천장, 밤 : 오른쪽 천장

□ 과체 : 복음과
- 수구대신의 상
- 질병·관재·소송 : 대흉
- 가출인·유실물 : 근처

□ 래정 : 관재
- 관재 : 가중, 중형

丁巳일 제2국

공망 : 子·丑 ○
낮 : 왼쪽 천장, 밤 : 오른쪽 천장

□ 과체 : 원수과
- 만사형통의 상
- 임신 : 아들(冬·春)
- 쟁송 : 초기가 유리

□ 래정 : 직장
- 직장 : 이동 불리(낮)

丁巳일 제3국

공망 : 子·丑 ○
낮 : 왼쪽 천장, 밤 : 오른쪽 천장

□ 과체 : 중심과
- 매사 심사숙고의 상
- 임신 : 딸(冬·春)
- 소송 : 재심이 유리

□ 래정 : 관재·구설
- 관재·구설 : 해소

정사일

길신(구보)	
일덕	亥
일록	午
역마	亥
장생	寅
제왕	午
순기	亥
육의	甲寅
귀인	주 亥 / 야 酉
합(合)	
태(胎)	子

흉신(팔살)	
형	
충	
파	
해	
귀살	亥子
묘신	戌
敗 / 桃	卯 / 午
공망	子丑
탈(脫)	辰戌丑未
사(死)	酉
절(絶)	亥

丁巳일 제4국

공망 : 子·丑 ○
낮 : 왼쪽 천장, 밤 : 오른쪽 천장

□ 과체 : 요극과(호시)
· 희망 : 점차 사라진다.
· 우환 : 점차 약해진다.
· 쟁송 : 피고가 유리
□ 래정 : 직장
· 시험·승진 : 불가
· 관재구설 : 해소

丁巳일 제5국

공망 : 子·丑 ○
낮 : 왼쪽 천장, 밤 : 오른쪽 천장

□ 과체 : 요극과(호시)
· 희망 : 점차 사라진다.
· 우환 : 점차 약해진다.
· 쟁송 : 피고가 유리
□ 래정 : 직장
· 시험·승진 : 불가
· 관재구설 : 해소

丁巳일 제6국

공망 : 子·丑 ○
낮 : 왼쪽 천장, 밤 : 오른쪽 천장

□ 과체 : 섭해과
· 희망사 : 지체
· 결혼 : 장애
· 출산 : 난산
□ 래정 : 사업
· 사업 : 실패

정사일

길신(구보)	
일덕	亥
일록	午
역마	亥
장생	寅
제왕	午
순기	亥
육의	甲寅
귀인	주 亥 / 야 酉
합(合)	
태(胎)	子

흉신(팔살)	
형	
충	
파	
해	
귀살	亥子
묘신	戌
敗/桃	卯/午
공망	子丑
탈(脫)	辰戌丑未
사(死)	酉
절(絶)	亥

丁巳일 제7국

공망 : 子·丑 ○
낮 : 왼쪽 천장, 밤 : 오른쪽 천장

□ 과체 : 반음과
· 매사 유시무종의 상
· 결혼 : 불성
· 임신 : 불길
□ 래정 : 가정
· 가정 : 불화

丁巳일 제8국

공망 : 子·丑 ○
낮 : 왼쪽 천장, 밤 : 오른쪽 천장

□ 과체 : 중심과
· 매사 심사숙고의 상
· 소송 : 재심이 유리
□ 래정 : 시험, 직장
· 시험 : 불합격
· 승진 : 불가

丁巳일 제9국

공망 : 子·丑 ○
낮 : 왼쪽 천장, 밤 : 오른쪽 천장

□ 과체 : 중심과
· 매사 심사숙고의 상
· 소송 : 재심이 유리
□ 래정 : 사업
· 사업 : 실패

정사일	
길신(구보)	
일덕	亥
일록	午
역마	亥
장생	寅
제왕	午
순기	亥
육의	甲寅
귀인	주 亥 / 야 酉
합(合)	
태(胎)	子

흉신(팔살)	
형	
충	
파	
해	
귀살	亥子
묘신	戌
敗/桃	卯/午
공망	子丑
탈(脫)	辰戌丑未
사(死)	酉
절(絶)	亥

丁巳일 제 10 국

공망: 子·丑 ○
낮: 왼쪽 천장, 밤: 오른쪽 천장

□ 과체: 중심과
- 매사 심사숙고의 상
- 임신: 딸(春·夏)
- 소송: 재심이 유리
□ 래정: 사업
- 사업: 성공

丁巳일 제 11 국

공망: 子·丑 ○
낮: 왼쪽 천장, 밤: 오른쪽 천장

□ 과체: 중심과
- 곤괘, 유순이정의 상
- 매사 심사숙고의 상
- 소송: 재심이 유리
□ 래정: 사업
- 사업: 성공

丁巳일 제 12 국

공망: 子·丑 ○
낮: 왼쪽 천장, 밤: 오른쪽 천장

□ 과체: 중심과
- 매사 심사숙고의 상
- 임신: 딸(여름)
- 소송: 재심이 유리
□ 래정: 사업
- 사업: 성공(가을)

무오일

길신(구보)	
일덕	巳
일록	巳
역마	申
장생	寅
제왕	午
순기	亥
육의	甲寅
귀인	주 丑 / 야 未
합(合)	
태(胎)	子

흉신(팔살)	
형	
충	
파	
해	
귀살	寅卯
묘신	戌
敗/桃	卯/卯
공망	子丑
탈(脫)	申酉
사(死)	酉
절(絶)	亥

戊午일 제1국

공망: 子·丑 ○
낮: 왼쪽 천장, 밤: 오른쪽 천장

□ 과체: 복음과
 • 수구대신의 상
 • 질병·관재·소송: 대흉
 • 가출인·유실물: 근처
□ 래정: 관재·구설
 • 관재·구설: 중형

戊午일 제2국

공망: 子·丑 ○
낮: 왼쪽 천장, 밤: 오른쪽 천장

□ 과체: 원수과
 • 만사형통의 상
 • 임신: 아들(冬·春)
 • 쟁송: 초기가 유리
□ 래정: 관재, 소송
 • 관재·구설: 중형
 • 소송: 패소

戊午일 제3국

공망: 子·丑 ○
낮: 왼쪽 천장, 밤: 오른쪽 천장

□ 과체: 중심과
 • 매사 심사숙고의 상
 • 임신: 딸(冬·春)
 • 소송: 재심이 유리
□ 래정: 관재·구설
 • 관재·구설: 불리

무오일	
길신(구보)	
일덕	巳
일록	巳
역마	申
장생	寅
제왕	午
순기	亥
육의	甲寅
귀인	주 丑 / 야 未
합(合)	
태(胎)	子

흉신(팔살)	
형	
충	
파	
해	
귀살	寅卯
묘신	戌
敗/桃	卯/卯
공망	子丑
탈(脫)	申酉
사(死)	酉
절(絶)	亥

戊午일 제 4 국

공망 : 子·丑 ○
낮 : 왼쪽 천장, 밤 : 오른쪽 천장

□ 과체 : 원수과
· 만사형통의 상
· 임신 : 아들(冬·春)
· 쟁송 : 초기가 유리
□ 래정 : 질병, 사업
· 질병 : 위독
· 사업 : 불리

戊午일 제 5 국

공망 : 子·丑 ○
낮 : 왼쪽 천장, 밤 : 오른쪽 천장

□ 과체 : 중심과
· 매사 심사숙고의 상
· 임신 : 딸(冬·春)
· 소송 : 재심이 유리
□ 래정 : 가정
· 가정 : 부부 음란

戊午일 제 6 국

공망 : 子·丑 ○
낮 : 왼쪽 천장, 밤 : 오른쪽 천장

□ 과체 : 중심과
· 매사 심사숙고의 상
· 임신 : 딸(春·夏)
· 소송 : 재심이 유리
□ 래정 : 사업
· 사업 : 실패

무오일

길신(구보)	
일덕	巳
일록	巳
역마	申
장생	寅
제왕	午
순기	亥
육의	甲寅
귀인	주 丑 / 야 未
합(合)	
태(胎)	子

흉신(팔살)	
형	
충	
파	
해	
귀살	寅卯
묘신	戌
敗/桃	卯/卯
공망	子丑
탈(脫)	申酉
사(死)	酉
절(絶)	亥

戊午일 제7국

공망 : 子·丑 ○
낮 : 왼쪽 천장, 밤 : 오른쪽 천장

- 과체 : 반음과
- 매사 유시무종의 상
- 결혼 : 불성
- 임신 : 불길
- 래정 : 관재·구설
- 관재·구설 : 해소

戊午일 제8국

공망 : 子·丑 ○
낮 : 왼쪽 천장, 밤 : 오른쪽 천장

- 과체 : 지일과
- 기로에서 가까운 사람·장소를 선택
- 소송 : 화해가 유리
- 가출인·유실물 : 근처
- 래정 : 가정, 기업
- 가정 : 손재수
- 기업 : 경영악화

戊午일 제9국

공망 : 子·丑 ○
낮 : 왼쪽 천장, 밤 : 오른쪽 천장

- 과체 : 원수과
- 만사형통의 상
- 임신 : 아들(冬·春)
- 쟁송 : 초기가 유리
- 래정 : 가정
- 가정 : 부부 음란

무오일	
길신(구보)	
일덕	巳
일록	巳
역마	申
장생	寅
제왕	午
순기	亥
육의	甲寅
귀인	주 丑 / 야 未
합(合)	
태(胎)	子

흉신(팔살)	
형	
충	
파	
해	
귀살	寅卯
묘신	戌
敗/桃	卯/卯
공망	子丑
탈(脫)	申酉
사(死)	酉
절(絶)	亥

戊午일 제 10 국

공망 : 子·丑 ○
낮 : 왼쪽 천장, 밤 : 오른쪽 천장

- 과체 : 중심과
- 매사 심사숙고의 상
- 임신 : 딸(春·夏)
- 소송 : 재심이 유리
- 래정 : 관재·구설
- 관재·구설 : 해소

戊午일 제 11 국

공망 : 子·丑 ○
낮 : 왼쪽 천장, 밤 : 오른쪽 천장

- 과체 : 중심과
- 매사 심사숙고의 상
- 임신 : 딸(春·夏)
- 소송 : 재심이 유리
- 래정 : 사업
- 사업 : 실패

戊午일 제 12 국

공망 : 子·丑 ○
낮 : 왼쪽 천장, 밤 : 오른쪽 천장

- 과체 : 별책과
- 만사; 준비 부족
- 가정 : 음란
- 결혼 : 삼각관계
- 출산 : 지체
- 래정 : 직장
- 시험·직장 : 길(낮)
- 시험·직장 : 흉(밤)

기미일

길신(구보)	
일덕	寅
일록	午
역마	巳
장생	寅
제왕	午
순기	亥
육의	甲寅
귀인	주 子 / 야 申
합(合)	
태(胎)	子

흉신(팔살)	
형	
충	
파	
해	
귀살	寅卯
묘신	戌
敗/桃	卯/子
공망	子丑
탈(脫)	申酉
사(死)	酉
절(絕)	亥

己未일 제1국

공망: 子·丑 ○
낮: 왼쪽 천장, 밤: 오른쪽 천장

己	○	壬	
白未蛇	蛇丑白	陰戌陰	
未	丑○	戌	
己	己	己	己
白未蛇	白未蛇	白未蛇	白未蛇
己未	未	未	未

천지반:
丁巳청巳 / 戊合午 / 己朱未蛇申 / 庚常申貴
丙勾辰辰 / / / 辛玄酉酉
乙合卯卯 / / / 壬陰戌戌
甲朱寅寅 / 蛇丑白○ / 貴子常○ / 癸后亥玄亥

- □ 과체: 복음과
- 수구대신의 상
- 질병·관재·소송: 대흉
- 가출인·유실물: 근처
- □ 래정: 질병, 부동산
- 질병: 수술수(낮)
- 부동산: 매매 불성

己未일 제2국

공망: 子·丑 ○
낮: 왼쪽 천장, 밤: 오른쪽 천장

乙	戊	戊
合卯青	空午朱	空午朱
辰	未	未
戊	丁	戊	丁
空午朱	青巳合	空午朱	青巳合
己	午	未	午

천지반:
丙勾辰巳 / 丁合巳午 / 戊空午未 / 己蛇未申
乙合卯辰 / / / 庚貴申酉
甲朱寅卯 / / / 辛后酉戌
蛇丑白寅 / 貴子常丑○ / 后亥玄子○ / 陰戌玄亥

- □ 팔전과
- 부부: 음란
- 부자: 불화
- 가출·유실물: 근처
- 음일: 자식·여자 유리
- □ 래정: 매매, 사업
- 매매: 점차 성사
- 사업: 성공

己未일 제3국

공망: 子·丑 ○
낮: 왼쪽 천장, 밤: 오른쪽 천장

○	丁	丁
蛇丑白	青巳合	青巳合
卯	未	未
丁	乙	丁	乙
青巳合	合卯青	青巳合	合卯青
己未	巳	未	巳

천지반:
乙合卯巳 / 丙勾辰午 / 丁青巳未 / 戊空午朱申
甲朱寅辰 / / / 己白未蛇酉
蛇丑白卯 / / / 庚常申貴戌
貴子常寅 / 癸后亥玄丑○ / 壬陰戌陰子○ / 辛玄酉后亥

- □ 팔전과
- 부부: 음란
- 부자: 불화
- 가출·유실물: 근처
- 음일: 자식·여자 유리
- □ 래정: 승진, 질병
- 승진: 불가(낮)
- 질병: 치유(밤)

기미일	
길신(구보)	
일덕	寅
일록	午
역마	巳
장생	寅
제왕	午
순기	亥
육의	甲寅
귀인	주 子 / 야 申
합(合)	
태(胎)	子

흉신(팔살)	
형	
충	
파	
해	
귀살	寅卯
묘신	戌
敗/桃	卯/子
공망	子丑
탈(脫)	申酉
사(死)	酉
절(絶)	亥

己未일 제4국

공망 : 子·丑 ○
낮 : 왼쪽 천장, 밤 : 오른쪽 천장

□ 팔전과
· 부부 : 음란
· 부자 : 불화
· 가출·유실물 : 근처
· 음일 : 자식·여자 유리
□ 래정 : 가정, 결혼
· 가정 : 문란
· 결혼 : 불길

己未일 제5국

공망 : 子·丑 ○
낮 : 왼쪽 천장, 밤 : 오른쪽 천장

□ 과체 : 원수과
· 만사형통의 상
· 임신 : 아들(冬·春)
· 쟁송 : 초기가 유리
□ 래정 : 가정
· 가정 : 문란

己未일 제6국

공망 : 子·丑 ○
낮 : 왼쪽 천장, 밤 : 오른쪽 천장

□ 과체 : 지일과
· 기로에서 가까운 사람·장소를 선택
· 소송 : 화해가 유리
· 가출인·유실물 : 근처
□ 래정 : 가정
· 가정 : 불화, 이별예방

기미일

길신(구보)	
일덕	寅
일록	午
역마	巳
장생	寅
제왕	午
순기	亥
육의	甲寅
귀인	주 子 / 야 申
합(合)	
태(胎)	子

흉신(팔살)	
형	
충	
파	
해	
귀살	寅卯
묘신	戌
敗/桃	卯/子
공망	子丑
탈(脫)	申酉
사(死)	酉
절(絶)	亥

己未일 제7국

공망: 子·丑 ○
낮: 왼쪽 천장, 밤: 오른쪽 천장

□ 과체: 반음과
- 매사 유시무종의 상
- 결혼: 불성
- 임신: 불길
□ 래정: 부모
- 부모: 건강검진 요망

己未일 제8국

공망: 子·丑 ○
낮: 왼쪽 천장, 밤: 오른쪽 천장

□ 과체: 지일과
- 기로에서 가까운 사람·장소를 선택
- 소송: 화해가 유리
- 가출인·유실물: 근처
□ 래정: 시험, 승진
- 시험: 불합격
- 승진: 불가

己未일 제9국

공망: 子·丑 ○
낮: 왼쪽 천장, 밤: 오른쪽 천장

□ 과체: 중심과
- 매사 심사숙고의 상
- 임신: 딸(여름)
- 소송: 재심이 유리
□ 래정: 사업, 가정
- 사업: 실패
- 가정: 음란, 이별예방

기미일	
길신(구보)	
일덕	寅
일록	午
역마	巳
장생	寅
제왕	午
순기	亥
육의	甲寅
귀인	주 子 / 야 申
합(合)	
태(胎)	子

흉신(팔살)	
형	
충	
파	
해	
귀살	寅卯
묘신	戌
敗/桃	卯/子
공망	子丑
탈(脫)	申酉
사(死)	酉
절(絶)	亥

己未일 제 10 국

공망 : 子·丑 ○
낮 : 왼쪽 천장, 밤 : 오른쪽 천장

□ 팔전과
· 부부 : 음란
· 부자 : 불화
· 가출·유실물 : 근처
· 음일 : 자식·여자 유리
□ 래정 : 사업
· 사업 : 실패

己未일 제 11 국

공망 : 子·丑 ○
낮 : 왼쪽 천장, 밤 : 오른쪽 천장

□ 팔전과
· 부부 : 음란
· 부자 : 불화
· 가출·유실물 : 근처
· 음일 : 자식·여자 유리
□ 래정 : 교제, 가정
· 결혼·매매 : 실패(낮)
· 가정 : 음란

己未일 제 12 국

공망 : 子·丑 ○
낮 : 왼쪽 천장, 밤 : 오른쪽 천장

□ 팔전과
· 부부 : 음란
· 부자 : 불화
· 가출·유실물 : 근처
· 음일 : 자식·여자 유리
□ 래정 : 질병, 우환
· 질병 : 치유
· 사고·질병 : 개선

경신일

길신(구보)	
일덕	申
일록	申
역마	寅
장생	巳
제왕	酉
순기	亥
육의	甲寅
귀인	주 丑 / 야 未
합(合)	
태(胎)	卯

흉신(팔살)	
형	
충	
파	
해	
귀살	巳午
묘신	丑
敗/桃	午/酉
공망	子丑
탈(脫)	亥子
사(死)	子

庚申일 제1국

공망 : 子·丑 ○
낮 : 왼쪽 천장, 밤 : 오른쪽 천장

庚	甲	丁	
白申后	蛇寅青	勾巳朱	
申	寅	巳	
庚	庚	庚	庚
白申后	白申后	白申后	白申后
庚申	申	申	申

丁勾巳	戊朱午	己蛇未	庚貴申
丙合辰			辛常酉
乙朱卯			壬玄戌
甲蛇寅	癸貴丑 ○	壬空子 ○	癸陰亥

□ 과체 : 복음과
- 수구대신의 상
- 질병·관재·소송 : 대흉
- 가출인·유실물 : 근처

□ 래정 : 질병, 직장
- 질병 : 수술수
- 직장 : 대길

庚申일 제2국

공망 : 子·丑 ○
낮 : 왼쪽 천장, 밤 : 오른쪽 천장

辛	己	己	
常酉陰	空未貴	空未貴	
戌	申	申	
己	戊	己	戊
空未貴	青午蛇	空未貴	青午蛇
庚申	未	申	未

丙合巳	丁勾午	戊朱未	己貴申
乙朱卯辰			庚白申酉
甲蛇寅卯			辛常酉戌
貴丑寅 ○	空子丑 ○	陰亥子 癸	玄戌亥 壬

□ 팔전과
- 부자, 부부 : 불화
- 가출·유실물 : 근처
- 양일 : 부모·남자 유리

□ 래정 : 동업
- 동업 : 실패

庚申일 제3국

공망 : 子·丑 ○
낮 : 왼쪽 천장, 밤 : 오른쪽 천장

戊	丙	甲	
青午蛇	合辰合	蛇寅青	
申	午	辰	
戊	丙	戊	丙
青午蛇	合辰合	青午蛇	合辰合
庚申	午	申	午

乙朱卯巳	丙合辰午	丁勾巳未	戊蛇午申
甲蛇寅辰			己空未酉
貴丑卯 ○			庚白申戌
后子寅 ○	陰亥丑 ○ 癸	玄戌子 ○ 壬	常酉亥 辛

□ 과체 : 원수과
- 만사형통의 상
- 임신 : 아들(春·夏)
- 쟁송 : 초기가 유리

□ 래정 : 직장
- 직장 : 불리

경신일	
길신(구보)	
일덕	申
일록	申
역마	寅
장생	巳
제왕	酉
순기	亥
육의	甲寅
귀인	주 丑 / 야 未
합(合)	
태(胎)	卯

흉신(팔살)	
형	
충	
파	
해	
귀살	巳午
묘신	丑
敗/桃	午/酉
공망	子丑
탈(脫)	亥子
사(死)	子

庚申일 제 4 국

공망: 子·丑 ○
낮: 왼쪽 천장, 밤: 오른쪽 천장

□ 과체: 원수과
· 만사형통의 상
· 임신: 아들(春·夏)
· 쟁송: 초기가 유리
□ 래정: 직장, 관재
· 관직: 승진
· 관재: 가중, 불리

庚申일 제 5 국

공망: 子·丑 ○
낮: 왼쪽 천장, 밤: 오른쪽 천장

□ 과체: 중심과
· 매사 심사숙고의 상
· 임신: 딸(여름)
· 소송: 재심이 유리
□ 래정: 투자
· 투자: 실패

庚申일 제 6 국

공망: 子·丑 ○
낮: 왼쪽 천장, 밤: 오른쪽 천장

□ 과체: 지일과
· 기로에서 가까운 사람·장소를 선택
· 소송: 화해가 유리
· 가출인·유실물: 근처
□ 래정: 교제
· 결혼·매매: 실패

庚申일

경신일	
길신(구보)	
일덕	申
일록	申
역마	寅
장생	巳
제왕	酉
순기	亥
육의	甲寅
귀인	주 丑 / 야 未
합(合)	
태(胎)	卯

흉신(팔살)	
형	
충	
파	
해	
귀살	巳午
묘신	丑
敗/桃	午/酉
공망	子丑
탈(脫)	亥子
사(死)	子

庚申일 제 7 국

공망 : 子·丑 ○
낮 : 왼쪽 천장, 밤 : 오른쪽 천장

□ 과체 : 반음과
· 매사 유시무종의 상
· 결혼 : 불성
· 임신 : 불길
□ 래정 : 결혼, 사업
· 결혼 : 실패
· 사업 : 실패

庚申일 제 8 국

공망 : 子·丑 ○
낮 : 왼쪽 천장, 밤 : 오른쪽 천장

□ 팔전과
· 부자, 부부 : 불화
· 가출·유실물 : 근처
· 양일 : 부모·남자 유리
□ 래정 : 질병, 사업
· 질병 : 중풍
· 사업 : 실패

庚申일 제 9 국

공망 : 子·丑 ○
낮 : 왼쪽 천장, 밤 : 오른쪽 천장

□ 과체 : 원수과
· 건괘(乾卦)
· 만사형통의 상
· 쟁송 : 초기에 유리
□ 래정 : 투자
· 투자 : 실패

육임을 알면 미래가 보인다

경신일

길신(구보)	
일덕	申
일록	申
역마	寅
장생	巳
제왕	酉
순기	亥
육의	甲寅
귀인	주 丑 / 야 未
합(合)	
태(胎)	卯

흉신(팔살)	
형	
충	
파	
해	
귀살	巳午
묘신	丑
敗 / 桃	午 / 酉
공망	子丑
탈(脫)	亥子
사(死)	子

庚申일 제 10 국

공망 : 子·丑 ○
낮 : 왼쪽 천장, 밤 : 오른쪽 천장

□ 팔전과
- 부자, 부부 : 불화
- 가출·유실물 : 근처
- 양일 : 부모·남자 유리

□ 래정 : 관재·구설
- 관재·구설 : 손재수

庚申일 제 11 국

공망 : 子·丑 ○
낮 : 왼쪽 천장, 밤 : 오른쪽 천장

□ 과체 : 중심과
- 매사 심사숙고의 상
- 임신 : 딸(여름)
- 소송 : 재심이 유리

□ 래정 : 가정, 질병
- 가정 : 음란(낮)
- 질병(자식) : 위험

庚申일 제 12 국

공망 : 子·丑 ○
낮 : 왼쪽 천장, 밤 : 오른쪽 천장

□ 팔전과
- 부자, 부부 : 불화
- 가출·유실물 : 근처
- 양일 : 부모·남자 유리

□ 래정 : 가정
- 가정 : 음란, 손재수

신유일

길신(구보)

일덕	巳
일록	酉
역마	亥
장생	巳
제왕	酉
순기	亥
육의	甲寅
귀인	주 寅 / 야 午
합(合)	
태(胎)	卯

흉신(팔살)

형	
충	
파	
해	
귀살	巳午
묘신	丑
敗/桃	午/午
공망	子丑
탈(脫)	亥子
사(死)	子

辛酉일 제 1 국

공망 : 子·丑 ○
낮 : 왼쪽 천장, 밤 : 오른쪽 천장

辛	壬	己
白酉玄	常戌常	青未后
酉	戌	未
壬	壬	辛	辛
常戌常	常戌常	白酉玄	白酉玄
辛戌	戌	酉	酉

丁合巳	戊勾午貴	己青未后	庚空申陰
蛇巳	午	未	申
丙朱辰朱辰			辛白酉玄酉
乙蛇卯合卯			壬常戌常戌
甲貴寅勾寅	○后丑青丑	○陰子空子	癸玄亥白亥

- 과체 : 복음과
  - 수구대신의 상
  - 질병·관재·소송 : 대흉
  - 가출인·유실물 : 근처
- 래정 : 직업
  - 시험·승진 : 불길
  - 사업 : 실패

辛酉일 제 2 국

공망 : 子·丑 ○
낮 : 왼쪽 천장, 밤 : 오른쪽 천장

○	辛	辛
后丑青	白酉玄	白酉玄
寅	戌	戌
辛	庚	庚	己
白酉玄	空申陰	空申陰	青未后
辛戌	酉	酉	申

丙朱辰巳	丁合巳蛇午	戊勾午貴未	己青未后申
乙蛇卯合辰			庚空申陰酉
甲貴寅勾卯			辛白酉玄戌
○后丑青寅	○陰子空丑	癸玄亥白子	壬常戌常亥

- 과체 : 별책과
  - 만사; 준비 부족
  - 가정 : 음란
  - 결혼 : 삼각관계
- 래정 : 직장
  - 직장 : 전근, 좌천

辛酉일 제 3 국

공망 : 子·丑 ○
낮 : 왼쪽 천장, 밤 : 오른쪽 천장

戊	丙	甲
勾午貴	朱辰朱	貴寅勾
申	午	辰
庚	戊	己	丁
空申陰	勾午貴	青未后	合巳蛇
辛戌	申	酉	未

乙蛇卯巳	丙朱辰合午	丁合巳蛇未	戊勾午貴申
甲貴寅勾辰			己青未后酉
○后丑青卯			庚空申陰戌
陰子空寅	癸玄亥○丑	壬常戌常子	辛白酉玄亥

- 과체 : 원수과
  - 만사형통의 상
  - 임신 : 아들(春·夏)
  - 쟁송 : 초기가 유리
- 래정 : 관재, 직장
  - 관재 : 해소
  - 직장 : 좌천, 퇴직운

辛酉일 (신유일)

길신(구보)	
일덕	巳
일록	酉
역마	亥
장생	巳
제왕	酉
순기	亥
육의	甲寅
귀인	주 寅 / 야 午
합(合)	
태(胎)	卯

흉신(팔살)	
형	
충	
파	
해	
귀살	巳午
묘신	丑
敗 / 桃	午 / 午
공망	子丑
탈(脫)	亥子
사(死)	子

辛酉일 　제 4 국

공망: 子·丑 ○
낮: 왼쪽 천장, 밤: 오른쪽 천장

□ 과체: 원수과
· 만사형통의 상
· 임신: 아들(春·夏)
· 쟁송: 초기가 유리
□ 래정: 직장
· 시험: 불합격
· 승진: 불가

辛酉일 　제 5 국

공망: 子·丑 ○
낮: 왼쪽 천장, 밤: 오른쪽 천장

□ 과체: 지일과
· 기로에서 가까운 사람·장소를 선택
· 소송: 화해가 유리
· 가출인·유실물: 근처
□ 래정: 부모, 직장
· 부모: 부모상(낮)
· 승진: 대길

辛酉일 　제 6 국

공망: 子·丑 ○
낮: 왼쪽 천장, 밤: 오른쪽 천장

□ 과체: 중심과
· 매사 심사숙고의 상
· 임신: 딸(여름)
· 소송: 재심이 유리
□ 래정: 매매, 사업
· 매매·결혼: 불성(낮)
· 사업: 실패

辛酉일 제 7 국

공망 : 子·丑 ○
낮 : 왼쪽 천장, 밤 : 오른쪽 천장

乙	辛	乙
后 卯 玄	青 酉 合	后 卯 玄
酉	卯	酉
丙	壬	乙 辛
陰 辰 陰	勾 戌 勾	后 卯 玄 青 酉 合
辛 戌	辰	酉 卯

癸合亥巳	○朱子午	○蛇丑未	甲貴寅申常
壬勾戌辰			乙后卯玄酉
辛青酉合卯			丙陰辰陰戌
庚空申朱寅	己白未蛇丑	戊常午貴子	丁玄巳后亥

□ 과체 : 반음과
• 매사 유시무종의 상
• 결혼 : 불성
• 임신 : 불길
□ 래정 : 가정
• 가정 : 음란, 이별수

신유일

길신(구보)	
일덕	巳
일록	酉
역마	亥
장생	巳
제왕	酉
순기	亥
육의	甲寅
귀인	주 寅 / 야 午
합(合)	
태(胎)	卯

흉신(팔살)	
형	
충	
파	
해	
귀살	巳午
묘신	丑
敗/桃	午/午
공망	子丑
탈(脫)	亥子
사(死)	子

辛酉일 제 8 국

공망 : 子·丑 ○
낮 : 왼쪽 천장, 밤 : 오른쪽 천장

己	○	丁
白 未 蛇	朱 子 空	玄 巳 后
寅	未	子
乙	庚	甲 己
后 卯 玄	空 申 朱	貴 寅 常 白 未 蛇
辛 戌	卯	酉 寅

壬勾戌巳	癸合亥午	○朱子未	○蛇丑申
辛青酉辰			甲貴寅酉
庚空申卯			乙后卯戌
己白未寅	戊常午丑	丁玄巳子	丙陰辰亥

□ 과체 : 섭해과
• 희망사 : 지체
• 결혼 : 장애
• 출산 : 난산
□ 래정 : 질병, 여자
• 질병 : 위독
• 여자 : 도망

辛酉일 제 9 국

공망 : 子·丑 ○
낮 : 왼쪽 천장, 밤 : 오른쪽 천장

甲	戊	壬
貴 寅 常	常 午 貴	勾 戌 勾
戌	寅	午
甲	戊	○ 丁
貴 寅 常	常 午 貴	蛇 丑 白 玄 巳 后
辛 戌	寅	酉 丑

辛青酉巳	壬勾戌午	癸合亥未	○朱子申
庚空申辰			○蛇丑酉
己白未卯			甲貴寅戌
戊常午寅	丁玄巳丑	丙陰辰子	乙后卯亥

□ 과체 : 중심과
• 매사 심사숙고의 상
• 임신 : 딸(여름)
• 소송 : 재심이 유리
□ 래정 : 직장, 시험
• 직장 : 발전
• 시험 : 합격

신유일

길신(구보)	
일덕	巳
일록	酉
역마	亥
장생	巳
제왕	酉
순기	亥
육의	甲寅
귀인	주 寅 / 야 午
합(合)	
태(胎)	卯

흉신(팔살)	
형	
충	
파	
해	
귀살	巳午
묘신	丑
敗/桃	午/午
공망	子丑
탈(脫)	亥子
사(死)	子

辛酉일 제 10국

공망 : 子·丑 ○
낮 : 왼쪽 천장, 밤 : 오른쪽 천장

□ 과체 : 요극과(탄사)
· 희망 : 점차 사라진다.
· 우환 : 점차 약해진다.
· 쟁송 : 원고가 유리
□ 래정 : 사업, 결혼
· 사업 : 실패
· 결혼 : 실패

辛酉일 제 11국

공망 : 子·丑 ○
낮 : 왼쪽 천장, 밤 : 오른쪽 천장

□ 과체 : 원수과
· 만사형통의 상
· 임신 : 아들(여름)
· 쟁송 : 초기가 유리
□ 래정 : 결혼, 질병
· 결혼 : 실패
· 질병 : 치유

辛酉일 제 12국

공망 : 子·丑 ○
낮 : 왼쪽 천장, 밤 : 오른쪽 천장

□ 과체 : 중심과
· 매사 심사숙고의 상
· 임신 : 딸(여름)
· 소송 : 재심이 유리
□ 래정 : 가정
· 가정 : 손재수(낮)
· 가정 : 위독(밤)

壬戌일

임술일	
길신(구보)	
일덕	亥
일록	亥
역마	申
장생	申
제왕	子
순기	亥
육의	甲寅
귀인	주 卯 / 야 巳
합(合)	
태(胎)	午

흉신(팔살)	
형	
충	
파	
해	
귀살	辰戌丑未
묘신	辰
敗/桃	酉/卯
공망	子丑
탈(脫)	寅卯
사(死)	卯

壬戌일 제1국

공망 : 子·丑
낮 : 왼쪽 천장, 밤 : 오른쪽 천장

□ 과체 : 복음과
· 수구대신의 상
· 질병·관재·소송 : 대흉
· 가출인·유실물 : 근처
□ 래정 : 직업
· 승진 : 대길
· 사업 : 실패

壬戌일 제2국

공망 : 子·丑 ○
낮 : 왼쪽 천장, 밤 : 오른쪽 천장

□ 과체 : 원수과
· 만사형통의 상
· 임신 : 아들(여름)
· 쟁송 : 초기가 유리
□ 래정 : 질병
· 질병 : 갑상선, 위장병
점차 치유

壬戌일 제3국

공망 : 子·丑 ○
낮 : 왼쪽 천장, 밤 : 오른쪽 천장

□ 과체 : 원수과
· 만사형통의 상
· 임신 : 아들(春·夏)
· 쟁송 : 초기가 유리
□ 래정 : 결혼, 사업
· 결혼 : 성공(밤)
· 사업 : 성공(밤)

임술일

길신(구보)	
일덕	亥
일록	亥
역마	申
장생	申
제왕	子
순기	亥
육의	甲寅
귀인	주 卯 / 야 巳
합(合)	
태(胎)	午

흉신(팔살)	
형	
충	
파	
해	
귀살	辰戌 丑未
묘신	辰
敗/桃	酉/卯
공망	子丑
탈(脫)	寅卯
사(死)	卯

壬戌일 제4국

공망 : 子·丑 ○
낮 : 왼쪽 천장, 밤 : 오른쪽 천장

丁	甲	癸
陰 巳 貴	蛇 寅 合	勾 亥 空
申	巳	寅
庚	丁	己	丙
白 申 玄	陰 巳 貴	常 未 陰	后 辰 蛇
壬	亥	申	戌	未

甲 蛇 寅 巳	乙 合 貴 卯 午	丙 朱 后 辰 未	丁 蛇 陰 貴 巳 申
○ 朱 丑 勾 辰			玄 戌 后 午 酉
○ 合 子 青 卯			己 常 未 陰 戌
勾 癸 空 亥 寅	壬 青 白 戌 丑 ○	辛 空 常 酉 子 ○	庚 白 玄 申 亥

□ 과체 : 원수과
· 만사형통의 상
· 임신 : 아들(春·夏)
· 쟁송 : 초기가 유리
□ 래정 : 사업
· 사업 : 성공

壬戌일 제5국

공망 : 子·丑 ○
낮 : 왼쪽 천장, 밤 : 오른쪽 천장

己	乙	癸
常 未 陰	貴 卯 朱	勾 亥 空
亥	未	卯
己	乙	戊	甲
常 未 陰	貴 卯 朱	玄 午 后	蛇 寅 合
壬	亥	未	戌	午

○ 朱 丑 巳	甲 蛇 寅 合 貴 午	乙 貴 卯 朱 未	丙 后 辰 蛇 白 未
○ 合 子 青 辰			丁 陰 巳 貴 酉
癸 勾 亥 空 卯			戊 玄 午 后 戌
壬 青 白 戌 寅	辛 空 常 酉 丑 ○	庚 白 玄 申 子 ○	己 常 未 陰 亥

□ 과체 : 섭해과
· 희망사 : 지체
· 결혼 : 장애
· 출산 : 난산
□ 래정 : 부모, 가정
· 부모 : 부모상(2월)
· 부인 : 임신(7월)

壬戌일 제6국

공망 : 子·丑 ○
낮 : 왼쪽 천장, 밤 : 오른쪽 천장

戊	○	庚
玄 午 后	朱 丑 勾	白 申 玄
亥	午	丑 ○
戊	○	丁	○
玄 午 后	朱 丑 勾	陰 巳 貴	合 子 青
壬 亥	午	戌	巳

○ 合 子 青 巳	○ 朱 丑 勾 午	甲 蛇 寅 合 貴 未	乙 貴 卯 朱 申
癸 勾 亥 空 辰			丙 后 辰 蛇 酉
壬 青 戌 白 卯			丁 陰 巳 貴 戌
辛 空 常 酉 寅	庚 白 申 玄 丑 ○	己 常 未 陰 子 ○	戊 玄 午 后 亥

□ 과체 : 중심과
· 매사 심사숙고의 상
· 임신 : 딸(秋·冬)
· 소송 : 재심이 유리
□ 래정 : 결혼, 임신
· 결혼 : 불성
· 임신 : 실패

임술일	
길신(구보)	
일덕	亥
일록	亥
역마	申
장생	申
제왕	子
순기	亥
육의	甲寅
귀인	주 卯 / 야 巳
합(合)	
태(胎)	午

흉신(팔살)	
형	
충	
파	
해	
귀살	辰戌 丑未
묘신	辰
敗/桃	酉/卯
공망	子丑
탈(脫)	寅卯
사(死)	卯

壬戌일 제7국

공망 : 子·丑 ○
낮 : 왼쪽 천장, 밤 : 오른쪽 천장

□ 과체 : 반음과
· 매사 유시무종의 상
· 결혼 : 불성
· 임신 : 불길, 임신
□ 래정 : 사업
· 사업 : 실패
· 임신 : 실패

壬戌일 제8국

공망 : 子·丑 ○
낮 : 왼쪽 천장, 밤 : 오른쪽 천장

□ 과체 : 섭해과
· 희망사 : 지체
· 결혼 : 장애
· 출산 : 난산
□ 래정 : 여자
· 여자 : 곤경, 위험

壬戌일 제9국

공망 : 子·丑 ○
낮 : 왼쪽 천장, 밤 : 오른쪽 천장

□ 과체 : 중심과
· 매사 심사숙고의 상
· 임신 : 딸(冬·春)
· 소송 : 재심이 유리
□ 래정 : 관재·구설
· 관재·구설 : 해소

임술일	
길신(구보)	
일덕	亥
일록	亥
역마	申
장생	申
제왕	子
순기	亥
육의	甲寅
귀인	주 卯 / 야 巳
합(合)	
태(胎)	午

흉신(팔살)	
형	
충	
파	
해	
귀살	辰戌 丑未
묘신	辰
敗/桃	酉/卯
공망	子丑
탈(脫)	寅卯
사(死)	卯

壬戌일 제 10 국

공망 : 子·丑 ○
낮 : 왼쪽 천장, 밤 : 오른쪽 천장

□ 과체 : 요극과(호시)
· 희망 : 점차 사라진다.
· 우환 : 점차 약해진다.
· 쟁송 : 피고가 유리
□ 래정 : 질병
· 질병 : 중증, 치유

壬戌일 제 11 국

공망 : 子·丑 ○
낮 : 왼쪽 천장, 밤 : 오른쪽 천장

□ 과체 : 중심과
· 매사 심사숙고의 상
· 임신 : 딸(여름)
· 소송 : 재심이 유리
□ 래정 : 자식
· 자식 : 위험

壬戌일 제 12 국

공망 : 子·丑 ○
낮 : 왼쪽 천장, 밤 : 오른쪽 천장

□ 과체 : 중심과
· 매사 심사숙고의 상
· 임신 : 딸(여름)
· 소송 : 재심이 유리
□ 래정 : 직장운
· 직장운 : 전근, 좌천

癸亥일

계해일

길신(구보)	
일덕	巳
일록	子
역마	巳
장생	申
제왕	子
순기	亥
육의	甲寅
귀인	주 巳 / 야 卯
합(合)	
태(胎)	午

흉신(팔살)	
형	
충	
파	
해	
귀살	辰戌丑未
묘신	辰
敗/桃	酉/子
공망	子丑
탈(脫)	寅卯
사(死)	卯

癸亥일 제 1 국

공망: 子·丑 ○
낮: 왼쪽 천장, 밤: 오른쪽 천장

	○	壬	己
	勾丑陰	白戌白	陰未勾
	丑○	戌	未
	○	○	癸	癸
	勾丑陰	勾丑陰	空亥常	空亥常
	○癸丑	丑○	亥	亥

丁貴巳	戊朱午	己陰未	庚玄申
巳	午	未	申
蛇辰辰 丙			辛常酉空 酉
朱卯卯 乙			白戌白 壬戌
合寅寅 甲	后勾丑陰 丑○	陰青子玄 子○	常空亥 癸亥

- 과체: 복음과
- 수구대신의 상
- 질병·관재·소송: 대흉
- 가출인·유실물: 근처
- 래정: 관재
- 관재: 심화, 중형

癸亥일 제 2 국

공망: 子·丑 ○
낮: 왼쪽 천장, 밤: 오른쪽 천장

	壬	辛	庚
	白戌白	常酉空	玄申青
	亥	戌	酉
	○	癸	壬	辛
	青子玄	空亥常	白戌白	常酉空
	○癸丑	子○	亥	戌

丙蛇辰巳	丁貴巳午	戊朱午未	己陰未申
乙朱卯辰			庚玄申酉
甲合寅卯			辛常酉戌
勾丑寅 ○	陰青子丑 ○	空亥子 癸	白戌亥 壬

- 과체: 원수과
- 만사형통의 상
- 임신: 아들(여름)
- 쟁송: 초기가 유리
- 래정: 질병, 취직
- 질병; 위장병 치유
- 취직·직장운: 최흉

癸亥일 제 3 국

공망: 子·丑 ○
낮: 왼쪽 천장, 밤: 오른쪽 천장

	己	丁	乙
	陰未常	貴巳陰	朱卯貴
	酉	未	巳
	癸	辛	辛	己
	空亥勾	常酉空	常酉空	陰未常
	○癸丑	亥	亥	酉

乙朱卯巳	丙蛇辰午	丁貴巳未	戊陰午申
甲合寅辰			己陰未酉
勾丑卯 ○	朱子寅 ○		庚玄申戌
青子寅	合亥丑 癸	白戌子 壬	常酉亥 辛

- 과체: 요극과(호시)
- 희망: 점차 사라진다.
- 우환: 점차 약해진다.
- 쟁송: 피고가 유리
- 래정: 신상
- 신상: 희망사 불운

계해일	
길신(구보)	
일덕	巳
일록	子
역마	巳
장생	申
제왕	子
순기	亥
육의	甲寅
귀인	주 巳 / 야 卯
합(合)	
태(胎)	午

흉신(팔살)	
형	
충	
파	
해	
귀살	辰戌 丑未
묘신	辰
敗 / 桃	酉 / 子
공망	子丑
탈(脫)	寅卯
사(死)	卯

癸亥일 제 4 국

공망 : 子·丑 ○
낮 : 왼쪽 천장, 밤 : 오른쪽 천장

□ 과체 : 지일과
• 기로에서 가까운 사람·장소를 선택
• 소송 : 화해가 유리
• 가출인·유실물 : 근처
□ 래정 : 사업, 질병
• 사업 : 성공
• 질병 : 위장병(낮)

癸亥일 제 5 국

공망 : 子·丑 ○
낮 : 왼쪽 천장, 밤 : 오른쪽 천장

□ 과체 : 섭해과
• 희망사 : 지체
• 결혼 : 장애
• 출산 : 난산
□ 래정 : 가정
• 가정 : 내외 불리

癸亥일 제 6 국

공망 : 子·丑 ○
낮 : 왼쪽 천장, 밤 : 오른쪽 천장

□ 과체 : 지일과
• 기로에서 가까운 사람·장소를 선택
• 소송 : 화해가 유리
• 가출인·유실물 : 근처
□ 래정 : 시험
• 시험 : 불합격

계해일

길신(구보)	
일덕	巳
일록	子
역마	巳
장생	申
제왕	子
순기	亥
육의	甲寅
귀인	주 巳 / 야 卯
합(合)	
태(胎)	午

흉신(팔살)	
형	
충	
파	
해	
귀살	辰戌丑未
묘신	辰
敗/桃	酉/子
공망	子丑
탈(脫)	寅卯
사(死)	卯

癸亥일 제7국

공망 : 子·丑 ○
낮 : 왼쪽 천장, 밤 : 오른쪽 천장

□ 과체 : 반음과
· 매사 유시무종의 상
· 결혼 : 불성
· 임신 : 불길, 임신
□ 래정 : 사업, 임신
· 사업 : 실패
· 임신 : 실패

癸亥일 제8국

공망 : 子·丑 ○
낮 : 왼쪽 천장, 밤 : 오른쪽 천장

□ 과체 : 중심과
· 매사 심사숙고의 상
· 임신 : 딸(秋·冬)
· 소송 : 재심이 유리
□ 래정 : 결혼, 임신
· 결혼 : 실패
· 임신 : 실패

癸亥일 제9국

공망 : 子·丑 ○
낮 : 왼쪽 천장, 밤 : 오른쪽 천장

□ 과체 : 섭해과
· 희망사 : 지체
· 결혼 : 장애
· 출산 : 난산
□ 래정 : 관재, 시험
· 관재 : 해소
· 시험 : 불합격

계해일

길신(구보)	
일덕	巳
일록	子
역마	巳
장생	申
제왕	子
순기	亥
육의	甲寅
귀인	주 巳 / 야 卯
합(合)	
태(胎)	午

흉신(팔살)	
형	
충	
파	
해	
귀살	辰戌丑未
묘신	辰
敗/桃	酉 / 子
공망	子丑
탈(脫)	寅卯
사(死)	卯

癸亥일 제 10 국

공망 : 子·丑 ○
낮 : 왼쪽 천장, 밤 : 오른쪽 천장

丙	己	壬
后辰蛇	朱未勾	青戌白
丑○	辰	未
丙	己	甲	丁
后辰蛇	朱未勾	玄寅后	貴巳朱
○癸丑	辰	亥	寅

庚合申青	辛勾酉空	壬空戌白	癸白亥常
巳己朱未辰			○子玄酉
戊蛇午合卯			常丑陰戌
丁貴巳朱寅	丙后辰蛇丑	乙陰卯貴子	甲玄寅后亥

□ 과체 : 원수과
• 만사형통의 상
• 임신 : 아들(여름)
• 쟁송 : 초기가 유리
□ 래정 : 여자, 가정
• 여자 : 위독
• 가정 : 손재수 예방

癸亥일 제 11 국

공망 : 子·丑 ○
낮 : 왼쪽 천장, 밤 : 오른쪽 천장

○	乙	丁
常丑陰	陰卯貴	貴巳朱
亥	丑○	卯
乙	丁	○	乙
陰卯貴	貴巳朱	常丑陰	陰卯貴
○癸丑	卯	亥	丑

己朱未勾巳	庚合申午	辛勾酉空未	壬青戌白申
戊蛇午合辰			癸空亥常酉
丁貴巳朱卯			○子白子玄戌
丙后辰蛇寅	乙陰卯貴丑	甲玄寅后子	○常丑陰亥

□ 과체 : 섭해과
• 희망사 : 지체
• 결혼 : 장애
• 출산 : 난산
□ 래정 : 부모, 투자
• 부모 : 부모상(8월)
• 투자 : 성공

癸亥일 제 12 국

공망 : 子·丑 ○
낮 : 왼쪽 천장, 밤 : 오른쪽 천장

○	甲	乙
常丑陰	玄寅后	陰卯貴
子○	丑○	寅
甲	乙	○	○
玄寅后	陰卯貴	白子玄	常丑陰
○癸丑	寅	亥	子

戊蛇午合巳	己朱未勾午	庚合申未	辛勾酉空申
丁貴巳朱辰			壬青戌白酉
丙后辰蛇卯			癸空亥常戌
乙陰卯貴寅	甲玄寅后丑	○常丑陰子	○白子玄亥

□ 과체 : 원수과
• 만사형통의 상
• 임신 : 아들(여름)
• 쟁송 : 초기가 유리
□ 래정 : 직장, 신상
• 직장 : 전근, 좌천
• 신상 : 손재수

대유학당 출판물 안내

- 자세한 사항은 대유학당으로 문의해 주십시오.
- 전화 : 02-2249-5630 / 팩스 : 02-22449-5631
- 입금계좌 : 국민은행 807-21-0290-497   예금주-윤상철
- 블로그 https://blog.naver.com/daeyoudang
- 서적구입 : www.daeyou.or.kr

분류	도서명	저자	가격
주역	주역입문(2019)	윤상철 지음	16,000원
	대산주역강해(전3권)	김석진 지음	60,000원
	주역전의대전역해(상/하)	김석진 번역	70,000원
	주역인해	김수길·윤상철 번역	20,000원
주역 시사	시의적절 주역이야기	윤상철 지음	15,000원
	대산석과(대산의 주역인생 60년)	김석진 지음	20,000원
	우리의 미래(대산선생이 바라본)	김석진 지음	10,000원
주역점 운세	황극경세(전5권) 2011년 개정	윤상철 번역	200,000원
	초씨역림(상/하) 2017년	윤상철 번역	180,000원
	하락리수(전3권)	김수길·윤상철 번역	90,000원
	하락리수 전문가용 CD	윤상철 총괄	550,000원
	대산주역점해	김석진 지음	30,000원
	매화역수(2014년판)	김수길·윤상철 번역	25,000원
	주역점비결 2019 신간	윤상철 지음	25,000원
	육효 증산복역(전2권)	김선호 지음	50,000원
음양 오행학	오행대의(전2권)	김수길·윤상철 번역	44,000원
	연해자평(번역본)	오청식 번역	50,000원
	작명연의	최인영 편저	22,000원
	운명 사실은 나도 그게 궁금했어	윤여진 지음	20,000원
	팔자의 시크릿	윤상철 지음	16,000원
	풍수유람(전2권)	박영진 지음	43,000원
	어디 역학공부 좀 해 볼까?	이연실 지음	20,000원
기문 육임	기문둔갑신수결	류래웅 지음	16,000원
	이것이 홍국기문이다	정혜승 지음	23,000원
	육임입문123(전3권)	이우산 지음	80,000원
	육임입문 720과 CD	이우산 감수	150,000원
	육임실전(전2권)	이우산 지음	54,000원
	육임필법부	이우산 지음	35,000원

분류	제목	저자	가격
	▸ 대육임직지(전6권)	이우산 지음	192,000원
	▸ 육임을 알면 미래가 보인다	이우산 지음	25,000원
자미두수	▸ 별자리로 운명 읽기 1,2	이연실 지음	45,000원
	▸ 자미두수 입문	김선호 번역	20,000원
	▸ 자미두수 전서(상/하)	김선호 지음	100,000원
	▸ 실전 자미두수(전2권)	김선호 지음	50,000원
	▸ 자미두수 전문가용 CD	김선호/김재윤	500,000원
	▸ 중급자미두수(전3권)	김선호 지음	60,000원
	▸ 자미심전 1,2	박상준 지음	55,000원
불교미학	▸ 마음이 평안해지는 천수경	윤상철 편저	10,000원
	▸ 마음의 달(전2권)	만행스님 지음	20,000원
	▸ 항복기심(전3권) 2018년 신간	만행스님 지음	60,000원
	▸ 선용기심	만행스님 지음	30,000원
	▸ 동양미학과 미적시전	손형우 지음	20,000원
	▸ 겸재 정선 연구	손형우 지음	23,000원
동양고전	▸ 집주완역 대학	김수길 번역	25,000원
	▸ 집주완역 중용(상/하)	김수길 번역	50,000원
	▸ 동이 음부경 강해	김수길·윤상철 번역	20,000원
	▸ 당시산책	김병각 편저	25,000원
천문	▸ 천문류초	윤상철 지음	30,000원
	▸ 천상열차분야지도 그 비밀을 밝히다	윤상철 지음	25,000원
	▸ 태을천문도 9종(개정판)	윤상철 총괄	100,000원
	▸ 세종대왕이 만난 우리별자리(전3권)	윤상철 지음	36,000원

손에 잡히는 경전

① 주역점
② 주역인해(원문+정음+해석)
③ 대학 중용(원문+정음+해석)
④ 경전주석 인물사전
⑤ 도덕경/음부경
⑥ 논어(원문+정음+해석)
⑦ 절기체조
⑧~⑨ 맹자(원문+정음+해석)
⑩ 주역신기묘산
⑪ 자미두수
⑫ 관세음보살
⑬ 사자소학 추구
⑭~⑯ 시경(1~3)

각권 288~336p 10,000원

족자 & 블라인드

① 천상열차분야지도
② 태을천문도(라일락/블랙베리)
③ 42수 진언
④ 신묘장구대다라니

족자(가정용) 120,000
족자(사찰용) 150,000
블라인드(120×180cm) 250,000원
블라인드(150×230cm) 300,000원

이우산 선생님의 육임 도서

육임을 공부하기 위한 순서대로 쓴 것입니다. 『육임입문』으로 기초 공부를 하신 후, 『육임실전』 2권으로 응용하시면 좋습니다. 『대육임필법부』는 육임 연구에 반드시 필요한 책이며, 『대육임직지』는 60갑자와 720과를 자세하게 해설한 책입니다. 『한 눈으로 보는 육임 720과』는 한 간지당 4페이지에 걸쳐 12국을 요약해 놓아, 임상시에 꼭 필요한 책입니다. 전문가용 육임CD는 육임점의 길흉을 간단하게 체크할 수 있습니다.

육임			
	▶육임입문 ❶ ❷ ❸ 16×23㎝ 양장 본문2도 / 소 3권 1,052쪽 80,000원 / 이우산 / 20년 5월	2020년 개정판 기초편, 이론편, 활용편으로 나누어 육임을 체계적으로 공부하도록 만든 교재. 프로그램을 활용하여 육임명반을 보고 해석하는 방법을 제시한 책.	초급
	▶육임실전 ❷ 16×23㎝ 양장 본문2도 / ❷ 육임지남주해 376쪽 24,000원 / 이우산	1권은 육임통변비결과 육임추명학을 실어 실제 생활에 활용할 수 있도록 만든 책. 임상현장에서 근무하는 분들을 위한 용도로 만들어진 것이 특징. 2권은 『육임지남주해』로 육임점험 125편을 번역 주해한 책.	중급
	▶대육임필법부 16×23㎝ 양장 본문2도 / 672쪽 35,000원 / 이우산 評注 / 10년 5월 1쇄	대육임필법부의 원전에 의한 정확한 번역과 해설. 육임의 이해와 연구에 도움이 되도록 초점을 맞춘 책. 필법부 100부의 요약과 육임서적 소개 등을 부록하였다.	중급
	▶대육임직지(6권 완간) 16×23㎝ 양장 본문2도 / 각권 526~640쪽 / 1~3권 30,000원 4~6권 34,000원 / 이우산 주해 / 19년 6월 완간	고대로부터 현대에 이르기까지 인사(人事)는 육임이 최고! 토정비결처럼 바로 활용하는 책, 육임 720과 주석서 '대육임직지'가 육임학사 최초로 부활하다!! 『대육임직지』로 구체적인 답을 도출했으므로 누구나 활용할 수 있다.	중급
	▶육임을 알면 미래가 보인다 (한눈에 보는 미래, 육임 720과 래정) 19×26㎝ 본문 2도 / 256쪽, 25,000원 이우산 지음 / 21년 12월 2쇄	720과를 250여 쪽에 담아, 이 한 권만 가지고 있으면 언제든지 상담에 임할 수 있다. 독자들의 요청에 의해 만들어진 대육임직지의 요약편으로, 과체와 래정을 정리하였다.	누구나
	▶전문가용 육임 CD 가격 150,000원 / 2016년 개정 / 총괄 : 윤상철 구성 : CD 1매, usb락, 프로그램 메뉴얼.	2018년 개정판 삼전조식된 육임식반과 더불어 9종 10과체에 대한 간단한 설명. 720과에 대해 총운 공명 가정 행인 투자 등 각 25개 항목으로 나누어 육임점의 길흉이 단답형으로 설명되어 있습니다. 윈도우 8, 10버전 사용 가능. 인쇄, 저장 가능	누구나